الأساليب
مناهج ونماذج
في تعليم اللغة العربية

الدكتور نهاد الموسى

الأساليب
مناهج ونماذج
في تعليم اللغة العربية

2003

* الأساليب مناهج ونماذج في تعليم اللغة العربية.

* الدكتور نهاد الموسى.

* الطبعة العربية الأولى: الإصدار الأول، 2003

(رقم الاجازة المتسلسل لدى دائرة المطبوعات والنشر) 2003/7/1386

* جميع الحقوق محفوظة.

الناشر

دار الشروق للنشر والتوزيع

هاتف : 4618190 / 4618191 / 4624321   فاكس : 4610065

ص.ب : 926463 الرمز البريدي : 11110   عمان – الاردن

دار الشروق للنشر والتوزيع

رام الله: المنارة – شارع المنارة – مركز عقل التجاري هاتف 02/2961614

غزة: الرمال الجنوبي قرب جامعة الأزهر هاتف 07/2847003

﴾ الاخراج الداخلي وتصميم الغلاف وفرز الألوان و الأفلام :

دائرة الإنتاج / دار الشروق للنشر والتوزيع

هاتف : 4618190/1 فاكس 4610065/ ص.ب. 926463 عمان (11110) الأردن

Email : shorokjo@nol.com.jo

إهداء

إلى
دارة

تُعْلِن منذ اليوم أَنّها تُحِبّ
أَنْ تكون معلّمة للّغة العربيّة غداً

الفهرس

فاتحة

يتساءل المعلّم المبتدئ : كيف أعلّم اللغة العربية؟

ويتساءل المعلّم المتدرّب : كيف أوظّف ما دَرَسْتُ من اللغة العربية وآدابها
وأساليب تدريسها في مواقف التعليم الصفيّ المباشر؟

كيف أعلّم اللغة العربية بطريقة الوحدة؟

ويتساءل المعلّم المجرّب : كيف نجعل تعليم اللغة العربية عِلْماً؟

كيف نرسم منهاج اللغة العربية في ضوء التوجيه
اللساني الحديث؟

كيف ننّمي المهارات اللغوية تنمية متدرّجة متكاملة؟

كيف نعلّم اللغة العربية وظيفيّاً؟

كيف نقيّم الكفاية اللغوية تقييما تشخيصيا منهجيّا؟

كيف نقوّم مستوى الطلبة في العربية تقويما علاجيا
منهجيّا؟

9

ويتساءل كثير من المهتمّين : كيف يمكننا تطوير تعليم اللغة العربية إلى مثال تعليم اللغات الأخرى(كالإنجليزية خاصّة)؟

و يتساءل المشتغلون بتعليم العربية : يستصعب الطلبة النحو فكيف نيسّره؟

ويتساءل كثير من الطلبة يتوقون إلى تعلّم العروض:

كيف نتعلّم العروض فنميّز البحور ونتذوق موسيقى الشعر؟

يمثّل هذا الكتاب في منتهى أطروحته إسهاما في الإجابة عن هذه التساؤلات. وهو يَصْدُر عن "رؤى" يمضي بها في "خطى" عملية، و " مناهج" يستخرج منها " نماذج" تطبيقية. بل لعلّ البصائر التي تنطوي عليها فصول الكتاب تقدّم دليلا مفيدا للّغويّ الذي يتلمّس دوره في توظيف التقنيات الحاسوبية في تعليم العربية. وتعليمُ العربية بالحاسوب موضوع "بَيْنيّ " يقوم على التعالُق العضويّ بين اللغويّ والحاسوبي لا يغني أحدهما من الآخر.

مقدّمة في أصول الكتاب وفصوله

- الذاكرة والبراءة
- جدوى الطريقة
- مرحلة الائتلاف: أسلوب المعلّم ومنهج الشيخ
- الدليل اللساني
- من فَرْط التراكم إلى ضبط العلم
- في التشخيص
- في العلاج
- في ائتلاف اللساني والوظيفي: التأليف النحوي، مثلا
- في تعليم العَروض
- في إعداد المعلمين
- في العنوان: ثنائة المناهج والنماذج
- عَوْد على بدء: نظرة إلى مدار الموضوع
- ما أشبه الليلة بالبارحة!
- اليوم وغدا، المعلم المبتدئ والحاسوب

مقدّمة في أصول الكتاب وفصوله

الذكرى والبراءة

كنّا، إذ نتعلّم العربيّة قبل نصف قرن، يستحوذ علينا، في المشهد الصفّيّ ذلك المعّلم الذي يَذْرَع الصفّ جيئة وذهابا وهو يلقي إلينا بصوت جهوريّ دروسه في اللغة العربية. وكان معيارنا في الحكم على المعلّم يتمثّل في صِفَةٍ متداولة سائرة هي"التمكّن" كان المعلّم المتمكّن من المادّة هو غاية النهاية في منظورنا، نتلقّاه بالإعجاب، ولا نكاد نتجاوز ذلك إلى التسآل؟ ماذا يريد؟ وماذا نستفيد؟ ولماذا يُبْدِئ ويعيد لكي نُعيد من بَعْده مكتفين بالترديد؟ وكنّا نمضي مع هذا التسليم ونزيد فنقول في تقييم ذلك المعلم المجيد إنه يعطي" معلومات"

وربّما تجاوزنا ذلك إلى تصنيف المعلّمين فقلنا: هذا "يعرف" ولكنّه لا يُحْسِن التعليم (أي توصيل المعلومات)، وذلك ينهج نهج الملاطفة والدعابة ويحسن التعامل، ولكن بضاعته من المعرفة باللغة قليلة بل ضعيفة.

وأعترف، الآن، أنني كنت، في أوّل عهدي بتعليم العربية، أترسّم ذلك النموذج وأحتكم إلى ذلك التقييم؛ فكنت أستمرئ أن أذرع الصفّ جيئة وذهابا ألقي إلى الطلبة ما أعرف مزهوّا بذلك، لا أكاد أسأل: ما الذي أُعَلّم من اللغة؟ وما الذي أقصد إليه من تعليمه؟ وما أحسن السبل إلى تعليم التلاميذ ما أعلّمهم؟ وكيف أجعلهم يستدخلونه فيصبح جزءا من جهازهم المعرفيّ وَعُدّةً في أدائهم اللغوي؟....

لم أكن أسأل شيئا من ذلك، وإذا شردت أذهان التلاميذ أنحيت عليهم باللائمة وقد أنتحي عليهم بما يتجاوز ذلك وإنما أعترف بذلك.

وأنا أعرف أن تلك كانت -بل ما تزال حتى الآن- حالَ كثيرٍ ممّن يعلّمون العربيّة.

جدوى الطريقة

ثم وجدتني في رام الله، في قسم تدريب المعلمات (من مركز تدريب الفتيات والمعلّمات)، علّم اللغة العربية، وأواجه موقفا جديدا بالمرّة؛ إذ كان عليّ أن أعلّم العربيّة وأن أعلّم الطالبات كيف يعلّمن العربية، وكان عليّ أن أنظر في كتب أساليب

تعليـم اللغـة العربيـة، وأن أعمـل مـع الطالبـات عـلى تطبيـق تلـك الأسـاليب في إعـداد الـدروس وفي مواقـف التدريب الصفيّة عند تقديم دروس تطبيقية في تعليم العربية.

كانت كتب الأساليب، وأشهرها يومذاك كتاب عبد العليم إبراهيم (الموجّه الفنّي لمدرّسي اللغة العربية)، تنتحي منحى تربويا نفسيا في تعليم اللغة، وتتخذ خطوات (هربارت)في إعداد الدروس وتقديمها، وتفترض لذلك أن يبدأ الدرس بتمهيد يهيّئ التلاميذ للدرس، يليه عَرْض مادّة الدرس. ويفسح للتلاميذ أنْ يُسْهِموا في استنباط القاعدة أو الظاهرة أو المعلومة المنشودة، ويُسْتعان في العرض ببعض الوسائل التعليمية إيضاحا، ثم يختبر التلاميذ فيما حصّلوا بضروب من التدريب والتطبيق. وهي خطوات إجرائية (روتينية)، ولكنّها كانت خطوات عمليّة في نمذجة الطالبات المتدرّبات، وتأطير طريقة التناول . وكان عمليّ مع عبد الرحمن ياغي في هذه الأثناء رافدا أساسـيا للتـحوّل ؛ إذ كـان منـهجه في ربط التنمية اللغوية بالمواقف الاجتماعية يمنح دروس اللغة العربية توجيها وظيفيا حيويا.

قد أنْبَهَتْ لديّ هذه التجربة اعتقادا راسخا بجدوى الطريقة ودور المتعلّم و وظيفة المتعلَّم؛ فحين طُلِبَ إليّ أن أقدّم للطالبات المعلّمات درسا نموذجيا في النحو (باب العدد)، تساءلت:ما وجوه استعمال العدد في الحياة؟ وكيف تكون هذه الوجوه مدخلا لتعلّم قواعد العدد على نحو وظيفيّ مقنع؟ ورَتَّبْتُ للطالبات أدواراً تستلزم استعمال العدد على مِثْل ما يجري عليه استعماله في الحياة، وقسّمت الطالبات في مجموعات تؤدي كلّ مجموعة دوراً....

وهكذا تراجَعَ دور المعلّم والمادّة وفَسَح مجالا للمتعلِّم وهدف التعلُّم.

مرحلة الائتلاف: أسلوب المعلّم ومنهج الشيخ

ثم اتخذتْ تجربتي في تعليم العربية مدارا آخر، إذ أخذتُ أدرّس النحو في الجامعة الأردنية فوجدت أن الطلبة كـانوا يقرؤون النحو في كتاب أوضح المسالك إلى ألفية ابن مالك لابن هشام، وكان سَلَفي ينهج في تـدريس النحـو نهـج التلقـين كأنّما يُغْني الطلبةَ أن يَـقِفوا على قواعد النحو حسب، وكأنه ليس من مهمّة الأستاذ أن يضع القواعد في سياقها من معرفة النظام اللغوي، وأن يتجاوز التلقين إلى التفسير والتطبيق ليطمئن إلى أن الطلبة قد استدخلوا القواعد جزءا مـن منظومـة واستثمروها عُدَّةً في الأداء اللغوي.

وقد عَمِلْتُ على تأسيس القواعد لديهم بِمثْل استقراءٍ مستأنف للنصوص التي أقيمت عليها القواعد؛ ليتبيّنوا كيف وُضِعَت القواعد، بل ليشاركوا في وصفها أو وضعها من أوّل مع ربطها بالحياة ليستيقنوا بجدواها، وهكذا وظّفت الطريقة في خدمة المادّة المتعلّمة والطالب المتعلّم.

ولم تكن الجامعة في نهجها التقليدي يومذاك تأبه بمثل هذا، بل لم تكن خطة دراسة المادّة يومذاك تتجاوز سَرْدَ ثَبَتٍ من الموضوعات مشفوع بثبت من المصادر والمراجع، وكان مستهجنا لدى بعض الأساتذة أن تُذْكَرَ في خطة دراسة المادّة أهداف أو نهج في التناول أو التقويم.

وكان أحد مُقَدَّمي الأساتذة في قسم اللغة العربية يَصِفني ومن كان مِثْلي ممّن ينهجون هذا النهج بأنهم Educational كأنّما يَسِمُهم بـ المدرسيّين ، وكأنّما يقيم فرقا حاسما بين المدرسيّ والجامعي من هذه الجهة.

وكان ذلك الأستاذ يستشهد بِمَثَلٍ من أستاذه أحمد أمين من الرعيل الجامعي الأوّل، فإنّه- كما كان يقول- ربّما دخل إلى قاعة المحاضرة فأطرق دقائق لا يقول شيئا ثم يشرع في تقديم أطروحته في الموضوع أو اجتهاده في تفسير الظاهرة. ولا ريب أن لهذه الطريقة الجامعية وجها حقيقا بالاعتبار. إنّها نقلة منهجيّة تشبه أن تكون مدرسة للأستاذ ينبئ بها عن عَقْلِه ويُعْرَف بها في قراءته لمادّته(وإنما أقول) نقلة منهجية لأنّها تتجاوز عَرْضَ المعطيات عَرْضَ التقرير إلى التماس تَفْسيرٍ ناظِمٍ لها باجتهاد إضافيّ يستقلّ به الأستاذ، ولكنّ هذا النهج على هذا النحو يظلّ ينتسب إلى زمن النخبة يوم كانت الجامعة تقتصر على عدد قليل من الطلبة في عالم جامعيّ مِحْوَرُه الأستاذ والكتاب لا يزدحم بالجمّاء الغفير من الطلبة الذين تتوزّعهم الصوارف وإذن يحتاجون إلى أن تُتَّخَذَ لهم أسباب التشويق، وتُرَتَّب لهم حوافز المشاركة، ويهيّأ لهم من وسائل المعرفة ما يتجاوز التلقين المجرّد.

على أن هذا النهج نهج الشيخ بطريقته والنهج المتقدّم نهج المعلّم بأساليبه ووسائله يتكاملان في ائتلاف يجيب عن سؤال أبناء هذا الزمان؛ فإن التفسير المتبصّر الذي يمثّل نهج الشيخ يَقْدَح في خاطر المتعلّم كيف ينفذ من المعطيات المتراكمة إلى الرأي الكليّ المستصفى، كيف يفرز المعطيات ويؤلّف بينها بانسجام ويردّها إلى مرجع جامع ينتظمها؛ أما النهج الأول نهج المعلّم فإنّه يضع هذه المعطيات بين يدي

الدارسين ويستدرجهم إلى فرزها ومحاكمتها والتأليف بينها ليبلغوا بها تفسيرا متبصّرا، بل يفسح لهم أن يبلغوا بها تفسيرا خاصّا قد يكون مختلفا أو مخالفاً.

الدليل اللساني

ولعلّ المزاوجة بين المنهجين عندي تتمثّل في أنني أصبحت أسترشد بالنظرية اللسانية في تفسير الظاهرة اللغوية من حيث هي نظام يأتلف من مستوياتٍ.صوتية وصرفية وتركيبية وإعرابية ومعجمية وأسلوبية يترجم عنها نظام الكتابة في حال الرسم. مستوياتٍ تتمايز عند النظر لكنها تترابط في الأداء ترابطا عضويا، إذا استدخل المتعلّم قواعدها حصلت له بها كفاية لغوية تمكّن له أن يصبح قادرا على الأداء اللغويّ في مظاهره الوظيفية المتعدّدة .القراءة الجهرية، والقراءة الصامتة، والاستماع، والتعبير الكتابي، والتعبير الشفوي....

وقد انفتح لي بهذه الرؤية المنهجية اللسانية الكلية وَجْهٌ من التدبير حين طلب إليّ معهد التربية في بيروت أن أُعِدّ للدارسين من المعلّمين تعيينا دراسيا يتناول تعليم اللغة العربية بطريقة الوحدة. فإنني اتخذت اللغة ذاتها منطلقا ورأيت أن الوحدة في تعليم اللغة- إذا انطلقت من طبيعة اللغة- كانت منسجمة طبيعية إذ إنها تنطلق من طبيعة الموضوع. وهكذا تصبح طبيعة الموضوع عندي أصلاً محوريا رئيسا تنضاف إليه طبيعة المتعلّم التي كانت محور الطريقة لدى النفسيين والتربويين.

وقد أَقَمْتُ أطروحتي في تعليم العربية بطريقة الوحدة، كما تتبيّن في الفصل الثاني، على أنّ بين الشكل والمضمون في اللغة وحدة عضوية لا تنفكّ، وأن تجزئة اللغة من هذه الجهة لا تستقيم؛ فلا معنى لأن يتدرّب الطالب على حكم العدد بمثل : أكلت..... أرغفة، وأن نقبل منه أن يقول ، مثلا:أكلت تسعة أرغفة، ولا معنى لأن يتدرّب الطفل على تعلّم حرف الياء المهملة بجملة من كلمات (رأى ليلى أعمى) كما أَقَمْتُها من جهة أخرى على وحدة عناصر اللغة وترابطها العضوي. ولما كانت اللغة أصواتاً تتشكّل على نحو مخصوص وتصاغ بأبنية مخصوصة ذات معان، وتأتلف في تراكيب على أنحاء مخصوصة، وتتمايز بأعاريب مخصوصة......إلخ فإنّ هذه العناصر- في مفهوم الوحدة- إنّما تتعيّن وتكتسب معناها ووظيفتها من خلال تعالقها العضويّ• وليس سديدا أن تُعَلّم الأصوات مفردة، وليس مجديا أن تُعَلّم القاعدة بمعزل عن سياق استعمال حيّ أو نصّ مشرق، وليس كافيا أن تشرح المفردات بمرادفاتها، ولهذا

احتفيت، مثلا، بمنهج الزمخشري في (أساس البلاغة) لأنه لا يكاد يشرح الكلمة بمرادف، وإنما يوردها في سياقات استعمال كليّة تنبئ عن معناها وطريقة استعمالها مندغمة في إطار وحدة لغوية جامعة.

ثم أصبح هذا المنطلق اللساني مشروعاً لبناء منهاج اللغة العربية وتأليف كتبها التعليمية وطريقة تعليمها وتقويمها. وتَمَثَّل هذا المشروع في الفصل الأول الموسوم في علم تعليم اللغة العربية .

من فَرْط التراكم إلى ضبط العلم

وقد أَخَذْتُ في هذا المشروع، على المناهج المتداولة ما يسودها من تراكم واختلاط، وما أفضى إليه ذلك من انسياح صورة اللغة ونهج تعليمها لدى المعلّمين والمتعلّمين حتى أصبحوا كأنما يخبطون في تعلّمها على غير بيّنة ولا خُطّة محسوبة متعيّنة؛ وفي ضوء تصوّري لبنية اللغة ووظائفها وما ينبغي لذلك كلّه من الضبط المتدرّج المحسوب المتكامل كنت أتساءل:

-أحقّا أن مستوى كتاب الصفّ الخامس الابتدائي، مثلا، أيسر من مستوى كتاب الصف السادس؟

-من منّا معلّمي اللغة العربية يعرف في أي مرحلة أو في أي صفّ بل في أي درس يجري تعليم الطلبة أساليب النفي في العربية، مثلا؟

-من منّا يعرف في أيّ مرحلة أو في أي صفّ بَلْ في أيّ درس يجري تعليم الطلبة كيف يفرقون بين واو الجماعة وواو الجمع والواو التي هي أصل في بنية الكلمة (وإذن لا يضعون ألفا بعد نرجو) مثلا؟

-من منّا يعرف متى يجري تعليم الطلبة كيف يؤدّون أسلوب التعجّب أداء معبّرا؟

-من منّا يعرف متى يجري تعليم الطلبة كيف يرتّبون عناصر موضوع إنشائي ترتيبا منطقيا متسلسلا؟

وهذه أمثلة وحسب تترجم عن ما كنت آخذه على المشهد التعليمي؛ إذ كنت أجد تعليم العربية عائما حتى غدا كثير من الناس لا يرون في تعليم العربية تخصصا لأنهم لا يجدونه ينضبط انضباطَ غَيْرِه من موادّ التعليم بَلْهَ أن يوازي أو ينافس تعليم اللغة الإنجليزية، مثلا.

وكانت هذه الحال حافزي إلى المنهج الذي اتخذته في ضبط تعليم اللغة على مستويين: موضوعيّ نحدّد فيه مكوّنات النظام اللغوي ليستوعبها المنهاج ويتناولها الكتاب على التعيين والتسلسل والتكامل، ووظيفيّ نميّز فيه أوجه استعمالنا للّغة في مواقف الأداء التي تنتظم مهارات القراءة والاستماع والتعبير، ونعيّن مكوّنات كُلّ مهارة، ونعمل في بنائِها بناءً تفصيليا متسلسلا متكاملا، والتدريبِ عليها تدريبا وظيفيا موجّها.

وبيان هذا النهج (1) ماثل في الفصل الأول تفصيلا.

في التشخيص

وفي ضوء هذه الرؤية صمّمتُ معيارا لتقييم الكفاية والأداء في اللغة العربية انتظم مستويين:موضوعيا ووظيفيّا، وشفعتُه بنموذج تطبيقي مقترح لاختبار تشخيصي. وبيان ذلك في الفصل الثالث (في تقييم الكفاية اللغوية في العربية)

وقد تَوَجَّه المعيار الذي رسمتُه ثَمَّةَ إلى تشخيص كفاية الطالب العربي المتخرّج في مرحلة التعليم العامّ وهي مرحلة في تحصيل العربيّة تمثّل مستوى سواء المتعلّمين من أبناء العربية.

في العلاج

وعَمِلْتُ في ضوء ذلك االتشخيص والتقييم أن أقدّم مثالا للعلاج والتقويم. واتخذت قراءة النصّ العربي نموذجا منهجيا متكاملا.(وبيان ذلك في الفصل الرابع) في تقويم الكفاية اللغوية في العربيّة.....

---

1) قد ترجمت عن هذه الرؤية عندما اسهمت في رسم منهاج اللغة العربية في عُمان، وطبقت هذا النهج في الاشراف على تأليف كتابي " لغتي " و " أقرأ " هناك. إذ كان الكتاب الأول في تعليم اللغة العربية بمقوماتها الموضوعية على التسلسل والتكامل، وكان الثاني في بناء المهارات اللغوية على التسلسل والتكامل ضبطا منهجياً. ولكن لكن كل " مقوّم " في بناء اللغة أو عنصر- جزسي في بناء مهاراتها كان يأتي في سياق لغوي كامل انسجاما مع منحاي في تعليم اللغة العربية بطريقة الوحدة.
كما تمثلت هذه الرؤية حين أسهم في رسم منهاج اللغة العربية وتأليف كتبها (للمراحل الأولى) في اليمن.

في ائتلاف اللساني والوظيفي: التأليف النحوي مَثَلاً

وقد قام منهج التأليف النحوي لديّ على مَلْحَظ لساني يتمثّل في أن النحو ينتظم أطرا ثلاثة هي قواعد النَّظْم . (التركيب الجملي) وقواعد (الإعراب) وقواعد (البنية الصرفيّة) وكان هاجسي في ذلك أن أدافع تلك الصورة المشتتّة التي يرى الطلبةُ النحوَ عليها. وانضاف إلى هذا الضبط الموضوعي التنظيمي ملحظ لساني آخر يقوم على رصد علاقة النحو بسائر مستويات النظام اللغوي، كما انضاف إليه ملحظ وظيفي يتمثّل في ربط النحو بالسياق، وربط القاعدة بالنصّ والاستعمال ودورتها في حياة اللغة والمتعلّم.

وقام منهجي في تيسير الإعراب على ملحظ إضافيّ آخر؛ فإني كنت أجد تعليم العربية بالطريقة الجزئية ينعكس على منهج الطلبة في الإعراب؛ إذ يشرعون فيه أجزاء ، ويغفلون عن استشراف النصّ أو التركيب الذي يعربونه استشرافا كليًا يميّزون فيه عناصره الأساسية أو مكونّاته الكلية المباشرة ثم يمضون إلى بيان العلاقات والوظائف التفصيلية.

واستثمرت في هذه السبيل منهج التحليل إلى المؤلّفات المباشرة (وبيان ذلك في الفصل الخامس)

في تعليم العروض

وكان هذا المنحى الكلّيّ هو المنحى الذي اتّبعته في تعليم العروض؛ فإن البدء بالجزء (المقطع فالتفعيلة فالبيت) كان يفضي بالطلبة إلى الضلال في احتمالات تشكيل التفاعيل من المقاطع وتعرُّف البحر بعد ذلك. ووجدت أن البدء بالكليّ هو أمثل تدبير في تكوين الأذن الموسيقية. ويتمثّل الكليّ في الانتقال من تمييز النثر عن الشعر بفارق الوزن، وتمييز البحور بإيقاعاتها المتباينة من خلال نماذجها المشخّصة في النصوص الشعرية، وتعرّف البحر من خلال قصائد جاءت عليه يقرؤها المتعلّم أبياتُها موقعة موزّعة على تفعيلاتها ثم ينظر في تفاصيل التفاعيل من المقاطع........ إلخ وبيان هذه الطريقة في الفصل السادس (في تعليم العروض).

في إعداد المعلّمين : وحدة المادّة والطريقة وترجمة النظرية بالتطبيق العملي الوظيفيّ المباشر

وكان هاجس الوحدة ملازما دائما، فحين طُلِب إليّ أن أتناول بالتحليل نصوصا يدرسها معلّمون يؤهّلون لتعليم العربية تراءى لي أن المعلّمين يعانون في هذه الحال حالا من انفصام الطريقة والمادّة؛ ذلك أنهم يدرسون أساليب تعليم العربية على هيئة نماذج نظرية، كما يدرسون الموادّ المقررة من قواعد اللغة ونصوصها، ويرون ذلك بمنأى عمّا يواجهونه في مواقف التعليم الصفّيّ، ويضطربون في حيرة إذا تصدّوا لإعداد دَرْس يقوم على استثمار المعرفة بالمادّة والمعرفة بالطريقة في سياقٍ مؤتلف وأداءٍ تعليميّ مباشر.

وقد اتخذت لذلك تدبيرا يقوم على تحقيق وحدة المادّة والطريقة؛ إذ رأيت أن يتخذ تدريب المعلمين هيئة (ورشة عمل)تقوم على تناول نماذج كافية مختارة من دروس الكتب المقرّرة.وتكون هذه الدروس مادّة التكوين العلمي من جهة ونماذج الأداء التعليمي من جهة أخرى..

وبيانُ هذا المشروع (الذي قد يبدو مستغربا عند الخاطر الأوّل) ماثِلٌ بمثال تفصيليّ في الفصل السابع من الكتاب ([1]).

في العنوان: ثنائية المناهج والنماذج

أما ثنائية المناهج والنماذج التي اتخذتها في العنوان فتصف ما جاء في الكتاب من هذا الاقتران بين المنطلق النظري والمثال التطبيقي. فإذا اتَّخَذْتُ اللسانيّ منطلقا شَفَعْتُه بالأمثلة التطبيقية في ضبط صورة اللغة في المنهاج، وإذا اتخذت " الوظيفي"

1) وقد اقتصرت فيما أنشره هنا، على أعمال أنجزتها واتخذت صيغ بحوث مؤلفة ، وأرجأت عرض تجارب لي أُخر عرضت في سياق آخر " سياق التعلم عن بعد أو التعليم المفتوح حيث يمثّل التأليف سيناريو المادة والمعلم على صعيد واحد. وهو نهج في (تعليم العربية بلا معلم) وأمثلة هذه التجارب ماثلة في وحدات أنشأتها في مقررات جامعة القدس المفتوحة، هي تستضيء بمنهجي المتقدم في بُعديه اللساني والوظيفي ولكنها تضيف إليه بعداً آخر هو دور المعلم. وهي تجارب جديرة بأن تبسط في سياق آخر مستقل وخاصة أن هذا المنحنى منحنى التعليم المفتوح يشهد اهتماما متزايديا امتداداً واتساعا.

منطلقا شفعته بالأمثلة التطبيقية في تعليم المهارات اللغوية والتدريبات النحوية، وإذا اتخذت الكليّ منطلقا شفعته بالمثال التطبيقي في تعليم العروض، وإذا اتخذت البَيْنِيّ منطلقا كما في (المادّة والطريقة) في إعداد المعلّمين شفعته بالنموذج العمليّ المشخّص.

عود على بدء: نظرة إلى مدار الموضوع

وحقّا أن هذه الفصول قد أنشئت على مدى زمنيّ ممتد، ولكنّي أرى في نشرها مجتمعة على صعيد واحد ، هنا الآن ، تيسيرا على من يَنْشد الاطّلاع عليها وقد توزّعت في مظانّ شتّى. وأنا أحرص على تأريخ كُلّ منها لأدلّ على تكاملها وائتلافها من جهة ولأبين عن بعض وجوه انسجامها مع الموضوع والحاجة من جهة أُخرى. وقد اقتضى ذلك تعديلا جزئيا في العناوين الأصلية وتصّرفا محدودا في متون أصول هذه الفصول. وواضح أن جُلّ هذه الفصول يؤول إلى مرجع لساني وظيفيّ (كما في الفصول الأربعة الأُوَل خاصّة)، وأن بعضها يستجيب لطبيعة الموضوع وغايته لدى المتعلّم كما في اتخاذ الطريقة الكلية لتعليم العروض، وبعضها يستجيب لسؤال المعلّمين الجدد أو لإعداد المعلمين إعدادا ينفي عنهم حيرة الازدواج بين الطريقة النظرية والمادّة اللغوية التعليمية، ويقدّم لهم نموذجا مشخّصا لوحدة المادة والطريقة أو النظرية والتطبيق كما في الفصل السابع.

أما الفصل السادس فإنّه ينتظم رؤى وتجارب في تحريرِ مَتْن النحو، وتبويبه تبويبا متّسقا ، وتوجيه تعليمه في هَدْيِ منهج ميسّر، وفي إطارٍ وظيفي يربطه بالحاجة، والحياة، والنصّ المشرق(وسؤالُ النحو سؤال قديم متجدّد).

وأنا أحرص على تأريخ هذه الفصول لعلّي أقيّدها في سجلّ الذاكرة المحليّة والعربية التي يعتريها كثير من الإسقاط والإقصاء ، ولعلّها تتخذ موقعها في صيرورة التجارب المبذولة في تعليم العربية، لعلّ الناظرين فيها يضعونها في حاقّ مواضعها بإنصاف، ولعلّ أجيالا حاضرة ترى في الانتفاع بها سبيلا إلى التطوير والتيسير؛ فإنّي ما أزال أرى الرؤى التي تتضمّنها في تعليم العربية لسانيا، وتعليمها وظيفيا وتقنين تقييمها منهجيا، وإعداد معلميها بفعالية، وتيسير نحوها، كما أرى حاجة الطلبة إلى طريقة ناجعة في تعليم العروض، ما أزال أرى ذلك كلّه حاجة ومطلبا قائمين حتى الآن. وإذا كان في هذه الفصول ما يوافق بعض ما جاء لدى آخرين مِنْ قَبْل فهو خَيْر؛

لأنّه يعزّز ما أذهب إليه بالتوارد، وإذا كان في هذه الفصول ما ارتضاه وأخذ به بعض المشتغلين بتعليم العربية فهو خير كذلك؛ لأنّه يسهم في تفعيل هذه الرؤى والانتفاع بها، وإذا كان في هذه الفصول ما لا يزال العاملون في تعليم العربية يرونه صالحا لأَنْ يُنْتَفَع به فهو ما أنشده حقّا.

وإذا كان فيها ما يرى فيه المشتغلون بالعربية رأيا آخر فذلك أمر طبيعيّ بل ضروريّ يضفي على هذه المسألة الحيوية حيويّة إضافية، ويتقدّم بمشروعنا فيها خطوة نحو الأصلح والأمثل.

ما أشبه الليلة بالبارحة:

أما الحافز المباشر لي على نشر هذه الفصول فهو السؤال الحائر الذي ما فتئ يَسْأَلُنِيه كثير من الطلبةِ في قسم اللغة العربية، والمعلّمين الذين تخرّجوا في قسم اللغة العربية وواجهوا مِثْلَ حالي أَوَّل عَهْدي بتعليم اللغة العربية. كيف نعلّم اللغة العربيّة؟

لعلّ في رؤى هذه الفصول ومناهجها تبصرة لهم، ولعلّ في خطى هذه التجربة ونماذجها دليلا هاديا لهم على هذه السبيل(سبيل تعليم العربية).

اليوم وغدا، المعلّم المبتدئ والحاسوب

وليس سؤال من يَنَشُد تعليم العربية بالحاسوب، اليوم وغدا، مختلفا في جوهره عن سؤال المعلّم المبتدئ؛ ذلك أن تعليم العربية بالحاسوب تشكيل بينيّ، بين اللغة والحاسوب لا يغني أحدهما عن الآخر. ويقوم الشطر الأول أو الشرط الأول من هذا التشكيل على اللغةِ مادّة التعليم بمفاهيمها ونماذجها، ويقوم الشطر الثاني أو الشرط الثاني من هذا التشكيل على الحاسوب بوسائله وبرامجه. وتَشْخَص الأسئلة الأولية الضرورية للمعلّم المبتدئ والحاسوبي على حدّ سواء. ماذا نعلّم؟ وكيف نعلّم...... فإن الحاسوب، مُدْخَله هو مخرجه أو هو Garbage in Garbage out، أو كما قالوا.

الفصل الأول

في علم تعليم اللغة العربية

في علم تعليم اللغة العربية

سؤال الكاتب - حال الطالب - سؤال العربي

- قصور الكفاية والمشكلة المعلقة.

- المدرسة وتعليم العربية: الخطة الغائبة.

- المناهج: الخليط المتراكم.

- كتب تعليم العربية وغياب النسق.

- المعلمون والضرب في التيه.

- غلبة التربوي على اللساني.

- ضعف الطلبة.

المشروع الثاني

على المستوى الموضوعي

- المنشود

- الموجود

صورة العربية تقريبية

النحو: التشعب والاختلاف

- اختلاف اللهجات

- اختلاف الأطوار

- اختلاف النحاة

- تحرير المتن من التشعّب

ضبط صورة المادة وتحقيق سؤال الكاتب وسد حاجة الطالب:

على المستوى الموضوعي:

على المستوى الوظيفي:

المهارات من التعميم إلى التعيين

مَثل القراءة الصامتة

مثل من التعبير.

علوم المهارات اللغوية.

على مستوى الطريقة في التأليف والتعليم.

وحدة الشكل والمضمون.

- مثال من تعليم النحو

- من تعليم حروف الهجاء.

- من أعراض الفصل بين الشكل والمضمون.

وحدة مستويات اللغة

- معالم مشروع الحل.

ائتلاف اللساني والوظيفي

تصحيح المدار ومركزية اللغة

ثبت مصادر الفصل الأول

سؤال الكاتب:

سألني صديق كاتب، أقرُ ما يكتب فأجد له فيه تنبها وفطانة، ولا أكاد أجد فيما يكتب لحنا أو مخالفة عن وجوه العربية:

أين أجد بياناً وحيزاً شافياً عن القواعد الأساسية في العربية التي إن استحضرتها في نفسي على وعي دائم أمنتُ مزالق الخطأ التي يُقارفها الكاتب عفوا من غير أن يدري؟

وهو كاتب درس العربية وقرأ بها غير قليل، وتعلمها على طريق التحصيل الرسمي جاداً في ذلك. وهو يكتب فيصيب وجه العربية على الإجمال من غير أن يتبين تفسير ذلك وحُكمه في قواعد النحو.

ولكنه يظل مسكونا بالقلق على أن يعرف قواعد اللغة معرفة كافية، ولا يكفيه أن يصيب وجه الصواب، بل يؤرقه أن يصبح عارفا بوجه الوجه في الصواب.

حال الطالب

وحين وجدت الجامعة الأردنية أن الطلبة الوافدين إليها من متخرجي المرحلة الثانوية يتعثرون في استعمال الغة العربية تعثر بيناً، وتضل عنهم وجوه أساسية من وجوه العرفة العربية.... رسمت لهم أن يجتازوا امتحان " مستوى " . ولكنه كان امتحاناً من وجوه النقص والتعثر. ثم ألزمت الجامعة من يجتاز ذلك الامتحان أن يدرس نحو واحد لا يكاد يختلف، إذ كان يقوم على نصوص مختارة قديمة وحديثة، تعالج معالجات متفاوتة على قدر ما يمكن للأستاذ أن يستخرج منها.

ولعل جمهرة الطلبة كانوا يجدون أن هذا " المقرر " الجامعي لم يفترق افتراقاً حاسماً عما كانوا يتعاطون في درس النصوص أو المطالعة من المرحلة الثانوية، وأن الآمنة لكنه وجد أن يتخبط ويراوح حيث هو!

سؤال العربي:

ويسألك العربي من سواء المتعلمين سؤالاً حائراً موازيا لما تقدم: صف لي كتاب في العربية يُقيم لي عمود صورتها، وتنجلي فيه ملامحها الرئيسية، ويمكن لي به أن أُحقق معرفة كافية تسعفني في استعمال اللغة استعمالاً صحيحاً على الجملة

ويتردد الجواب كالسؤال حائراً لا يشفي ولا يكفي، فعلى كل كتاب يخطر بالبال اعتراض حاسم يجعله قاصرا عن سد هذه الحاجة.

قصور الكفاية اللغوية:

المشكلة المعلقة:

وإن مناهج الجامعات العربية في بعض وجوهها لتشفُ عن هذه المشكلات المعلقة ، فدروس النحو فيها على التعيين ما تزال تجاهد أن تستكمل في الطلبة تحصيل النحو بمقدار يكفي لتقويم السنتهم وأقلامهم. وكأن قراءة النحو في بعض مصادره الأصول أصحبت ستاراً خارجياً للإيحاء بالفرق بين المدرسة والجامعة. وظل الطلبة يقصرون تقصيراً فادحاً على المستويين: مستوى تحصيلا لنحو وهو المطلب العلمي الأولي، ومستوى فقه النصوص النحوي الأولى وتحليلها والمشاركة في الحوار النظري الذي تمكنهم من استعمال اللغة استعمالاً صحيحاً، وأخطاؤهم في المسائل الابتدائية (بله مواضع التفطن اللطيفة) مشهورة متداولة. ولم يبلغوا، على المستوى الثاني شيئاً إلا إستصعاب تلك النصوص والضيق بتعدد الآراء (بلهَ أن يصبحو طرفاً ذا مشاركة ايجابية فاعلة في قراءة النصوص والحوار النحويّ).

المدرسة وتعليم العربية:

الخطة الغائبة:

ولا إخال أحدا يماري في أن هذه المشكلة ينبغي أن تحل بصورة نهائية في المدرسة وذلك أن الطالب يسلخ من عمره اثنتي عشرة سنة يتعلم اللغة العربية في المدرسة وهو زمان - لا ريب- كاف لتحقيق معرفة لغوية كافية.

ولكن .....

كان خطة تعليم اللغة العربية، في وضعها المدرسي الحاضر، ألا تكون هناك خطة، وذلك أن تعليم اللغة العربية، بمناهجه، وكتبه المقررة، وممارسات المعلمين في غرف الصف، ما يزال متروكاً لمسار التراكم العفوي.

المناهج: الخليط المتراكم

فليس لمناهج اللغة العربية منطلقات متسقة منظمة، فهي مواد وملاحات متراكمة لا ينتظمها نسقٌ واضح منسجم، وهي لا تنكشف انكشافاً ذاتياً يشف عن طبيعة متميزة خاصة. إنها أشبه شيء بخليط ائتلافي من مواد تاريخية وجغرافية واجتماعية وعلمية ... الخ يصح أن توصف بكل شيء إلا أن تكون مناهج للغة العربية بالمعنى اللغوي الذي يتميز تميزه الخاص.

حتى النحو الذي يوهم وضعه الخاص بالانضباط لا تستوي له في المناهج المدرسية ماهية منسجمة محددة. - لدى الطلبة - أبواب في الفاعل والمفعول به والتمييز والحال .... رُكاماً مختلطاً تائهاً.

ونظرة عابرة إلى منهاج النحو في أحد الصفوف المدرسية يفسر ذلك، فالمناهج الموضوعية لا تعرف لنفسها مبدأ مطردا ثابتاً تحكمه، فهي لا تحتكم مثلاً، إلى مبدأ وظيفي في تصنيف القواعد وفقاً لقيمتها العملية ونسبة شيوعها، وهي لا تنبثق من " نظرية " في التبويب معروفة. وبياناً عما أريد، أسواق هذه القطعة من منهاج القواعد في الصف الأول الإعداد المتبع في مدارس الأردن:

1- تقسيم الكلمة إلى اسم وفعل وحرف.

....

2- الفاعل

5- المفعول به

6- نائب الفاعل

7- الإعراب والبناء

....

10- تقسيم الأسم الى مذكر ومؤنث.

....

22- تأنيث الفعل مع الفاعل ونائبه وجوباً وجوازاً

23- إفراد الفعل مع الفاعل ونائبه.

24- الجملة اسمية وفعلية.

....

فكيف يسوغ لدى واضع المنهاج أن يداخل بين مباحث النحو ومباحث الصرف هذه المداخلة (إقحام تقسيم الاسم إلى مذكر ومؤنث وغير ذلك من مباحث الصرف في سياقة مباحث نحوية اعرابية لا وجه واضحاً للعلاقة بينها يفسر التتابع في الترتيب)؟

وكيف يسوغ له أن يفصل بين مباحث الفاعل ونائبه جوازاً ووجوباً، وإفراد الفعل مع الفاعل ونائبه، فإذا كان يقصد بذلك أن يفصل أحكام التركيب عن أحكام الاعراب (وهو ملحظ غير قائم في خطة إيراد الأبواب من المنهاج) فلماذا يقدم مبحث كلي هو أصله وإطاره، وهو تقسيم الجملة إلى اسمية وفعلية؟ ... الخ

كتب تعليم العربية وغياب النسق:

وليس لكتب اللغة العربية، التي توضع بطبيعة الحال في اطار تلك المناهج، بنيان متسلسل محكم متكامل. ولعله قد وقر في نفوس معلمي العربية، على مدى بضعة العقود الماضية في جنوبي بلاد الشام، أن التلاميذ كانوا يبلغون مستوى معيناً محسوباً في معرفة القراءة والكتابة بعد الصف الأول الابتدائي مباشرة. ذلك أن بنية كتاب الصف الاول - بفضل ظاهرة الحصر المحكم المستوعب للصور التي تأتي عليها حروف الهجاء فيتجربة خليل السكاكيني - كانت بنية ذات خطة متدرجة محسوبة متوافية باحكام. ولكن المتعلمين والمؤلفين كانوا بحاجة إلى أن ينتظروا بعد الصف الأول سنتين أو أكثر ليتبنوا معالم مستوى عام مختلف، ذلك أن بنية الكتب ومحتواها كان يعوم

ويضيع. ويظل المعلم ينتظر تقدم الطالب في الس، وارتقاء مستواه بعوامل النم الخارجية لتسعفه في تطوير مستواه اللغوي. ولم يكن المعلم ولا المؤلف يعرفان حداً ولو تقريبياً بين الصف الثاني والصف الثالث، أو بين الصف الثالث والصف ارابع، على مستوى البنية اللغوية لكتاب كل صف. ولو أن معلماً جعل كتاب الصف السادس في موضع كتاب الصف الخامس لما تأثر سير خطة التعليم بما يشعر أن قد عرض خلل أو اضطراب.

بل ينتظر المعلمون وأولياء الأمور في العادة، أن يمرّ الزمان إلى نهاية المرحلة الاعدادية لتتهيأ للطلاب، من خلال مواد ونصوص متنوعة قرأوها، ومسائل تدربوا على كتابتها، وقواعد متفرقة درسوها، وعوامل أخرى من التعرض للغة في الحياة العامة، لمعرفة ما باللغة العربية.

ذلك أن الطالب حين يبلغ هذه المرحلة يصبح، للنظرة العجلى السطحية، قادراً على أن يقرأ قراءة ما، وأن يكتب كتابة ما، وأن يفهم ما يسمع بالفصحى على نحو ما .... الخ.

ثم يمضي الأمر في المرحلة الثانوية على مثل هذا النحو لا يفترق عنه افتراقاً كيفياً بينا......

المعلمون والضرب في التيه:

وليس لممارسات المعلمين نهج علمي واضح منظم، فالذين رسموا للمعلمين أساليب تعليم اللغة العربية (أو الطرق الخاصة في تدريسها على ما يختار بعض الناس أن يعبروا به)، قد اعتمدوا في المقام الأول الغالب على ما أتيح لهم من مُعطيات مستفادة من أصول التربية وعلم النفس. غير أن عنصراً رئيسياً من عناصر القول في هذه المسألة ظل غائباً، ولم يتوفر أحد، فيمن أعرف، على البيان عنه والكشف عما يكون له من آثار في توجيه المؤلفين، مؤلفي الكتب المدرسية ومعلميها، والعنصر الذي أعنيه هنا، هو اللغة نفسها، بطبيعتها الخاصة، ونظامها الذاتي، وأشكال تحققها في مواقف الاستعمال، والمسلمات في طريقة اكتسابها، ونظريات درسها، ذلك أن النظر في طبيعة الموضوع لا يقل أهمية عن النظر في طبيعة المتعلم عند أية محاولة لتشكيل طريقة في تعليمه.

ولم يكن المعلم، وهو يعالج تعليم اللغة من خلال تلك المناهج والكتب القائمة على الاختلاط والتراكم، ليصدار على مستوى الموضوع، صدوراً لغوياً منظماً محسوباً.

31

بل أصبحت صورة معلم اللغة العربية صورة معلم غير متخصص. ولعل كثيراً ينتحلون مهنة التعليم لم يكونوا يجدون صعوبة ولا حرجا في أن يتولوا تدريس اللغة العربية. ذلك أن معلم اللغة العربية لا يتميز بأنه يتناول مادة منضبطة بأصول لا يجتزئ عليها إلا من وَعَى علم ذلك كله.

من منا – معلمي اللغة العربية – يذهبإلى صفه وهو يعرف على وجه التحديد – المطلق أو شبه المطلق – ما الذي يقصد أن يبنيه في لغة التلاميذ؟ من منا – معلمي اللغة العربية – يعرف مثلاً، على وجه التحديد شبه المطلق، كم كلمة جديدة يضيف كتاب الصف السادس الابتدائي إلى معجم الطالب؟ من منا يعرف، مثلاً، في أي صف وفي أي درس من دروس ذلك الصف سيدرب تلاميذه علت رتيب عناصر موضوع انشائي معين ترتيباً متسلسلاً منطقياً؟

الخ .....

غلبة التربوي على اللساني:

وكأن اللذين عملوا في وضع مناهج اللغة العربية، وتأليف كتبها، ورسم طرق تدريسها، كانوا يصدرون عن تصورات وتأليف سبقتهم، ثم يأخذون ببعض المطعيات التربوية والنفسية ولكنه يُغفلون " بنية اللغة " فتضيع ملامحها، ولا تعود عناصرها متعينة معلومة تسير وفق خطة مقدرة محسوبة، ولا يجري تعليمها على أصل مستق.

ضعف الطلبة:

ويتفاعل هذا الوضع القلق الانطباعي التراكمي ليفرز ظاهرة فاجعة:

أن الطالب العربي لمتخرج في الجامعة لا يقرأ كما ينبغي أن يقرأ: إنما يُجمجم بأصوات متعثرة تترجم صورة المكتوب، فلا هو يقرأ قراءة جهرية معبرة، ولا هو يسرع في القراءة الصامتة، ولا هو يحسن استخلاص معاني ما يقرأ، ولا هو يحسن التغلغل فيما وراء السطور، بل أنه، بصورة عامة، لا يحب القراءة.

والطالب العربي المتخرج في المدرسة بل المتخرج في الجامعة لا يكتب كما ينبغي أن يكتب، فهو كثير الخطأ في الإملاء، كثير الخطأ في النحو، لا يلاحظ علامات الترقيم، ولا تجري أفكاره على نحو متسلسل، ويستعمل الألفاظ استعمالاً قلقاً.

وهو كذلك لا يستمع كما ينبغي له أن يستمع، ذلك أنه لا يحسن الاستماع ابتداءاً، فإذا أظهر الاستماع تبين أن لا يحسن استخلاص مضمون ما يسمع، وقد يستمع إلى محاضرة فلا يتمكن من استصفاء الموضوع الذي تدور عليه في تلخيص آني بارع دال، أو تجده منكباً على نسخ ما يسمع حسب!

المشروع اللساني

اما المشوع الذي أتقدم به لتجاوز هذا الوضع، على المستوى التربةي، فيمثل طموحاً مفعا بالأمل فيأن ننتقل بتدريس اللغة العربية من فرط التراكم إلى ضبط العلم. وهو يصدر صدوراً " لسانياً " خالصاً، إذ ينطلق من طبيعة الموضوع، طبيعة اللغة، في تحديد محتوى المنهاج والكتاب، ورسم طريقة التدريس. ويتمثل المشروع عند هذا الحد الاستطلاعي المقترح في تطبيق هذا المنطلق اللساني على مستويات ثلاثة.

على المستوى الموضوعي:

- المنشود

ضبط صورة العربية في عمل منهجي يستصفي القواعد الصوتية والصرفية والنحوية والمفردات الدلالية والأنحاء الأسلوبية والاعتبارات السياقية التي إن جرى علهيا المتعلم أنشأ كلاماً فصيحاً لا تُخالطه أوضاع أصبحت تصنّف في العامية، أو أبحت مهجورة لا تكاد تجري في الاستعمال.

ويقوم هذا العمل ابتداء على فرز عينة ممثلة للاستعمال الجاري في العربية قديما وحديثاً، وترتيب القواعد المستخرجة بالفرز على وفق درجة تواترها.

وإذن تصبح بنية اللغة العربية على وفق حاجة الاستعمال بينة، وتصبح قواعدها على مستوى التحليل اللساني، محسوبة حساباً محدداً.

الموجود: صورة العربية تقريبية:

وأول الدواعي الى هذا الفرز أن غياب الانسجام على مستوى طبيعة الموضوع في محتوى المنهاج المدرسي كان نتيجة لوضع العربية نفسها.

وعلى رغم الجهد العريضة في درسة العربية وتفسيرها ظواهرها، وعلى رغم امتداد تراثها في الزمان والمكان، بل لعله بسبب من ذلك أن غدت صورة العربية عائمة تقريبية تتعدد مظاهرها (1) وتجلياتها بصورة محيرة تتراوح بين معلقة طرفة، وسور القرآن، ومقامات البديع، وافتتاحيات الصحافة، وقصائد الشعر الحديث ، وبيانات المؤتمرات السياسية الخ، تلتقي في بنيتها اللغوية، على قدر مشترك لا نعرفه على التعيين، وتفترق في مسائل كثيرة لم نفرزها على التحقيق.

ولعل كثيراً من الباحثين ما يزالون يطرحون على أنفسهم سؤالا بعيدا قريباً، عسيراً يسيراً، عن الفصحى: ما هي، فلا يجدون بين أيديهم حدوداً واضحة تعين لهم ماهية الفصحى ومفهومها المطلق.

ونحن، لا نشك نعرف الفصحى معرفة تلقائية تقريبية، فعل كثير من صور الاستعمال الجاري في الشعر والقصة والمسح والصحافة والتأليف المعاصرة تجري على مقتضى نظام العربية الفصحى. بل نحن نلاحظ أن أحد أبناء العربية، ممن لُغته الأم إحدى اللهجات المحكية، يستطيع، من خلال تعرضه لبضع عشرات من نصوص العربية الفصحى في القرآن والشعر والعبارة عن المسائل الثقافية والعامة- أن يتبين الفصحى على وجه انطباعي فهو مثلا، يميز الفصيح من العامي فيما يسمع.

ولكن السؤال عن الفصحى: ما هي، يبقى قائما على المستوى النظري ولذا فنحن لا نعرف على قريب من التحديد النظري أين تنتهي الفصحى وتبدأ العامية.

النحو: التشعب والاختلاف

فإذا ميزنا مستوى النحو من بناء اللغة العربية وجدناه مستويات متعددة تفضي به إلى وجوه التشعب.

---

1) يخلف تعدد المظاهر هنا في تشعبها مع العوامل الزمانية والمكانية عن تعدد أمثلة الاستعمال الجارية وفق قواعد محدودة في نطاق نظام لغوي واحد، وهي ظاهرة قائمة في كل لغة إذ تكون القواعد محدودة متناهية، والأمثلة المصوغة وفقاً لها غير محدودة ولا متناهية.

اختلاف اللهجات

وذلك ن النحو قد أقيم على لهجات متعددة كانت تسود في مواطن الجزيرة خلال قرن ونصف قبل الاسلام وقرن ونصف بعده. وتبع الاتجاه الى توحيد القبائل في كيان سياسي واحد اتجاه الى توحيد لهجاتها في كيان لغوي واحد.

وهكذا انتظم " المثال " الغلوي، الذي أفرغ النحويون الوسع كل في رسمه، لهجات متعددة ، وفسحوا في ذلك " المثال " مجالاً للسمات الخاصة التي كانت تنفرد بها كل لهجة.

وهذه مسألة مقررة فيت اريخ العربية، مع ذلك فلا بأس من إثبات شاهدين متقادمين:

أولهما ما ذكره الفارابي في كتاب الحروف، ونقله عنه السيوطي متوسعا فيه في كتاب الاقتراح، سرد الفارابي ثبتاً من القبائل هي: قيس وتميم وأسد وطي ثم هذين، وعقب بأن " هؤلاء هم معظم من نُقل عنه لسان العرب" . وهؤلاء قبائل كانت متباعدة في الدار، متمايزة في اللهجة، وكلها أخذ عنه، بل أخذ عن غيرها فيما تُفهم عبارة الفاربي.

وثانيهما ما عقد ابن جني في " الخصائص " من ذلك الباب الموسوم " اختلاف اللغات وكلها حجة " يقول ابن جني في فواتح ذلك الباب وقد ألمع الى لغة التميميين في ترك أعمال (ما)، وإلى لغة الحجازيين في اعمالها: "وليس لك أن ترد غحدى اللغتين بصاحبتا لأها ليست أحق بذلك من رسيلتها. لكن غاية مالك في ذلك أن تتخير إحداهما، فتقويها على أختها".

ولعل الطريقة التي أورد بها الأشموني حكم الوقف على الاسم المنون أن تكون خير الامثلة بياناً عن هذه القضية. يقول الاشموني: وأعلم أن في الوقف على المنون

ثلاث لغات، الأولى – وهي الفحصى – أن يوقف عليه بابدال تنويه ألفاإن كان بعده فتحة، وبحذفه إن كان بعد ضمة وكسرة بلا بدل، تقول: رأيت زيداً ، وهذا زيد، ومررت بزيد .... والثانية أن يوقف عليه بحذف التنوين وسكون الآخر مطلقاً ونسبتها المصنف إلى ربيعة، والثالثة أن يوقف عليه بابدال التنوين ألفاً بعد الفتحة، واواً بعد الضمة وياء بعد الكسرة، ونسبها المصنف إلى الأزد. وليس هذا المقام بمتسع لاستقصاء الوجوه المتأدية الينا من اختلاف اللهجات.

وهذا العامل الذي أسفت عامل مكاني في المقام الأول، إذ هو يرتدإلى العربية استوعبت نظماً لغوية (لهجات) متغايرة سادت في بيئات مكانية متعددة.

اختلاف الأطوار:

ولكن بناء العربية قام على اعتبار آخر زماني. فالنصوص التي خُرجت باستقرائها قواعد العربية تستغرق ثلاثة قرون ونيفاً، فيما ذكرنا قبلاً، وتلك فترة طويلة في حياة لغة تتُناقل شفاها. ويستقيم لنا أن نفترض أنها اتسعت لمراحل من التطور جرت على الظواهر النحوية في العربية، وقد أٍسلم تحكيم هذا الاعتبار الزمان الى تسجيل وجهين للظاهرة الواحدة، وجه يمثل الطور السابق، وآخر يمثل الطور اللاحق. وهذه الوجوه المترتبة على الأطوار المتاقبة في حدود ذلك الاطار وجوه عربية لا سبيل الى ردها، وهي عامل رئيس من عوامل الشتعيب في قواعد العربية.

فقد سجل النحويون، مثلا عليهذا الصعيد، ظاهرة الحذف والايصال، إذ لاحظوا أن الفعل اللازم يتعدى باحرف وأن الحرف يحدذف أحياناً فينتصب المجرور على نزع الخافض، وهي مرحلة بين اللزوم والتعدي فإنه لم يكن الفعل يلبثأن ينتقل الى التعدي، ولم يكن الاسم المنتصب بنزع الخافض يلبث أن يصبح مفعولا به صريحاً.

ومن أمثلة هذه الظاهرة: شكر ونصح. فقد كان الغالب عليها في طورهما الأول، على ما لا حظوا، أن يكونا لازمين يتعديان بالحرف، فلا نكاد نقول الا شكرت له، هذين الفعلين شهدا انتقالا الى التعدي في بدايات من إسقاط الحرف معها، فأصبحنا نجد على قلة، مثل:

سأشكر عمراً إن تراخت منيّتي أيادي لم تُمنن وإن هي جلت

وتعاصر الطوارن وتمخض عنهما وجهان في استعمال ذينك الفعلين وأضرابهما.

ولاحظوا أيضا ان الفعل ينتقل من التعدي الى اللزوم، وأنت أغذا أردت أن تقتصر من الفعل على الدلالة لىالحدث لم تعبأ أن تذكر له مفعولاً. فأنت تقول مثلاً: أخي يدرس الفلسفة، أو: أخي يتعلم الطب، وتقول في سياق آخر: أخي يدرس ويتعلم (من غير أن تذكر المفعول) لان قصدك إلى تسجيل الأحداث المستفادة من الافعال حسب.

لقد انتهت مثل هذه الاتجاهات في استعمال الاعفال الى الازدواج في استعمال بعض الأفعال لازمة ومتعدية، وصرنا نجد من أمثلة ذلك: وقف، وجاء .... الخ.

ووجوه الازدواج التي نجمت من خلال هذا العامل كثيرة مستفيضة لا مسوغ لاستقصائها هنا.

اختلاف النحاة:

وينضاف الى العاملين المتقدمين عامل ثالث، وهو عام منهجي ترتب على اختلاف طرائق النظر التي اصطنعها النحويون.

فقد كانت المادة اللغوية التي وردت وعليهم أو وردوا عليها واحدة أو تكاد، ولكن استقراءهم إياها في سبيل من رصد الظواهر المطردة فيها، واستخراج الاحكام (القواعد) التي تجري عليها كان يتفاوت، وخاصة في مجال تفسير تلك الظواهر والبحث عن عواملها وعللها.

ورددت عليهم، مثلا، جملة (ليس) في تراكيب كهذه:

ليسوا سواء

لستُ مرسلاً

ولا تقف ما ليس لك به علم

فلاحظوا أن (ليس) تدخل على الجملة الاسميةفتنفي اسناد الخبر الى المبتدأ وترفع الاسم وتنصب الخبر.

فلما ورد عليهم قول العب: ليس خلق اللـه مِثله، اختلفوا في تفسيرها، فوقف قوم عند ظاهرة التركيب فرأوا أن (ليس) هنا تستعمل استعمال (ما) وتدحل على الفعل فجعلوا (ليس)أداة نفي وحسب. ورأوا أنها لا تعمل، في مثل هذا التركيب، عملاً إعرابياً... وتجاوز آخرون وعلى رأسهم سيبويه، هذا الظاهر القليل المغاير للظاهرة.

الغالبة فتأولوه إليها متمسكين بأن (ليس) في هذه الجملة جارية على نسقها المعتاد، وأنها داخلة على جملة اسمية، وأنها عاملة، وقدروا لذلك أن اسمها ضمير شأن محذوف، وأن الجملة الفعلية بعد خبرهُ.

ووردت عليهم (حتى) واستعمالاتها، ووجدوا أن (حتى) تدخل على الاسم فتجره فيمثل: سلام هي حتى مطلع الفجر. وبدا لهم من وجوه أخرى أن هناك حروفاً مختصة، بعضها يختص بالدخول على الاسماء كحروف الجر، وبعضها يختص بالدخول على الأفعال كحروف الجزم، فوصلوا بين الاختصاص والعمل (عمل حروف الجر الجر في الاسم، وعلم حروف الجزم الجزم في الفعل) وجعلوا ذلك أصلاً ومقياساً.

فلما ورد عليهم مثل هذه الجملة: انتظرني حتى تطلع الشمس. ووجدوا (حتى) تدخل في الظاهر على فعل .... اختلفوا، فوقف الكوفيون عند ظاهر التركيب وذهبوا إلى أن الفعل منصوب بحتى، وانضافت (حتى) عندهم إلى حروف النصب. أما البصريون فعمدوا إلى تأويل هذه الجملة وفقاً لمبدأ الاختصاص والعمل فرأوا أن الفعل بعد حتى منصوب بأن مضمرة، تكون هي والفعل مؤولة بمصدر (طلوع) ويكون المصدر في محل جر بحتى، وهذكا تطرد القاعدة في (حتى)، وتبقى (حتى) وفق ما رأو لها، مختصة.

والسبل التي أفضى اليها الخلاف بين النحويين، على هذا الصعيد متشعبة متداولة.

ويصبح متعذراً أن نتبين في جسم النحو ملامحه الاساسية وهيكله الرئيس لما لحقة من اختلاف اللهجات، والاطوار وآثار النظرية على مدى القرون.

وما يزال درس العربية وتعلمها يقوم على عينة عشوائية من قواعدها تؤدي غلى معرفة تقريبية منقوصة مختلفٍ على كثير من عناصرها.

وما نزال نسوي، في تعليم النحو، بين قاعدة قد لا تعرض في الاستعمال مرة في الكتاب الكامل، وقاعدة ات دوران في كل صفحة بل في كل سطر.

تحرير المتن من التشعب

إننا على مستوى النحو بحاجة إلى فرز يميز القواعد التي تصف ظواهر في مادجة اللغة حسب، وينفي العلل والتأويلات والخلافات، ثم يقتصر من تلك القواعد على

القواعد التي أجمع عليها النحويين، بل يقتصر من القواعد المشتركة بين النحويين على تلك القواعد التي كُتب لها دوران في الاستعمال كبير، وحياةٌفي الاستعمال متصلة.

فإذا فعلنا فسنجد أن النحو قد أختُزل بين أيدينا الى العُشر، وسيجد كل من يقرأ هذا النحو انه يقرأ شيئاً له انعكاس وظيفي قريب فيما يقرأ، وفيما يسمع ، وفيما يحتاج أن يعبر له.

وقد عمل (1) كاتب هذه السطور في درس باب الاستثناء من النحو العربي في هدي هذا التوجيه وتحقق من هذه النسبة في امكان اختصار النحو العربي، كما وجد ان اختصار النحو بالتقديرات الانطباعية في مثل " تحرير النحو العربي مع التيسير الذي قرره مجمع اللغة العربية في القاهرة " يفارق اختصاره بمثل هذا المنهج في افرز واعادة استقراء النصوص، مفارقة حاسمة.

فإذا ميزنا مستوى المعجم وجدنا معجما خصبا في اطاره التاريخي، ووجدناه يقدي الفاظ كثيرة بعضها كانت مشتركة على مدى اللغة كلها، وبعضها من الغريبا لذي لم يكن معروفاً في أكثر من لهجة محدودة. ولكن الالفاظ ولدت ألفاظاً جديدة، ونحن الآن لا نعرف معجم العربية على التحديد. لا نعرف ما المفرادات الاساسية في العرية التي يحتاج اليها من يريد قراءة التراث الفصيح ونصوص العربية في الاستعمال الجاري قديما وحديثا. ولا نعرف ما المفردات التي تدور دورانا رئيسا في القرآن والحديث الشعر الجاهلي والاسلامي والأموي والعباسي ولغة التأليف في الفكر والحضارة قديماً، وما المفردات الأساسية التي استمرت في الحياة بعد ذلك كله، وما المفردات التي استحدثت واصبح له ادزران واسع وأصبحت الحاة الى معرفتها أساسية ذات أولوية.

وإذا صح أن في العربية 412 305 12 لفظ وأن المثقف العربي المعاصر لا يكاد معجمه في الكتابة والتأليف والكلام يتجاوز 6000 لفظة(2) أصبح تحديد هذا المعجم ذات جدوى بينة في اختصار الوقت وتكاليف الجهد في التعليم.

---

1) في بحث عنوانه: النحو العربي بين النظرية والاستعمال: مثل من باب الاستثناء، نشر في مجلة (دراسات - العلوم الانسانية) الجامعة الأردنية، المجلد السادس، العدد الثاني، كانون الأول 1979.

2) حسن ظاظا : كلام العرب ص 119.

ضبط صورة المادة وتحقيق سؤال الكاتب وسد حاجة الطالب:

على المستوى الموضوعي

فإذا تم لنا فرز عينة ممثلة للاستعمال الجاري في العربية على السمتويات: الصوتي والصرفي والنحوي والمعجمي زالأسلوبي جميعاً، أمكن لنا أن نسوي للعرية صورة رشيقة، محددة الملامح، متدرجة العناصر وفقاص لنسبة دورانها في الاستعمال ووفقاً لمقاصدنا العلمية من درس العربية وتدريسها. وإذن لوجد أبناء العربية، ومن يسعود في تعلمها كتاباً رشيقاً قاصداً، يُوضع في هدي ذلك، يبلغهم الغاية العملية المحورية من درس اللغة بلا فضول ولا التفاف.

وإذا استوت المادة بين أيدينا على هذه الصورة، وإمتازت في ملامحها عناصر كل مستوى أمكن لنا أن نقيم لكل مستوى أمكن لنا أن نقيم لكل مستوى نسقا يوفق بين منطقة الداخلي الخاص في " النظر " ودرجة تواتر قواده وظواهره الاستعمال.

وبهذا نعرف للموضوع حقيقته بالتحديد، ونميز فيه عناصره الذاتي، ونستطيع أن نعالجه معالجة محددة واضحة متدرجة.

وهكذا نستطيع أن نعرف، مثلاً، مسألة إثبات الألف بعد واو الجماعة: متى تعرض، أين تعرض (في سياق تعليم الطالب الكتابة).

ونستطيع أن نعرف نفي الفعل في المستقبل: متى يعرض، وأين يعرض (في سياق تعليم الطالب نظام الاهعراب ونظام التركيب الجملي).

ونستطيع أن نعرف مسألة تبليغ الحد الأقصى من المعنى بالحد الادنى من اللفظظ: متى تعرض (في سياق تدريس الطالب الأنحاء الأسلوبية).

وبمثل هذا يكون مستوى الموضوع في تدريس العربية مستقراً منضبطاً وتصبح طريق السير في تدريسها بينة المعالم، متتابعة المراحل تُفضي بنا الى غايتنا بلا نكوص.

فإذا اعترضتنا بعد ذلك ثغرة في معرفة الطالب باللغة على هذا المستوى الموضوعي، أمكن لنا أن نعين موضعها، وأن نحدد ملابسات المسؤولية عنها، وأن نرسم نهج معالجتها وتلافيها.

على المستوى الوظيفي:

نميز اوجه استعمالنا للغة وتجلياتها الوظيفية، وهي القراءة الجهرية، والقراءة الصامتة، والاستماع، والتعبير الشفوي، والتعبير الكتابي.

المهارات من التعميم الى التعيين.

ثم نحلل هذه الوظائف الى عناصرها البسيطة بالتفصيل، أيضا، لكي نضمن لمعالجتها أن تكون محددة مدرجة متكاملة، ولكي نتجاوز تلك التعميمات العائمة المتكررة عند القول فيالأهداف من هذه المهارات، مثل التعميم: أن يصبح الطالب قادراً على القراءة الجهرية المعبرة، والتعميم: أن يصبح الطالب قادراً على القراءة الصامتة مع السرعة والفهم ... الخ. التعميمات التي يُعلنا المعلمون في فواتح مذكراتهم ولا يملون اعلانها على هذه الصورة التقريرية الشامة، ثم تكون ثمرتها في الطلبة قبض الريح.

وإذن يتعين علينا أن نميز ضمن كل واحدة من هذه الوظائف خطوات محددة متدرجة متكاملة تفصيلية تؤدي الى القيام بها قياماً صحيحاً في نهاية الأمر.

مثل من القراءة الصامتة:

وتصبح القراءاة الصامتة، مثلاً، بابا وظيفياً وعنوانا متداولاً، وتكون لها دروس في الكاب ينتظمها هذا العنوان. ثم يكون لها تحت هذا العنوان الرئيس عناوين فرعية، مثل:

- وضع عنوان دال على موضوع النص.
- استخراج الأفكار التفصيلية التي أتلف منها موضع النص.
- تحري فكرة محددة في نص كامل. على وجه الفرز والبحث.
- تمييز استجابة ذاتية للنص (من قبل القارئ).

-السرعة في القراءة.

- .... الخ.

ويكون العنوان على مثل هذا النحو مدار الدرس ابتداءً. يُختار له من النصوص مات يهيء لمعالجته وتدريب الطلاب عليه تدريباً خاصاً قاصداً في اطار التعرض الكلي للغة من خلال النص.

مثل من التعبير

ويصبح التعبير الكتابي، كذلك، بابا وظيفياً مقرراً له منهج مقدر مرسوم، ينتظم فروعاً أو فصولاً يُعالج كل منها في درس مخصوص. وتغدو مثل هذه العناوين التالية دروساً فيكتاب اللغة الذي يتعاطاه الناشئة:

- تمييز الأفكار المترابطة .
- تمييز الكلي من الجزئي.
- التسلسل.
- وضع الألفاظ مواضعها.
- احكام الاستشهاد بالمأثور.
- .... الخ.

ويُتخذ لكل درس من المواد والتدريبات اللغوية ما يمكن للطلبة أن يتمثلوه تمثلاً، وأن يحكموه احكاماً.

ففي درس " تمييز الأفكار المترابطة" مثلاً قد يؤتي بموضوع كلي، ثم توضع تحته عشرة عناصر، بعضها ينبثق منه، وبعضها غريب عنه ليس منه بسبب، ويعمل الطلب بغير موضوع للتدريب على هذه المسألة ... التي هي لبنة في ركن الانشاء والتعبير.

وهذا مثال حسب، لكن القصد النهائي هو ألا يُترك أمرُ التعبير ليكون محصلة تلقائية تتشكل لدى الطلبة بالتراكم العفوي لشروطها وأدواتها دون تخطيط منهجي مقدر.

علوم المهارات اللغوية:

وإذن تصبح القراءة الصامتة والقراءة الجهرية والاستماع والتعبير الكتابي والتعبير الشفوي كل منها علمٌ بعناصر محددة متدرجة متكاملة، فيصبح معلوماً، مثلاً ، متى يعرض للطالب (في سياق تدريس القراءة الجهرية) التدريب على أداء أسلوب التعجب أداء متميزاً دالاً، ومتى يعرض له (في سباق تدريس القراءة الصامتة) التدريب على استخلاص ما بين الشطور، ومتى يعرض له (في سياق تدريس التعبير) التدريب على ترتيب عناصر موضوع معين ترتيباً متسلسلاً منطقياً، ومتى يعرض له (في سياق تدريس الاستماع) التدريب على تمييز الأفكار الرئيسية .... الخ.

فإذا اعترضنا بعد ذلك ثغرة في استعمال الطالب للغة في معرض وظيفي، أمكن لنا أن نعين موضعها من حلقات هذه السلسلة، وأن نتبين أصل العلة ونهج المعالجة.

على مستوى الطريقة

في التأليف والتعليم

وهو يستمد من مقولتين لسانيّتين:

أولاهما: وحدة الشكل والمضمون:

وذلك أننا إذا نظرنا في العناصر الذاتية التي يتشكل منها النظام اللغوي ويتحقق في وقاع الاستعمال ميّزنا، للخاطر الأول، عنصرين رئيسين هما: الشكل والمضمون (يتبين ذلك بالنظر في أي نموذج لغوي: آيات من القرآن، أو قصيدة، أو خطبة أو رسالة ... الخ).

وهذا العنصران، وإن لزم تمييزهما وتحليلهما إلى بسائطهما لغايات الدرس النظري والضبط المنهجي، لا يمكن لأحدهما أن يقوم بغير الآخر في الواقع الطبيعي لاستعمال اللغة، ذلك أن بينهما علاقة عضوية أو علاقة قائمة على التحقق الجدلي.

فاللغة ليست رموزاً مكتوبة وحسب، وهي ليست نسقاً صوتياً وحسب، كما أنها ليست معاني أثيرية او مضامين مجردة مطلقة قائمة بذاتها.

إن اعتبار هذه المسألة، مسألة العلاقة العضوية بين الشكل والمضمون، يوجهنا إلى وجوب حضور هذين العنصرين معا في كل موقف من مواقف تعليم اللغة والتأليف

فيها. وإلا بطل أن يكون الموقف لغويا، وبطل أن يكون أطاراً طبيعياً لتحصيل اللغة واكتسابها .

ولعل أحد أبرز المظاهر السلبية التي تهتز بها صورة التحصيل اللغوي لدى الطالب العربي يتمثل في فصل ذينك العنصرين.

وكأنه لم يعد مستهجناً، نتيجة ذلك الفصل، أن يتخذ المؤلفون والمعلمون مادة لغوية قائمة على ملاحظة الشكل فقط باغفال للمضمون، صارخ مرفوض.

مثال من تعليم النحو:

ومن أمثلة ذلك، في المؤلفين أن أحدهم وهو يريد أن يدرب التلميذ على ملاحظة حكم العدد من 3-10 مع معدوده (وهو حكم يقوم على المخالفة في الجنس، كما هو معلوم)، يضع للتلاميذ هذه الجملة: أكلت ... أرغفة، طالباً من التلميذ أن يملأ الفراغ بعدد يلاحظ فيه تلك الحكم.

ومن المحقق أن المؤلف يتوقع من التلميذ أن يقول : أكلت تسعة أرغفة، مثلاً، وأنه لن ينكر عليه ذلك، بقطع النظر عن الدلالة التي تستلزمها الجمةل عندئذ ، وفيها من الخروج على البداهة والعقل والعرف ما فيها.

مثال من تعليم حروف الهجاء:

ومن المحقق أن المؤلف يتوقع من التلميذ أن يقول : أكلت تسعة أرغفة، مثلاً، وأنه لن ينكر عليه ذلك، بقطع النظر عن الدلالة التي تستلزمها الجملة عندئذ ، وفيها من الخروج على البداهة والعقل والعرف ما فيها.

من أعراض الفصل بين الشكل والمضمون:

إن طريقة الفصل هذه تورث الطلبة تحصيلاً شكلياً يقف من اللغة عند حدود السطح الخارجي .ويخلف في كثير ممن يستعملون العربية لفظية جوفاء مهزوزة.

ولعل هذا الاتجاه هو الذي يفسر لنا ما نجد، بعد ذلك، عند طلبة الجامعة إذ تصبح اللغة الأم عندهم، في كثير من الأمر ، رسما منقوشا أو صوتا منطوقا لا تعدوهما، ولا تشف عما ينطويان عليه أو عما ينبغي أن ينطويا عليه وراء ذلك.

يعرض للطالب الجامعي المتخصص في العربية ، مثلاً ، تعريف المعرب والمبني، على هذا النحو: المعرب ما اختلفت حركة آخره باختلاف العوامل الداخله عليه، والمبني ما ليس كذلك. فيستظهر هذا التعريف على ظاهره، غير متجاوز ما وراء هذا الظاهر ولا ملتفت الى ما تحته من معنى مخبوء يُستنتج. وحين يُسأل على طريقة في التحصيل النحوي تقليدية: ما المبني.؟ يجيب: المبني ما ليس كذلك.

فإذا استقصينا ما يترتب على هذه الظاهرة من آثار سلبية، وجدنا عيوباً فاجعة في تحصيل العربية لدى أبناء العربية، مرجعها الى هذه الظاهرة.

وهل نكون الى المبالغة اذا قلنا ان الغالبية العُظمى ممن يقرأون بالعربية لا يصورون في قراءتهم الجهرية ما تتضمنه المادة المقروءة من معانٍ متنوعة متمايزة، بل يقرأون كل ذلك على وتيرة واحدة رتيبة متشابهة تطمِس فروق المعاني، وتسوي التقرير والتعجب والاستفهام ... في عبارة لفظية وادجة لا حياة فيها.

وهل لهذه الظاهرة، ظاهرة القراءة الجهرية على وتيرة واحدة تفسير غير أن أبناء العربية في تحصيل هذا الفن من فنون اللغة (القراءة) إنما يقفون عند حد تحويل الرسم المكتوب الى لفظ منطوق، مغفلين الشطر الثاني، شطر المضمون، على كل حال؟

وهل نكون الى المبالغة إذا قلنا: إن جل ما يكتب التلاميذ المتخرجون في المدرسة الثانوية يساق على نحو متتابع متراكب، وإنك تقرأ صفحة كاملة مما يكتب أحدهم، فلا تكاد تجده يفرق فقرة عن فقرة، ولا تكاد تراه يشير الى نهاية جملة بنقطة، ولا الى علاقة تسبيب بين جملة وأخرى بفاصلة منقوطة .... الخ، يغفل علامات الترقيم في كتابته إغفالا.

أليس هذا دليلاً على أن الطالب الكاتب على هذا النحو ليس متبينا على وجه التحديد الواضح مضمون ما يكتب؟ ولو كان يعي ما يكتب حقاً لما ساغ عنده أن يغفل أية علامة من تلك العلامات، لما يكون لها من دلالة على مقاصده.

والثانية: وحدة مستويات اللغة:

وهي الأصوات في حالتها المفردة المتميزة، والأصوات في حال اجتماعها ما يكون من تأثير بعضها في بعض عند التشكيل، والأبنية التي تتخدها هذه الأصوات على هيئات مخصوصة تمثل كل منها وحدة لغوية صغرى (كلمة)، والدلالات التي يصطلح

عليها لكل كلمة (المعجم) ونظام التركيب الجملي (النحو)، وأساليب أداء المعنى الواحد على أنحاء متفاوتة.

وهذه هي المتسويات التي يتحقق بها النظام اللغوي في هيئته المنطقة، وتتخذ، عند الكتابة، شكل الرسم، وهو يجري وفقاً لقواعد (الإملاء) المتعارفة في كل لغة. ويتعين على من يسعى الى معرفة الغة أن يعرف هذه العناصر جميعاً.

وهذه العناصر، وإن وقع تمييزها لأغراض الدرس النظري والضبط المنهجي في مستويات يتناول كلا منها علم خاص، فإنها في جسم اللغة اتلحي لا تنفصل ولا يتحود أي منها أبداً.

بل إننا على الصعيد النظري نفسه نحتاج في كثير من الأحيان إلى اعتبار كل عنصر منها في سياق سائر العناصر. (يتعذر علينا أن نعرف معنى " قال " مفردة متوحدة : إذ هل تكون من القول أم من القيلولة؟ ويتعذر علينا أن نعرف طبيعة بنية " سائل " أفعل هي أم أسم، بل : اسم فاعل من " سال" هي أم أسم فاعل من " سأل " إلا أن ترد في سياق لغوية كامل .... هكذا).

فإذا التمسنا أمثلة للتوجيه المستفاد ن هذا الملحظ فإنه يكفي أن نشير إلى الطريقة السائدة التي تساق بها " المفردات " الجديدة في دروس اللغة العربية من الكتب المقررة.

إن كتب اللغة العربية – إذ تسوق هذه المفردات مفردة معزولة عن سياقها، جالة بإزاء كل منها لفظا مفرداً تظنه مرادفاً له – تكون تخذل المبدأ الذي ينطويعليه الملحظ المتقدم.

ولو امتحنا قيمة هذه الطريقة فأحصينا المفردات الجديدة التي تميزها الكتب المقررة في كل درس، ثم سعينا أن نعرف نسبة الألفاظ التي أصبحت جزءاً فعليا من معجم التلاميذ من تلك المفردات لوجدنا نسبة ضئيلة جدا أو لم نكد نجد شيئاً، ذلك أن هذه الطريقة في شرح المفردات ربما تساعد. بشكل عام، على تقريب مفهومات كافية من تمثل الدلالة الحية لها والتفطن لظلال تلك الدلالة، بله أن تمكنه من طريقة استعمالها. وأن تجعلها جزءاً من معجمه مسعفا حاضراً.

ولعل ما يروج لدى بعض الناس أن أبناء العربية يستعملون الألفاظ استعمالاً فضفاضا عائما مرده الى هذه الطريقة التي تهون أمر معاني الألفاظ، وتهدر ما يكون لكل لفظ من خصوصية وظلال لا يشركه فيها لفظ آخر، وتعزل اللفظ عن سياقه اللغوي الطبيعي الحي.

إن شرح المفردات، وفقا للملحظ المتقدم، يقضي بأن تصبح كل لفظة مفردة محورا لسياقات لغوية كاملة تتكرر فيها على نحو تتبين معه دلالتها الخاصة، وتتعين فيها للتلاميذ طريقة استعمالها.

وليت مؤلفي الكتب المدرسية ومعلمي العربية يلتفون الى منهج لغوي متقدم في هذه السبيل، هو الزمخشري. فإنه في معجمه أساس البلاغة - لا يكاد يشرح اللفظة بمرادها ، بل يأتي بها في سياقات حية متعددة تجلي دلالاتها وطريقة استعمالها في آن معا، على نحو منسجم مع الملحظ المتقدم في تحصيل اللغة جملة.

وضرب الأمثلة على هذا المنهج من أساس البلاغة يدخل في باب الاستطراد والتكثر، ولكن مثالا واحدا يُبين ولا يضير.

يقول الزمخشري في شحر (الأمت): استوت الأرض فما بها أمت، وامتلأ السقاء فلم يبق به أمت ... وهكذا.

معالم مشروع الحل:

ولعله أصبح ضرورياً عند هذه النقطة أن أحترس بالقول إن هذه المستويات الثلاثة (مستوى الضبط الموضوعي ومستوى الضبط الوظيفي ومستوى الطريقة الكلية) منسجمة في منطلقها " اللساني" متوافية في غايتها العملية النهائية.

ائتلاف اللساني والوظيفي:

إذ يمكن لنا من خلال التحليل التفصيلي لعناصر المستويين: الموضوعي والوظيي أن نضبط الظاهرة اللغوية في العربية (وهي مادة التعليم) ضبطاً منهجياً، ضبط العلم. وهو ضبط نستظهره على وجه الوعي عليه لدى المؤلفين والمعلمين، فتصبح بنية المادة، وعناصرها ونظامها، وجزيئات وظائفها بينة في نفوسهم على نحو محدد ومحكم، ويصبحون متحققين مما يدرسون بابا بابا وفصلا فصلا ومسألة مسألة، ووإذن فنحن نريد بذلك التحديد التفصيلي المبوب تبويباً صارما الى الوعي على عناصر " اللغة " حتى لا تضيع ولا تتداخل ولا يضير بعضها بعضا، أو يترك تعلمها للتراكم اللغوي.

أما على المستوى التأليف والتعليم فنحن نقدر ابتداء أن كل واحدة من هذه الجزيئات ستعالج في سياق لغوي كامل، أو موقف لغوي وظيفي مقنع، أو نص لغوي لطيف مشرق. وستأتي الجزئية أو العنصر المجدد، عند ذلك، متلاحمة بغيرها في بنية اللغة أو صورة المهارة الوظيفية، لكن أصل القصد يكون إلى تعليمها ويحصل الى جانب ذلك من الفائد العرضية غير المباشرة ما يحصل في العادة من التعرض للنص الكامل.

بل نحن نحسب أن يكون التأليف، في هدي هذا التوجيه، فرزاً شاملا لنصوص الاستعمال الجاري في العربية، يميز فيها ، على حالاتها الطبيعة وأوضاعها التي صدرت عليها عند أصحابها ما ينطق بابانة جلية لا تلتبس أو يتوهج مشرقا بجزئية أو عنصر من جزئيات الكل اللغوي أو عناصر المستويين الموضعي والوظيفي، فنحن نثق أن لو تمثل المؤلفون مكونات الينة اللغوية بالتحديد المفصل البين ثم جاسوا خلال النصوص المتاحة لوجدوها مسعفة على معالجة مكونات هذه البنية بصورة طبيعية غير متكلفة ولا مقتسرة.

وإذن تبوب النصوص على وفق تبويب المسائل التي ينتظمها عمود صورة اللغة حساباً موافقاً.

ومن نافلة القول أن نلمح هنا الى أنه يتعين، إذن، أن يكون النص موافقا مناسبا لطبيعة المهارة المقصود التدريب عليها، فالخطبة مرشحة للقراءة الجهرية، والمعالجة العلمية المستفيضة مرشحة للقراءة الصامتة، والحوار مرشح للتدريب على مظهر من مظاهر التعبيرية في القراءة الجهرية، والطرائف مرشحة للتدريب على تعبيرية

الأداء حينا، وعلى الاستجابة للمسموع حينا. ويكون التدريب على المبني للمجهول في نص مكتبو ثقافي أو رسمي لا في حديث من أحاديث المشافهة بين تلميذين، فإنه لا يكاد يعرض في هذا الموقف وإذن يؤدي الى مفارقة غير منسجمة .. وهكذا.

وصفوة ما تقدم أننا نستهدف، في التصدي لأغراض الحال التي يعاني منها تدريس اللغة العربية، تدريبراً شاملاً يجعل تدريس اللغة العربية منهجاً علميا منضبط المادة على المستوى الجزئي التفصيلي (إذ يصبح لكل موقف تأليفي تعليمي موضوع جزئي محدد كما في النظام الرياضي مثلاً) منضبط الطريقة على المستوى الكلي (إذ يُتخذ لتدريس كل جزئية مظهر لغوي كل مكتمل)،

ويصبح تدريس اللغة العربية في هذا الافق من الأمل، علما باصول وفصول وينتفي عنه ما يلابسه من فرط التراكم والفضول، وإذن لا يستحي من يشتغل به من الانتساب اليه إذ يصبح قائمة على معرفة خاصة مقدرة لا يمكن لكل أحد أن يهجم عليها أو يدعيها.

تصحيح المدار ومركزية اللغة

ونحترس في هذا المقام بأن نقرر أن التركيز على طبيعة اللغة لا يعني الاقتصار على طبيعة الموضوع دجون طبيعة المتعلم ونظام الاجتماع.

فالحق أننا تمسكنا بهذا المنطلق اللغوي وصدرنا عنه بصورة مركزية رئيسية لننا نريد لواضعي مناهج اللغة العربية، ومؤلفي كتبها وراسمي طرق تعليمها قاعدة علمية ورؤية شمولية خاصة تنبثق من اللغة نفسها، يصدرون عنها، ثم يستفيدون بسائر الميادين على أنها فروع متممة. وذلك بعد أن رأينا، في المناهج والكتب ومراجع الأساليب المتداولة أن الانطلاق من بعض الاصول التربوية والنفسية والاجتماعية غير المنسجمة يميع الموضعن ويفسد نسقه الخاص، ويجعله مواد متراكمة ويجعل تعليمه ملاحظات شتى تائهة.

ونحن نعلم أنه يُستدرك اليوم على هذا المنهج القائم على النظرة اللغوية البنيوية المحضة ، بحجة أن النظام اللغوي لا يقوم وحده، وأنه لا ينفك عن وظيفته المرتبطة بالمتغيرات الخارجية التي تكتنفه، وأن الصيغة اللغوية الواحدة قد تفيد معاني متغايرة أو متعارضة وفقاً لسياقها الزماني أو المكاني.

فإذا نحن أنجزنا هذه الخطوة اللغوية الخالصة نهدنا إلى خطوة تاية نضبط فيها العلائق بين تجليات الظاهرة اللغوية ومتغيرات الموقف الاجتماعية ضبط العلم، أيضاً.

ثبت مصادر الفصل الأول

استصفى الباحث هذا الفصل من أعمال وأبحاث ومقالات وملاحظات كان نشرها في دوريات ومجلات وصحف متنوعة، وقد هيأت له ندوة اللسانيات في خدمة اللغة العربية أن يستخرج من تلك التفاريق صورة جامعة.

وقد اجتزأ الباحث هنا بذكر هذه المصادر الخاصة مقرا بفضل مصادر المصادر، وقد ذكرت في مواضعها من كل بحث أو مقالة أو ملاحظة، فإذا عرضت الافادة ي هذا الفصل بمصدر غير ذلك ذكره الباحث في حواشيه حسب، إذ إنه يدخل في حد التفرد أو الندرة وإذن لا يكون هذا الثبت منسجما لو سلك فيه. وكذلك انبهت على ما كان عملا مشتركا بين الباحث وغيره بيانا وتحقيقاً.

نهاد الموسى:

1- اتجاهات مناهج اللغة العربية في المرحلتين الابتدائية والاعدادية، قدم إلى مؤتمر المناهج المنعقد بمسقط (تشرين الأول 1978) ونشر في جريدة عمان، السبت 25 ذي القعدة 1398 هـ الموافق أكتوبر (تشرين الأول) 1978، العدد 459.

2- تعليم اللغة العربية بطريقة الوحدة، معهد التربية (اليونسكو)، بيروت 1970.

3- تعليم اللغة العربية في ضوء طبيعة اللغة ونظريتها، مجلة أفكار (دائرة الثقافة والفنون) عمان، العدد الحادي والثلاثون، نيسان 1976.

4- حُلم أم علم، جريدة الأخبار، عمان العدد 881، السنة الثالثة من ذي القعدة 1399 هـ - 26 أيلول 1979 م.

5- حوار في اللغة مع د. نهاد الموسى، أجراه عبد اللـه الشحام جريدة الرأي، عمان الرأي الأدبي، الجمعة 1976/12/10.

6- خطوة حائرة بين العامية والفصحى مجلة أفكار (دائرة الثقافة والفنون)، عمان ، العدد الثالث والأربعون، كانون الثاني 1979.

7- رأى في رسم منهاج النحو، مجلة التربية (قطر) العدد الرابع عشر، صفر 1396 هـ ، فبراير (شباط) 1976.

8- ظاهرة الاعراب في اللهجات العربية القديمة، مجلة الأبحاث (الجامعات الأمريكية في بيروت) السنة 24، الأجزاء 1-4 كانون الأول 1971.

9- في التطور النحوي وموقف النحويين منه، مجحلة كلية الآداب (الجامعة الأردنية) المجلد الثالث، العدد الثاني، آب 1972.

10- فيها قولان أو أضواء على مسألة التعدد في وجوه العربية ، مجلة أفكار (دائرة الثقافة والفنون)، العدد الثامن والعشرون عمان، تموز 1975.

11- لغة الطالب الجامعي، مشروع بحث قدم الى عمادة البحث العلمي والدراسات العليا (الجامعة الاردنية) 1973/1972.

12- اللغة وعدم الانحياز، جريد الاخبار (عمان) العدد 988، 5 ربيع الأول 1400 هـ _ 22 كانون الثاني 1980.

13- لماذا؟ جريدة الرأي، عمان، السبت 17 نيسان 1976.

14- اللهجات العربية والوجوه الصرفية، مجلة اللسان العربي، مكتب تنسيق التعريب (الرباط) المجلد الثاني عشر، 1395 هـ - 1975 م.

نهاد الموسى وعلي أبو هلالة:

15- مذكرة في قواعد اللغة العربية للصف الأول الثانوي، وزارة التربية والتعليم، عمان، الطبعة التاسعة 1401 هـ - 1981 م.

16- مذكرة في قواعد اللغة العربية، للصف الثاني الثانوي وزارة التربية والتعليم عمان، الطبعة السابعة 1401 هـ 1981م

17- مذكرة في قواعد اللغة العربية. للصف الثالث الثانوي، وزارة التربية والتعليم ، عمان الطبعة السادسة 1401 هـ - 1981م.

نهاد الموسى

18- مُسكن جديد لقلق قديم، جريدة الرأي (عمان) 1976.

19- مشروع شامل جذري لحل المشكلة اللغوية في العربية، ملحق جريدة الأخبار، عمان، السبت 26 صفر 1398 - 4 شباط 1978 السنة الثانية العدد 32.

20- معالم خطة في تطوير تعليم اللغة العربية، مجلة الفيصل (الرياض) السنة الثالثة، العدد 29 ذو القعدة 1399 هـ - اكتوبر 1979 م,

نهاد الموسى وآخرون

21- منهاج اللغة العربية للمرحلتين: الابتدائية والاعدادية، وزارة التربية والتعليم، عمان (روي) 1978 - 1979م.

نهاد الموسى

22- النحو العربي بين النظرية والاستعمال، مجلة دراسات العلوم الانسانية، المجلد السادس العدد الثاني، الجامعة الاردنية ، كانون الأول 1979.

23- هوامش على كتابي " اقرأ " و " لغتي" للصف الأول الاعدادي، جريدة عمان الثلاثاء 21 ذي القعدة 1398 هـ 24 اكتوبر (تشرين الأول) 1978 م العدد 458.

(*)أصل هذا الفصل بحث بعنواتن " مقدمة في علم تعليم اللغة العربية " قدم في ملتقى اللسانيات في خدمة اللغة العربية الذي عقده مركز الدراسات والابحاث الاجتماعية والاقتصادية من الجامعة التونسية من 23 إلى 28 نوفمبر 1981 ونشر في أعمال الملتقى 1983 ، كما نشرته المجلة العربية للدراسات اللغوية، معهد الخرطوم الدولي للغة العربية، 1982- ثم نشر في كتيب مستقل نشرته دار العلوم للطباعة والنشر (الرياض) 1404 - 1484.

الفصل الثاني

في تعليم اللغة العربية بطريقة الوحدة

تعليم اللغة العربية بطريقة الوحدة

- في النظرية

تمهيد

الأساس اللغوي الأول للوحدة: الشكل والمضمون

نموذج

الوحدة العضوية بين الشكل والمضمون

مظهرا اللغة

نماذج تطبيقية

الموقف السليم في تعليم اللغة

الأساس اللغوي الثاني: عناصر اللغة

نماذج توضيحية

دلالة الألفاظ

تدريس فروع اللغة في ضوء الأساسين اللغويين للوحدة

ما آل إليه تدريس اللغة فروعاً

طريقة الوحدة

مفهوم الوحدة عند عبد العليم إبراهيم

أسسها

الوحدة في القديم

ما يتخلّف عن تدريس اللغة وحدة

التوفيق بين طريقتي الفروع والوحدة

مناهج وزارة التربية والتعليم في الأردن

في التخطيط

في التنفيذ

في طريقة التعليم

تمهيد

هذه المحاولة جزء من عملّية "التبيّن" التي يسعى فيها المعلمون حول كتب (اللغة العربية) التي قررتها وزارة التربية والتعليم الأردنية، منذ عامين ونيّف، للحلقة الأخيرة من المرحلة الابتدائة (الصفين الخامس والسادس) وللصفوف الثلاثة الإعدادية.

وهي، أيضاً -فيما أرجو- إسهام في النقاش الذي يثيره المعلمون حول مفهوم "الوحدة" في تعليم اللغة العربية.

وغاية ما أرجّي من هذه المحاولة أن تفتح لمعلمي اللغة العربية آفاقاً جديدة للنظر إلى هذه القضيّة الهامّة في تعليم لغتنا الأمّ، وأن تضع بين أيديهم أمثلة صالحة وملاحظات واقتراحات نافعة في تناول كتب "اللغة العربية" وتقويمها وتطويرها.

ويجد المعلمون أن مفهوم الوحدة في تعليم اللغة يقوم على أسس متنوعة، منها اللغوي ومنها النفسي ومنها التربوي والوظيفي. وأنا حريص -بصورة خاصة- على ضرورة الالتفات إلى الأسس اللغوية للقول بالوحدة -وهي أسس مستمدة من طبيعة اللغة- لأني لم أجد أحداً من قبل يقول بها على هذا النحو من التكامل الشامل الموجّه، ولا مراء في أن طبيعة الموضوع تقرر -بدرجة رئيسية- طريقة تعليمه.

وهذه محاولة وحسب، وليست عناصرها وما تضمنت من أسس وملاحظات واقتراحات قرارات نهائية لا تنقض، ولا هي قوالب فولاذية تستعصي على التصرّف.... والمؤمّل أن ينظر فيها المعلّمون بإمعان، وأن يفيدوا منها ما أطاقوا، وأن يرصدوا ملاحظاتهم عليها في ضوء تجاربهم العملية الواعية المستبصرة أثناء المواقف التعليمية.

الأساس اللغوي الأوّل للوحدة: الشكل والمضمون

نموذج:

كانت إحدى الطالبات - المتدربات بمركز تدريب المعلمات (1)، تعالج في الصف الأول الابتدائي درساً في القراءة، من كتاب الجديد، الجزء الأول.

---

1) في رام الله 1966.

وكان هدف ذلك الدرس، بوضوح، معالجة الألف المقصورة -وهي الياء المهملة على التصحيح -وذلك- وفق منهج السكاكيني- من خلال كلمات وجُمَل تَرِد فيها(الأَلِف)...

وقد عَمِلت الطالبة المتدربة أن تجعل التلميذات يَعِشْن مع هذا الحرف "رمزاً مكتوباً" و "صوتاً ملفوظاً" ... باستدراجهن إلى كلمات تتألف منها جُمَلٌ فيها حَرْف الألف، واتّبعت في ذلك طريق الألغاز يكون جواب اللغز منها كلمة تتضمن حرف الألف، وطريقَ القصة يقع في الإجابات عن الأسئلة حولها كلمات وجمل فيها حرف الألف، وطريق الصور ...

وقد وَجَدْتُ، خلال الدرس، أنّ الطالبة المتدربة استدرجت التلميذات إلى كلمات: رأى ليلى أعمى.

وَمِنْ حيث دَرَتْ أو لم تَدْرِ وجدت أن التلميذات يقرأن مِنْ على السبّورة هذه الكلمات الثلاث جملة واحدة مستقلّة! ولعّله واضح أنّ هذه الطالبة -مهما بلغ من براعتها في التأتّي للتدريب على الألف المقصورة سمعياً "صوتاً مسموعاً"، وحركياً "رمزاً مكتوباً " تتحسس التلميذات هيئة كتابته عفوياً، و بصرياً "رمزاً مكتوباً" يَرَيْنَه" ... قد ألغت من درس اللغة شطراً لا يقوم بغيره (1).

الوحدة العضوية بين الشكل والمضمون

فاللغة ليست رموزاً مكتوبة وحسب، وهي ليست ألفاظاً منطوقة وحسب. إنّ الرمز المكتوب في تعليم اللغة لا يصحّ أن ينفكّ عن "المضمون" وكذا اللفظ المنطوق فهو ليس من اللغة إن انفصم عن معنى صحيح يفيده!

والتلميذة التي تقرأ: رأى ليلى أعمى، تفقد من تعلّم اللغة أكثر مما تكتسب، لأننا -في أبسط الأحوال- نلغي عندها التفكير فيما تقرأ، بَلْهَ أن تكون القراءة فرصة لإكسابها مضامين طريفة ومدّ أبعاد المفاهيم عن الأشياء والعلاقات عندها.

---

1) لا خلاف على أن منهج الطالبة المتدربة، بعامّة. كان سليماً فتدريس الحرف من خلال الكلمات والجمل.... والوصول إلىالكلامت والجمل مع خلال نشا كلي متكامل ..... ألغاز وقصص وأسئلة وصور.. طريقة صحيحة. ولكن الذي نراه ضرورياً لا بد منه هو أن يكتمل للجملةإلى جانب سلامة تركيبها واحتواء كلماتها على الحرف المراد تعليمه.... أن يكتمل لها معنى صحيح إن يكن طريفا او مثيراً.

وهذا مثال صالح للدلالة على أنّ بين المضمون والشكل في اللغة وحدة عضوية تجعل مستحيلاً أن يقوم أحدهما بغير الآخر في الواقع الصحيح لاستعمال اللغة!

ونحن نطلق "المضمون" لفظاً دالاً على المعاني والمفاهيم والأحكام والمواقف والاتجاهات وغير ذلك مما يعبّر عنه باللفظ أو الكتابة!

ولدى الإنسان، حتى الآن، وسيلتان يعبّر بهما هذا المضمون إلى غيره .. هما وسيلتان أو لسانان، وهما أداتان أيضاً إن شئت: اللسان واليد أو اللسان والقلم.

وقديماً قال العرب: القلم أحد اللسانين، يريدون أن المرء يستطيع بالكتابة أن يترجم عما في نفسه، وقديماً قال الأخطل:

إن الكلام لفي الفؤاد وإنّما جُعِل اللسان على الفؤاد دليلاً

وحين كان ابن هشام النحويّ الدقيق الحسّ يحاول أن يعرّف اللغة جعلها مضموناً حينا ولفظاً حيناً وكتابة حيناً آخر، فاللغة عنده "ما في النفس" ... يريد الأفكار والآراء والاتجاهات والمشاعر والمواقف ... وهي عنده "ما تحصل به الفائدة سواء أكان لفظاً أم خطّا" (1).. وآية هذا أنّه لم يكد يطيق أن يتصور انفكاك المضمون عن الشكل على أيّة حال! وكأنّه كان يرى هذه العناصر الثلاثة حقيقة واحدة لها تصوّرات ثلاثة!

مظهرا اللغة

ونريد أن نخلص من هذا إلى حقيقة كليّة واضحة هي:

أنّ اللغة تتخذ في حياتنا مظهرين: هذه الألفاظ المنطوقة في هيئات مخصوصة وأوضاع تركيبية معلومة ... وهذه الرموز المكتوبة في أبنية وصور أداء خاصّة ...

وأنّ أيّا من هذين المظهرين لا يكون لغة إلاّ أن يؤدّي معنى أو يصّور إحساساً أو يعبّر عن موقف أو ..... يكون له مضمون ! بعبارة عامّة.

ولسنا بحاجة إلى الإشارة إلى نماذج دالّة على مظهري اللغة، وحسبنا أن نقول: إن المظهر اللفظي يتمثّل فيما نسمع من محاضر أو خطيب أو مذيع أو محام يرافع ... أو تلميذ يقرأ ... وإن المظهر الكتابي يتمثّل في بيان يوزّع أو رسالة تأتيك أو صحيفة أو كتاب ....

---

1) شرح شذور الذهب، بتحقيق محمد محيي الدين عبد الحميد، ص 28-29.

نماذج تطبيقية لهذا الأساس

وحين يتقبّل المعلمون هذه الحقيقة، ويَرْعَوْنها في دروس اللغة فإنّهم يحققون أبرز صور الوحدة في اللغة.

ولعلّهم يلحظون في ضوئها أن المضمون هو الذي يحدّد الشكل: كيف يكون ... وأن الشكل يؤدي وظيفته بمقدار ما يكون شفّافاً عن المضمون دالاً عليه.

ولعلّهم يلحظون -مثلاً- أننا حين نقرأ نصّاً لغوياً، فيه مواقف تساؤل -وتقرير وانفعال ... فنقرأه على وتيرة واحدة، بنغمة واحدة، فلا يكون أداؤنا القرائي له في هيئة لفظية تساوق المضامين والمواقف المتنوّعة داخله وتشفّ عنها ... حين نفعل ذلك نكون نلغي وحدة اللغة ونقصرها على أن تكون ألفاظاً مبهمة غائمة نُجَمْجِم بها دون معنى أو دلالة!

ولعلّهم يلحظون -مثلاً آخر- أنهّم حين يكتبون أو يتقبّلون من تلاميذهم أن يكتبوا فقرة في إنشاء أو في غير إنشاء، فتكون الفقرة مكتوبة في ألفاظ وتراكيب متراصّة، لا تتخلّلها علامات الترقيم، إنما يكونون يتقبلون مظهر اللغة الكتابي -والترقيم جزء منه -في هيئة مبتورة تفصم وحدة اللغة فصما؛ لأن هذه الهيئة المختلطة المتداخلة تعني أنّ "المضمون اللغوي" ليس متبلوراً في ذهن من يكتب، وأنّه لذلك، لا يدرك عناصر هذا المضمون، و ما يتخّللها من معان ومواقف جزئية.

فالتلميذ الذي يضع نقطة، ويبدأ فقرة جديدة مبعداً فسحة من أوّل السطر يدلّ على أنّه يدرك أنّه انتهى من فكرة جزئية مستقلة وأنه يريد أن يبدأ فقرة جديدة فيها فكرة جزئية مستقلة أخرى.

والتلميذ الطفل الذي يعبّر عن حقيقة بسيطة في إحدى رحلاته هكذا:

وقالوا حين بدأنا الرحلة إننا نصل (جرش) في ساعة .... ولكن سيارتنا "النشيطة" استغرقت في تبليغنا إيّاها ساعتين ونصفاً!

فيضع بعد انتهائه علامة التعجّب يدل على أنه يقظ على ما في نفسه من إحساس. وهو لذلك يحرص أن يكون الشكل اللغوي، بما يطيق، معبّراً عنه دالاً عليه.

الموقف السليم في تعليم اللغة

وهذه الحقيقة تفضي بنا إلى تعميم يصلح أن يكون منطلقاً لمعلّم اللغة هو: أنّ كلّ موقف تعليمي للغة لابد أن يتوافر له في أيّة حال من أحوال شكل لفظي ومضمون أو شكل كتابي ومضمون!

وليس موقفاً سليماً في تعليم اللغة أن يلقّن المعلم التلميذ قطعة شعرية أو نثرية أو آيات قرآنية يردّدها ويكرّرها حتى يحفظها وهو لا يعي دلالتها ولا يتمّرس بجوّها!

وليس موقفاً سليماً في تعليم اللغة ذلك الذي يُمْلي فيه المعلّم على تلاميذه قطعة لم يتمثّلوها.

وليس موقفاً تعليمياً لغوياً ذلك الذي يراد فيه التلميذ على أن يكتب عبارة مبتورة ليست كاملة الدلالة، بخط جميل....

ذلك أنّ هذه المواقف كلّها وأمثالها تَقْصُر اللغة على أن تكون لفظاً وحسب أو رمزاً مكتوباً وحسب، وما هي بذلك، فما اللفظ إلاّ أداة، وما الرمز المكتوب إلاّ وسيلة، وهما أداتان أو وسيلتان في بيان معنى أو ترسيخ إحساس أو التعبير عن موقف!

"إنّ اللغة فكر قبل كل شيء ... فإذا لم يتحسس التلاميذ ذلك الفكر، وإذا لم يتمثّلوه، وإذا لم يدخل إلى نفوسهم، وإذا لم يكوّنوا حوله رأياً فكرياً ... فلن يكون للألفاظ "ولا للرموز المكتوبة" التي يستعملونها طعم ولا أثر". (1)

وعلى هذا، فالوجه الأول لمفهوم الوحدة في اللغة أن لا يغيب المضمون عن الشكل في أي مَظْهَرَيْه جاء!

الأساس اللغوي الثاني: عناصر اللغة

فقرة من كتاب، أو آيات من القرآن، أو أبيات من الشعر أو نصّ لغوي مهما يكن ... يمكن أن يَقِفَنا على العناصر التي تتألف منها اللغة، والتي يحسن أن نتبيّنها ونحن نعلّم اللغة!

---

1) التنمية اللغوية والمواقف الاجتماعية ص 17.

وهذان بيتان نختارهما اعتباطا ونقتطعهما من وصف المتنبّي للأسد(1) -وهما:

ما قوبلت عيناه الاّ ظُنتا　　　تحت الدجى نار الفريق حلولا

ئيطأ الثرى مترفقًا مِنْ تيِهه　　　فــكأنّه آسٍ يجـــــسّ عليلا

والبيتان، الآن، في مـظهر> الخطّ< ! وسواء أكانا في هذا المظـهر أم اتخذا مـظهر>اللفظ<، فإنـه يسـهل أن نحلّلهـما- مَثلهُما في ذلك مَثَلُ كلّ نصّ لغويّ- إلى:

حروف... هي أبعاض حروف الهجاء، ويتخذ كلّ حرف هيئة صوتية خاصّة عند النطق.

كلمات تتشكل من هذه الحروف وتتمايز... وهي أصغر جزئيات تتحمل كلّ منها معنى.

صيغ خاصة تؤلف خلالها الكلمات وتتخذ داخلها أوضاعا مخصوصة في علائق بينها معلومة.

أساليب في أداء المعنى أو رسم الصورة تتفاوت على أنحاء مخصوصة.

وواضح أنّ التلميذ الذي نريد له أن يتمرّس بمثل هذا النص ويتذوّقه يحتاج إلى:

القدرة على تعرّف الحروف وربطها بالأصوات الدالّة عليها.

القدرة على تعيين الكلمات وفهم دلالاتها ... من ذلك: الدجى، الفريق، حلول، الثرى، التيه، الآسي...

ولكنّه بَيّنٌ أن معرفة المفردات وحدها لا تغني في إفهام ولا تذويق.

فلا بدّ أن يكون التلميذ قادرا على معرفة أوضاع:

بنية الكلماتِ، فيعرف، مثلا، أنّ " قوبلت " هي صيغة الفعل الماضي المبنـي للمجهـول مـن " قابـل" ... وان " مترفقـا" هي صيغة اسم الفاعل من " تَرَفَّق "، وأنّها تَفْضُل " رَفَق " هنا؛ إذ تدلّ بجرسها عـلى هيئـة مـن الأنـاة المطمئنّـة الهادئـة، الواثقة في مشية الأسد لا يفيدها، بنفس المستوى، قولنا : رفيقا أو رافقا...

وأيضا فلا بد له أن يقف على **قوانين صوغ التراكيب...**

1) ويردان في كتاب " اللغة العربية " للصف الاعدادي الأوّل.

فيعرف علاقة "تحت الدجى" بـ " ظنّتا"... و"نار" الفريق بـ " ظنّتا" .. والحالية في "حلولا".. والحالية في "مترفقًا" ..

ثم يدرك أنّ الشاعر يريد أن يصف عيني الأسد بالتوهّج والبريق، ومشيته بالأناة والثقة... وأن هذا المعنى الذي نؤدّيه نحن على هذه الصورة يؤدّيه الشاعر على ذلك النحو الآخر...

فيتبيّن أنّ هناك أساليب مختلفة في أداء المعنى الواحد، بعضها عاديّ يراد به بيان المقصود وحسب، والبعض الآخر يراد به بيانٌ أدلّ وأوقع!

ولا بد أن يدرك أن الصورة التي مثّلنا بها الأسد" صورة الطبيب يجسّ المريض" هي أوضح في النفس وأبلغ في الحسّ من اللفظين المجرّدين : مُسْتأنٍ واثِق...

ولعلّه واضح أن مواجهة موقف لغوي واحد تحتاج إلى هذه العناصر المتعددة ،جميعاً في آن معا...

ولعلّه واضح أن هذه العناصر يمكن أن تتمايز في البحوث التفصيلية العلمية في اللغة؛

فأشكال الحروف موضوع نظام الكتابة.

وأصوات النطق بها... ميدان علم الأصوات.

ومعاني المفردات موضوع علم دلالة الألفاظ.

وهيئة بناء الكلمات موضوع علم البنية وهي- بصورة ما- موضوع علم الصرف المعروف.

وأسس تركيب الجمل وقوانينه ... موضوع علم النحو.

وأساليب أداء المعنى على أنحاء متفاوتة... موضوع علم الأساليب التعبيرية، وهو- بصورة ما- علم البلاغة!

وواضح أنّه لا يكون فهم ولا تذوّق إلا بتوافُرِ أَضْرُبِ هذه المعرفة باللغة جميعا، وواضح أنّ كل عنصر من هذه العناصر إنّما تكمن قيمته في وظيفته يؤدّيها مع العناصر الأخرى في خدمة الفكرة المراد أداؤها أو الصورة المراد بيانها أو الموقف المراد تصويره.

ولا قيمة للحرف وحده منتزعا من سائر الحروف... انّما قيمته في وظيفته التي يؤدّيها مرتبطا بسائر الحروف...

ولا قيمة للكلمة وحدها منتزعة من سائر الكلمات... إنما قيمتها في وظيفتها التي تؤدّيها مرتبطة بسائر الكلمات..

ولا قيمة للعبارة وحدها منتزعة من سائر العبارات... إنّما قيمتها في وظيفتها التي تؤدّيها مرتبطة بسائر العبارات... " (1).

ولا تتم الفائدة إلا إذا رأينا الحرف والكلمة والعبارة... في وظائفها تعبّر عن فكر واضح صحيح أو موقف اجتماعي أو صورة فنيّة صادقة.

والفكرة ... أو المضمون... هو الأصل في ذلك كلّه... والصورة اللفظية التي تتم بالقراءة، والصورة الرمزية التي تؤدّيها الكتابة، ومعرفة دلالات الكلمات ومعرفة الصرف، والنحو، وأساليب البيان... إنّما هي أدوات في التعبير عن المضمون... أو هي أدوات في إدراك المضمون وتمثّله وتحسسّه!

نماذج توضيحية :

الأمثلة النحوية

فالنحويون القدماء ومؤلفو كتب النحو المحدثون يسيئون إلى وحدة عناصر اللغة حين يستعمل الأوّلون مثل هذه الأمثلة:

ضرب زيد عمرا، وجاءني زيد، وباعني لعمرو(2)، واشتريت العبد كله (3)، وأعجبني الضَرْبُ زيدٌ عمرا (4)، وما فيها أحد غيرَ حِمار (5). وحين يستعمل الآخرون:

زرت زورتين أخاك فاذا له صوتٌ صوتَ سبع (6)

1) التنمية للغوية 13.

2) أوضح المسالك 387/1

3) أوضح المسالك 20/3

4) المقتضب للمبرد 14/1 وهو يريد أعجبني ضرب زيد عمرا.

5) أوضح المسالك 70/2 . وتميم ترجّح هنا نصب " غير " لأن استثناء منقطع - ليس المستثنى يه من جنس المستثني منه - ويمكن إعمال ما قبل " إلاّ " فيما بعدها.

6) مذكرات في قواعد اللغة العربية لسعيد اللأفغاني.

يسافر التلميذ

يكتب التلميذ الدرس

المسافرون منتبهون

القمر طالع

أكلت... أرغفة " قد تكون ثلاثة وقد تكون عشرة" !!

أكرمت الأدنى

الطالب أعمى

الطفل أعرج (1)

فيأتون بالأمثلة الركيكة المبتذلة،المفصّلة تفصيلاً حادا بمقدار القاعدة، بعيدة عن أن تفيد معنى طريفا أو تثير فكرة عميقة أو تصوّر موقفا كريما يغذو التلميذ بالمضمون وبجعل تعلّمه لقوانين تركيب الجمل> النحو< مصحوبا بمضامين لغوية صحيحة.

إنّ الحفاظ على وحدة اللغة في عناصرها يقوم على الأساس التالي:

أنّ الوحدة الصغرى الدالّة في اللغة هي الجملة، وأن تحويل الحروف إلى أصوات، ولملمة الحروف في كلمات ذات دلالة، وإدراك وظائف الكلمات وعلائقها داخل الجملة، والوقوف على مضمون الجملة كاملا هي عملية واحدة مترابطة... أساسها "المضمون" ومِنْ َ بَعْدُ تُسْهِم العناصِرُ متّحدةً في أدائه وبيانه.

الخط:

والتلميذ الذي يكتب أو يراد له أن يكتب بخطّ جميل:

د د ذ ذ دا ـدو ذا ذو(2)

حروفا ومقاطع وحسب، يساء إلى تعليمه اللغة، إذ يُقْصَر هذا التعليم على آلية يدوية لا قيمة لها ولا وظيفة...

---

1) ينظر ف هذا وأشباه له كثيرة كتاب " اللغة العربية " للصف السادس الابتدائي.

2) الجديد الثالث (المعدل) ص 11. وجدير بالملاحظة أن التلميذ يمكن أن يدّرب على كتابة الحروف منفصلة من خلال كمات حروفها منفصلة !! بشرط أن ترد خلال مواقف وتراكيب تجعل كلاً منها مرتبطاً، في نفس التلميذ بدلالة واضحة!

وهذا ضرب من فَصْم وحدة اللغة... لأنه يجعل تعليم الكتابة من خلال الحروف والمقاطع التي لا تستوي لها في أية حال، دلالة في نفس التلميذ، ذلك أن هذه المادة في تعليم اللغة- وهي الحروف والمقاطع- لم تأخذ في أبسط الأحوال هيئة كلمات لها معنى أو صلة بحياة التلميذ...

والحرف والمقطع وحدهما لا يُغْنيان إلا لَبِناتٍ في بناء الكلمة الدالة!

الشرح بالمرادف:

والتلميذ الذي يجد الكلمات، في الكتاب، مشروحة بمرادفاتها... والتلميذ الذي يُراد على أن يكتب الكلمة مقرونة بمرادفها في دفتر خاص يحفظه ويحفظ ما فيه.. لا يُعَلَّم اللغة على وجه صحيح ! فليست للكلمة، وحدها، قيمة ، انّما قيمتها في أن تتسرّب إلى الحصيلة اللغوية العامّة عند التلميذ جزءا لا ينفكّ من قوالب تعبيرية دالّة...

دلالة الألفاظ:

مكانها من تعليم اللغة، ومعالجتها بتوجيه وحدة عناصر اللغة:

وما أجدر المعلمين أن يلتفتوا إلى أن الطفل يجيء إلى المدرسة وهو يعرف دلالات آلاف الألفاظ... وهم يعلمون يقينا أن هذا الطفل لم يُلَقَّن هذه الألفاظ تلقينا وأنّه لم يُحَفَّظ معانيها ولم تُشْرَحْ له بمرادفاتها...

ولعلهم يعلمون أن هذا الطفل الذي يحب اللعب، ويريد أن " يعود إلى البيت"... يعرف دلالات الحبّ واللعب والرجعة والبيت... الخ من خلال ورودها عليه، في البيت، والسوق... في مواقف استعمالية حيّة، ومن خلال تراكيب لغوية كاملة.

وما أحرى المعلمين أن يتناولوا هذه المسألة برعاية وتبيّن، فصحيح أنّ معرفة معاني المفردات أو دلالات الالفاظ ركن رئس من أركان المعرفة باللغة...

ولكن وحدة عناصر اللغة تقتضي أن يكون إدراك معنى الكلمة جزءا من إدراك معنى الجملة... فالكلمة جزء من كُلّ يساعد على فهم هذا الكلّ... ويساعد على فهمه هذا الكلُّ... وصورةُ تركيب الجملة تساعد على فهمها كذلك... على نحو متلاحم لا يستطاع أن يتصوّر معه معرفة النحو منفصلة عن العناصر الأخرى، ولا معرفة المفردات مفصولة عن بقيّة العناصر.

ليَجْعل المعلّمون تعريف التلميذ بدلالات ألفاظ اللغة ركنا رئيسا هاما في تعليم اللغة..

وحقّا أن قدرة التلميذ على رسم الحروف رسما صحيحا جميلا عنصر أساسي في تعلّم اللغة، وحقا أن معرفة التلميذ بطريقة صياغة الجمل عنصر رئسي أيضا.. ولكن معرفة التلميذ بدلالات الألفاظ أمر لا يقلّ أهمية عمّا تقدّم...

والمهمّ أن يعتقد المعلّم أن هذه العناصر لا تنفصل ولا تتمايز ولا يصحّ أن تنفصل بل لا يصح أن يتَصّور انفصالها، ولا قيمة لأيّ منها اذا لم يلتحم بسائر العناصر...

الوحدة الصغرى في اللغة هي الجملة...

والمعنى الذي تتضمنه هو الأصل...

وصورة الكتابة ... واللفظ.... القائمة على كلمات ذات دلالات خاصة وأبنية خاصة وطريقة في التركيب خاصة... كلها عناصر متلاقية على أداء معنى واحد، ولا يغني ، في هذه السبيل، واحد منها دون سائر العناصر.

فمعنى الكلمة أو دلالة اللفظة انما تعلّم من خلال تسريبها الى التلميذ في تركيب دالّ مثير أو مواقف استعمال متعددة تَقِفُه على دلالتها في التعبير ووظيفتها في الاستعمال.

تجربة الزمخشري:

ولعلّه نافع أن أشير هنا إلى أن معجميا سابقا هو الزمخشري المتوفى 538هـ قد نفذ إلى هذه الحقيقة، تطبيقا، في معجمه:

أساس البلاغة:

وعلى رغم أن الزمخشري يتناول هذا الجانب المعجمي من اللغة وهو شرح دلالات ألفاظها وحسب ! إلاّ أنّه تنبه إلى هذه الحقيقة: أن الكلمة إنما تفيد معناها من خلال تركيب كامل دالّ أو موقف حسيّ من مواقف الاستعمال.

وما كان أيسر ان يصطنع الزمخشري طريقة الشرح بالمرادف، فقد تمايزت علوم اللغة وتحدّدت أبعاد كل منها، وهو يتناول في معجمه ركنا واحدا متمايزا في علم اللغة. ولكن الحسّ اللغوي الصحيح علميا كان أو تعليميا لا يطيق فصل عناصر اللغة...

وترى الزمخشري يكاد لا يشرح الكلمة بمرادفها، وتراه، وهو المعجمي، يورد الكلمة في جمل، فيبين عن دلالاتها من خلال الجمل، ويبين عن كيفية استعمالها في مواقف التعبير، وتأتي الكلمة خلال معنى متكامل تعبّر عنه جملة أو جمل... ويكون تحصيل معنى اللفظة مقرونا بالتمرّس على " أساليب " في تركيب الجمل والوقوف على معان كليّة في المضمون اللغوي!

وأحبّ أن أضع بين أيدي المعلمين نماذج من أساس البلاغة، لعلّهم يحتذون حذوها وينسجون على منوالها أو ينتفعون بمنهجها حين يعالجون هذا العنصر من عناصر تعليم اللغة!

في شرح " أمة " يقول: تقول " يا أَمَةَ الـلـه كما تقول- يا عبد الـلـه، والنساء إماء الـلـه...."

وفي شرح " تاق وتصاريفها " يقول: تاقت نفسي إلى كذا، وإن نفسي لَتتوق إلى معالي الأمور، وهي توّاقة إليها، وأنا تائق إليك.

وفي شرح (شروى) يقول : ماله شَرْوى: ما له مِثْل، وهو وهي وهما وهم وهن شرواك، قالت الخنساء :

أخوان كالصقرين لم يَرَ ناظرٌ شرواهما

وفي شرح " رسخ " يقول: رسخ الشيء : ثبت في مكانه رسوخا... وجبل راسخ...

رسخ الحبر في الصحيفة. ورسخ العلم في قلبه، وفلان راسخ في العلم، وهو من الراسخين فيه، ورسخ حبّه في قلبي.

وفي شرح " جاس ويجوس" يقول: جاسوا خلال الديار: داروا فيها بالفساد. وجاء فلان يجوس الناس أي يتخطّاهم.

وفي شرح " الأَمْت " يقول: استوت الأرض فما بها أَمْت، وامتلأ السِّقاء فلم يبق فيه أَمْت.

وفي شرح " اليقظة وتصاريفها " يقول: ما أنساك في النوم واليقظة، وأيقظه ويقّظه فاستيقظ وتيقّظ. ورجل يقظان وامرأة يقظى، وقوم أيقاظ، وباتت عيني يقظى تراعيك.

وفي شرح " نوّه " يقول: نوّهت به تنويها: رفعت ذكره وشهرته. وأردت بذلك التنويه بك. وإذا رفعت صوتك فدعوت إنسانا قلت: نوّهت به. ونوّهت بالحديث: أشدت به وأظهرته...

وفي " قنت" يقول: هو قانت لله: مطيع خاشِع، وقنتوا لله، وقَـنَـتَـت المرأة لزوجها ، وامرأة قنوت.

وأَقْتَصِر على هذه الأمثلة، وأجدها كافية في البيان عن هذا النهج السليم في شرح الكلمة شرحا فيه حفاظ على وحدة اللغة في عناصرها. فالكلمة تشرح بايرادها في سياق جُمْليّ صححيح دالّ، فان لم يكن فبشرح الجملة التي ترد فيها الكلمة بجملة تامّة أخرى.

ويظلّ المتعلّم مع اللغة في وظيفتها؛ دلالة كاملة تؤديها جملة كاملة، ومن خلال الدلالة التي تؤديها الجملة يقف على معنى اللفظـة وعلى طريقة استعمالها في آن معا.

ولست بحاجة إلى القول: إنّ هذه الشروح، على وضوحها ووفائها، كانت في القرن الخامس، وإنّ المعلمين سيختارون في نشاط " شرح المفردات " مواقف استعمالية مُحَسَّة وتراكيب جملية واضحة طريفة.. تغذو المضمون اللغوي وتمرّس بأساليب التركيب اللغوي وتسرّب خلال ذلك دلالات الألفاظ...

وهكذا فالوجه الثاني لمفهوم الوحدة في طبيعة اللغة هو أن عناصر اللغة متكاملة متلاقية لا يقوم عنصر منها ولا يغني إلاّ أن يكون مرتبطا بسائر العناصر في موقف لغوي واحد متكامل، يتقاصر فيكون جملة ويطول فيكون نصّا، وفي أفيائه يعالج العنصر الواحد مرتبطا بالعناصر الأخرى.

تدريس فروع اللغة في ضوء الأساسيين اللغويين للوحدة

ونقف الآن الى هذه الفروع التي أَلِفَ المعلمّون- وما يزالون- أن يدرّسوا اللغة من خلالها...

والمعلمون على إلْـفٍ ومعرفة بأنّ اللغة ودروس اللغة كانت تمايزت- وما تزال- الى هذه الفروع: القراءة، والإملاء والخط، والمحفوظات، والقواعد، والتعبير...

وقد قُدِّر لهذه الفروع يوم فُصِّلت على هذه الصورة، وحدّدت لكل منها عناصره أن تؤدي مجتمعة إلى تعليم اللغة...

ففي القراءة تدريب على ربط الشكل المكتوب بالمضمون > القراءة الصامتة< وعلى ربط الشكل المكتوب باللفظ المنطوق بالمضمون " القراءة الجهرية " وفيها إغناء للمضمون اللغوي لدى التلميذ بما تزوده به من معارف وخبرات وما تفتح له من آفاق، وما تمرّسه به من مواقف....

وفي الاملاء تدريب على الكتابة الصحيحة...

وفي الخط تمرين على الكتابة الصحيحة الجميلة..

والمحفوظات تغني مضمون اللغة عند التلميذ بما تغذوه به من معان ومواقف وصور، وهي تزّوده إلى ذلك بأنماط التعبير الجميل وتجعله يتحسس المواقف الجمالية وصور التعبير عنها...

والقواعد تبصّره بأصول الضبط وطرق بناء الجمل...

والتعبير يهيّئ له مواقف يستثير فيها ما حصّل من الفروع السابقة مجتمعة... فهو يعكس مستواه من التفكير ومستواه في الكتابة الصحيحة الواضحة المبنية على قواعد التركيب الجملي السليم كما يعكس ما بلغه من قدرة على الصياغة اللغوية الجميلة.

ولكن التوجيه الذي لا بدّ منه في هذا المقام، وهو توجيه تمليه طبيعة اللغة، فيما أسلفنا، يمكن صياغته على هذا النحو:

إن تدريس اللغة فروعا يجب أن يتم في ضوء تقدير صحيح لموضع كلّ فرع من تعليم اللغة ،وأن يتّم في ظلال> مظهر " لغوي واحد متكامل أو " مظاهر " لغوية مترابطة متكاملة...

والصياغة الأخرى لهذا المفهوم هي:

أنّ تدريس اللغة فروعا في ضوء الأساس اللغوي لوحدة اللغة يستوجب أن يكون الدرس في كلّ فرع درسا في اللغة أولاً ثم درسا في ذلك الفرع!

فدرس الاملاء، وإن يكن دوره الرئيس في تدريب التلميذ على رسم الكلمات رسما صحيحا إلاّ أنه لا يصحّ ان يقتصر على ذلك ولا أن يبدأ بذلك!

وإذا شئنا أن يكون درس الاملاء درسا في اللغة أولا ثم درسا في الإملاء... فلا بد أن يكون منطلقنا دائما " مظهرا لغويا" نصّا أو موضوعا. سواء أكان ذلك المظهر آيات

من القرآن أو أبياتا من الشعر أو فقرات من النثر أو موقفا من مواقف الحوار أو قصة أو...

ففي كلّ من هذه المظاهر.. تلتقي عناصر اللغة جميعا، فتكون قراءة، ويكون فهم، وتكون مناقشة وتعبير... وفي ظلال تمثّل التلميذ لفكرة النصّ وقدرته على قراءته قراءة صحيحة... يكون الإملاء... فيرتبط التدريب على الكتابة الصحيحة بإدراك مضمون المادة المكتوبة وتمثّله والتفاعل معه، وتكون الكتابة جزءا من نشاط لغوي ملّون متكامل....

تنمو الفكرة لدى التلميذ،

ويتمرّس بالتعبير عنها،

ويقف على دلالات كلمات جديدة،

ويتحسّس مسائل في الصياغة النحوية والصياغة البيانية،

ويكتب كتابة صحيحة.

وبذا تكون الكتابة في موقف لغوي، وتكون الكتابة متلاقية مع عناصر اللغة الأخرى، ويظلّ التلميذ مع اللغة بكلّ عناصرها!

أمّا إملاء الكلمات المفردات، أو الجمل المنقوصة، أو العبارات المبتورة المقتطعة من هنا وهناك فتجعل النشاط الكتابي معزولا عن المعنى وتقطعه عن وظيفته الصحيحة!

ولعلّ الاملاء من قطعة للقراءة تناولها المعلم مع تلاميذه، أن يكون ضربا من الإملاء الذي يحافظ على وحدة اللغة، فهو حين يملي على التلاميذ ما كان عرض لهم في القراءة إنّما يأخذهم بكتابة ما يفهمون وما يتمثّلون، وبذا يكون النشاط الكتابي نشاطا لغويّا لأن الكتابة تقترن بمضمون مفهوم أو موقف واضح.

وكذا- مثلا آخر- في درس القواعد.. فلا بد أن يكون الدرس في اللغة أولا... ثم تتناول القاعدة المقصودة مِنْ بَعْد.

وبذا فالخير أن يكون منطلق الدرس " موقفا لغويا أو مظهرا لغويا حيّا " حوارا أو مناقشة حول موضوع ... أو نصّا يُقرأ ويُناقش... وتستخلص منه، بصورة طبيعية غير

متكلفّة، أمثلة حيّة صحيحة دقيقة تصلح لأن تُسْتَنتج منها القاعدة المقصودة. فيقوم الدرس على مظهر لغوي " نصّ أو موضوع مُثار" أو موقف لغوي كامل. وفي ظلال الفكرة في " النصّ أو الموضوع أو الموقف" تأتي القاعدة النحوية بيّنة الملامح، حيّة، بينّة الدور...

وهكذا في سائر الفروع...

وإذا صحّ أن نشبّه اللغة بالشجرة الحية النامية المثمرة.. فإننا نستطيع أن نتبيّن للشجرة، كما للّغة ، أجزاء تتكون منها: الجذر، والساق، والأغصان، والأوراق... ونستطيع أن نتناول كلاّ من هذه الاجزاء بالدرس... ولكنّ دَرْسَ كلّ جزء لا بد ان يبدأ بالكلّ وهو الشجرة، ولا بدّ أن يلْحَظ فيه علاقة هذا الجزء العضوية مع سائر الأجزاء.

وغاية ما تقدّم كله أن التصوّر النظري لتدريس اللغة فروعا يقوم في ضوء طبيعة اللغة المتحدة على أساسين هامّين لا بدّ أن يعتبرهما المعلم هما:

-الإدراك الدقيق الصحيح لموضع هذا الفرع من تعليم اللغة.

-العمل على أن يكون الدرس في كل فرع درسا في اللغة أوّلا ثم درسا في ذلك الفرع، ووسيلةُ ذلك أن يكون المنطلق في تدريس كل فرع دائما موقفا لغويا متكاملا أو نصّا لغويا مناسبا.

ما آل اليه تدريس اللغة فروعا:

ولكن تدريس اللغة فروعا، في الواقع العملي، قد ضلّ عن هذا الأصل. فتباعدت الفروع وتباينت واشتد انفصال كلّ منها عن الآخر، وغدا كل فرع دنيا قائمة بذاتها.

-فالتلميذ في درس الخط مبتلى بأن يكتب حكمة مأثورة لا يفهمها- أو كلمات متفرقة لا طعم لها طوال الحصة.

وهو في درس القراءة لا يزيد على أن يجمجم بلفظ المادة المكتوبة بين يديه، فلا يضبط مثلا لأن ذلك من شأن درس القواعد، ولا يصح أن يعلّق أو أن يناقش رأيا واردا في قطعة القراءة لأن ذلك يحوّلها إلى درس إنشاء.. وهو في درس القواعد يعتمد أو يستحضر أمثلة لا حياة فيها فالقاعدة المجردة هي كلّ همّه!!

وانعكس عليه هذا في نشاطاته اللغوية فأصبح " لا يضبط الاّ في درس التطبيق... ولا يرسم الكلمات رسما صحيحا إلاّ في كراسة الاملاء، ولا يرسمها رسما جميلا إلا في كراسة الخط... "(1).

وهذا الواقع الذي انتهى إليه تدريس اللغة فروعا- كما هو مبين- يلغي أسس الوحدة في فروع اللغة وينقضها نقضا... وهو لا يخالف الأسس العلمية الموضوعية في الوحدة التي تقررها طبيعة اللغة وحسب، فهو، أيضا ، يلغي الجانب الوظيفي لتعلّم اللغة ويتنافى مع الأسس النفسية والتربوية الصحيحة في تعليمها.

طريقة الوحدة

وقد لفت تدريس اللغة فروعا وما آل اليه هذا التدريس من تمزيق اللغة وإبعادها عن أن تؤدي وظيفتها لدى التلميذ، لفت المهتمين بتدريس اللغة العربية منذ زمن فأخذوا يتلمسون طريقة تَفْــضُـل طريقة تدريس اللغة العربية فروعا متمايزة شتى.. وكانت الطريقة المقابلة التي رئي أن تستبدل بطريقة الفروع هي طريقة الوحدة أو الطريقة التطبيقية لنظرية الوحدة في تعليم اللغة.

ولعلّ أبرز السابقين إلى الحديث عن هذه الطريقة، من المتصلين بتعليم اللغة العربية: عبد العليم ابراهيم في كتابه " الموجه الفني ".

الوحدة عند عبد العليم إبراهيم: مفهومها:

وهو يعني بالوحدة في تعليم اللغة " أن ننظر إلى اللغة على أنّها وحدة مترابطة متماسكة، وليست فروعا مفرقة مختلفة " (2)

وطريقة الوحدة أو نظرية الوحدة في تعليم اللغة العربية، عنده، أشبه بالمنهج المحوري...

وهو يعرّف المنهج المحوري بأنه> المنهج الذي يقوم على الترابط والتكامل بين المواد الدراسية بحيث تتخذ إحدى هذه المواد محورا تدور حوله سائر الخبرات الأخرى، على أن يتجه السير بهذا المنهج نحو مشكلات الحياة والمجتمع (3).

---

1) الموجه الفني 366.
2) الموجه الفني 46.
3) المصدر السابق 33.

وتطبيق هذا المنهج على اللغة العربية يكون باتخاذ النصّ اللغوي " محورا تدور حوله جميع الدراسات اللغوية فيكون هو موضوع القراءة والتعبير والتذوق والحفظ والاملاء والتدريب اللغوي... " (1).

أسسها:

وهذا المنهج في تعليم العربية يعتمد، إلى جانب الأساس اللغوي المتقدم بيانه تفصيلا ، على :

أساس نفسي من عناصره:

1- أن في اتباع طريقة الوحدة " تجديدا لنشاط التلاميذ وبعثا لشوقهم، ودفعا للسأم والملَل عنهم، وذلك لتنّوع العمل وتلوينه".

2- أن فيها نوعا من تكرار الرجوع إلى الموضوع الواحد، لعلاجه من مختلف النواحي، وفي التكرار تثبيت وزيادة فهم.

3- أنها تقضي بفهم الموقف الذي يمثله الموضوع أو النصّ فهما كليّا أولا، ثم الانتقال بعد ذلك إلى فهم الأجزاء، وهذا يساير طبيعة الذهن في إدراك الأشياء والمعلومات (2).

وأساس تربوي:

ذلك 1- " أن فيها ربطا وثيقا بين ألوان الدراسات اللغوية ".

2- أن فيها ضمانا للنمو اللغوي عند التلاميذ نموّا متعادلا، لا يطغى فيه لون على آخر، لأن هذه الألوان جميعها تعالج في ظروف واحدة... (3)

وأساس وظيفي استعمالي:

" ذلك أنها مسايرة للاستعمال اللغوي، لأننا حين نستعمل اللغة في التعبير الشفوي

---

1) الموجه الفني 47.
2) المصدر السابق 48.
3) الموجه الفني 47.

او الكتابي إنما نصدر في كلامنا أو كتابتنا عن ثقافتنا اللغوية وحدة مترابطة؛ بمعنى اننا لا نستشير القاموس أولاً ليمدّنا بالمفردات التي نحتاج اليها، ثم نستشير القواعد، لنفهم كيف نؤلّف الجمل ونضبط الكلمات، بل يتمّ تعبيرنا بصورة سريعة فيها تكامل وارتباط "(1).

الوحدة في القديم: الكامل للمبرّد

ولا بد من القول هنا إن هذه الطريقة في تعليم اللغة، واقعا تطبيقيا، ليست طريقة المحدثين ولا فكرتهم، فهي طريقة سابقة لدى القدماء الذين كان تعليمهم اللغة يقوم دائما على النص الذي قد يكون القرآن، وقد يكون ديوان شعر أو دواوين ، وقد يكون جملة من نصوص شتى تدار حولها ألوان الدراسات المعجمية والصرفية والنحوية والبلاغية. وكتاب الكامل للمبّرد، في معظمه، مثال ناصع الدلالة على هذا المنهج؛ فقد استصفى المبرّد في كتابه نماذج متكاثرة من مختار الشعر والخطب والحكم والأحاديث والحكايات مُطْرِفا مُنوّعا، وكان يعقّب على كل نصّ ببيان ما يحتاج إلى البيان من معاني الغريب وإعراب المواطن اللطيفة والكشف عن أسرار التركيب وفنون التعبير.

ما يتخلّف عن تدريس اللغة وحدة

ونعود إلى طريقة الوحدة في تعليم اللغة فنلاحظ أنه > قد تتخلّف عنها ثغرات في مسائل المنهج لا تظفر بنصيبها من العناية والدرس، (2) ذلك أن لكل فرع من فروع اللغة- الخط والاملاء والقواعد..- عناصر قد استقرّت وتعينّت ، وهي عناصر تعرض في الاستعمال الكلّي للغّة، وقد تفوت بعض هذه العناصر طريقة الوحدة...

من ذلك- مثلا- أنّه يعرض لنا من خلال النص> محور تعليم اللغة وحدة < مواقف كثيرة من طريقة كتابة الهمزة، ولكن لكتابة الهمزة أوضاعا قد لا تكتمل من خلال ما يتفق لها في النصّ الواحد.

وكذا قد يعرض خلال النصوص التي نصطنعها محورا أو محاور لتعليم اللغة وحدة، وجوهٌ من استعمال المبتدأ والخبر في النحو ولكنه لا يتأتّى أن يعرض في النص سائر الوجوه...

---

1) الموجه الفني 47.

2) المصدر السابق 48.

التوفيق بين طريقتي الفروع الوحدة

ومن هنا اجتهد عبد العليم ابراهيم أن يوفّق بين نظرية الوحدة ونظرية الفروع... على الأسس التالية:

1- ألاّ نعتبر أي فرع من فروع اللغة العربية قسما قائما بذاته منفصلا عن غيره، بل نعتبر الفروع جميعها أجزاء شديدة الاتصال لكلٍّ واحدٍ هو اللغة.

2- أن ينظر المدرس الى هذا التقسيم على أنه تقسيم صناعي يراد به تيسير العملية التعليمية ، وزيادة العناية بلون معيّن في وقت معيّن.

3- اتباع نظرية الوحدة في الصفوف الصغيرة، واتباع نظرية الفروع في الصفوف المتقدمة، على شرط أن يعالج المدرس أكثر ما يمكن من الفروع في كلّ حصة بصورة خالية من التكلف والتعسف (1).

وقد قَدَّمْتُ هذا كله أضعه بين يدي المعلم لعلّي أفتح آفاقا في النظر إلى هذه القضية الهامة: تعليم اللغة العربية وحدة مترابطة، ولسبب آخر هام، وهو أن أضع بين يدي المعلم، أيضا، تجربة وزارة التربية والتعليم (كتب اللغة العربية) في إطار واضح يعينه على الاستبصار فيها والتوسّل الصحيح السليم إلى تطبيقها ونقدها من أجل تطويرها.

مناهج وزارة التربية والتعليم

وأنا أظن، أولا، أن وزارة التربية والتعليم قد وضعت مناهج اللغة العربية للصفين الخامس والسادس الابتدائيين والصفوف الثلاثة الإعدادية على أساس من التوفيق بين نظرية الفروع والوحدة . كما يراها عبد العليم ابراهيم.

في التخطيط:

فقد شرطت الوزارة على مَنْ يتصدون لتأليف كتب (اللغة العربية) في المرحلة الابتدائية والمرحلة الاعدادية أن يقيموها على وحدات ، كل وحدة تتناول موضوعات مترابطة من مختلف الفروع المبينّة في المنهاج المقرر وهي القراءة والمحفوظات والتعبير

---

1) المرجع السابق 48.

والاستيـــعاب والتلخيص والتدريبات اللغوية (القواعد) والخط والاملاء - على - أن تتناســـب مـــادة كل فرع في مجموع وحدات الكتاب مع عدد الحصص المقررة لكل فرع (1).

في التنفيذ:

وقد تضمنّت كل وحدة- في الكتب المقررة- قطعتين للمطالعة: إحداهما أصلية، والأخرى للقراءة والاستمتاع، وهي - ذات اتصال بسابقتها (2).

وقطعة للنصوص: شعرية أو نثرية، وتدريبات على الخط والإملاء، والقواعد والتعبير منتزعات من قطع المطالعة والنصوص أو ذات اتصال بها. أما المحفوظات فقد راوحنا فيها بين الوحدات لنفسح وقتا للحفظ أو التسميع .... (3).

وفي هذه الوحدات تكون قطعة القراءة الأصلية " الأولى " بمثابة الركن الذي تستند إليه بقية الفروع (4).

واذن، فالمنطلق أو المحور هو النصّ

والوحدة قائمة على جمع الفروع أو ربطها

وكل فرع ما يزال معينًا محددًا بوضوح خلال الوحدة.

وفي رسم المنهاج وخطته. وضع لكل فرع منهاج مستقلّ في كل صف من صفوف المرحلة الإلزامية لتيسير تعليم الفروع على المعلمين(5)، ولكن عني بالترابط (6)بين هذه الفروع عند تطبيق المنهاج(7).

1) وزارة التربية والتعليم في الاردن: البطاقة الخاصة لتقويم مشاريع الكتاب المدرسي " مبحث اللغة العربية ".

2) الخير أن تكون القطع داخل الوحدة مترابطة ترابطا وثيقاً دائما ...... والاتصال البعيد يتم على خيوط واهية شديد الخطر في العملية التعليمية القائمة على الوحدة.

3) مقدمة كتب (اللغة العربية) للمرحلة الاعدادية، وقبلاً رأي عبد العليم ابراهيم أن يتخذ النص محوراً تدور حوله جميع الدراسات اللغوية فيكون هو موضع القراءة والتعبير والتذوق والحفظ والإملاء والتدريب اللغوي .... الموجه الفني 46 وانظر ايضاً 34.

4) سبق أن من أسس التوفيق بين الوحدة والفروع عند عبد العليم ابراهيم ان نعتبر تفريع اللغة " تقسيما صناعياً يرا به تيسير العملية التعليمية" . الموجه الفني 48.

5) سلف أيضاً، أن من أسس التوفيق بين الوحدة والفروع أن نعتبر الفروع جميعها أجزاء شديدة الاتصال لكلٍّ واحد هو اللغة.

6) الموجة الفني 48.

7) منهاج الغة العربية للمرحلة الالزامية 3.

في طريقة التعليم

وقُدِّرَ لكل فرع من فروع اللغة العربية في خطة المنهاج نصيب معيّن من الحصص، وقيل في هذا التوزيع الذي يفرق اللغة العربية فروعا يقدّر لكل منها نصيبا محدودا من الزمان إنه: يبيّن مقدار الأهمية النسبيّة التي يجب أن تعطى لفروع اللغة العربية حين تعليمها في مختلف الصفوف " وإنه " لا يعني فصل فروع اللغة العربية عن بعضها (1) في التعليم، بل يراعى ما أمكن ان تكون هذه عند تعليمها وحدة مترابطة(2).

وغاية ذلك أن تنمو الملكات اللغوية عند التلاميذ نموّا متناسبا (3)، وأن تتكامل الفروع ويمارس الطالب العلاقة الكبيرة والاتصال الوثيق بينها فتكتمل الفائدة والغاية المرجوة من تعليمها ونصل الى الهدف من تدريس اللغة العربية (4).

وكان تصّور الربط لدى وزارة التربية يتمثّل في أنه : روعي في درس القراءة ان يعبّر الطلاب عما فهموا بالحديث أوالكتابة، ويختار المعلم عبارات من الدرس يجعلها مجالا للتدريب اللغوي، وإذا كان درس القراءة نصا أدبيا فقد يكلف المعلّم الطلاب حفظه(5).

وإذا فرغ معلّم من شرح قطعة في المحفوظات- مثلا- وبقي من الدرس متّسع من الوقت فله أن يستثمره بما يراه مناسبا لجّو الدرس في تلك اللحظة، من : خط ، أو تعبير شفوي، أو قراءة للاستمتاع أو غير ذلك.... (6) والمهم في الموضوع أن يهتم المعلّم بربط الفروع بعضها ببعض (7).

---

1) كذا في النص ولعل صوابه: بعضها عن بعض.

2) منهاج اللغة العربية للمرحلة الالزامية ص 48.

3) يقول عبد العليم ابراهيم في فضل طريقة الوحدة: إنها تتيح للكسب اللغوي ان ينمو نمواً متكاملاً.... الموجه الفني 362.

4) كتاب وزير التربية والتعليم في الأردن الذي تاريخه 67/11/18 وموضوعه: ارشادات عامة لتدريس كتابي اللغة العربية للصفين الخامس والسادس الابتدائيين.

5) منهاج اللغة العربية العربية للمرحلة الالزامية ص 3.

6) مقدمة كتب (اللغة العربية) للمرحلة الاعدادية.

7) كتاب وزير التربية والتعليم المشار إليه في الحاشية (4).

والربط هنا لا يعدو أن يكون اتصالا زمنيا او تتابعا زمنيا في تناول الفروع يضمن أن يعرض كلّ فرع للتلميذ في كل أسبوع، ويضمن أن يعرض له قدر من الفروع في كل حصة... فالوحدة التي تشتمل على الفروع جميعا قدّر لها أسبوع من الزمان، وتعليم الوحدة يكون بأن: يبدأ المعلّم بدرس القراءة الرئيسي وبعد انتهائه ينتقل الى التدريبات ومنها الى المحفوظات (إن وجد) ثم إلى اقرأ واستمتع وأخيرا الى الاملاء والخط والانشاء على الترتيب (1).

ولعلّ ما سلف من مقارنة طائرة بين أنظار عبد العليم ابراهيم وتطبيقات وزارة التربية في التوفيق بين نظريتي الوحدة والفروع أن يكون شيئا يذكر بالخير لوزارة التربية إذ تتجه الى الأنظار والخبرات التربوية(2) تـتبَيَّنُها وتأخذ بما تراه صالحا منها.

ملاحظات طائرة على كتب (اللغة العربية)

ولكن الوحدات التي تقوم عليها كتب اللغة العربية المقررة على تنوّع أبعادها وعلى استغراقها لعناصر الفروع المقررة... تعتريها، أحيانا، مظاهرُ ضعفٍ في التماسك الوثيق المفروضِ تحقّقه بين موضوعات القطع فيها... ومظاهرُ تباعُدٍ بين عناصر اللغة " فروعها " فتبدو أمثلة التدريبات وأمثلة الخط، في كثير من الأحيان، شيئا منفصلا بعيدا عن موضوع النصّ ومادتّه التعبيرية على رغم أن انطلاقها منه يكون متيّسرا(3).

والحق أنّ الوحدة كان يجب أن تعتمد دائما على ترابطٍ وثيق بين قطعة القراءة الأصلية وقطعة " القراءة والاستمتاع " وقطعة المحفوظات ... ترابطٍ تتلاقى فيه هذه القطع على فكرة كليّة متّصلة.

---

1) كتاب وزير التربية والتعليم المشار إليه قبلاً.

2) جدير بالاشارة هنا أن عبد العليم ابراهيم قد أشرف على تجربة في تطبيق نظرية الوحدة جرت في الصف الأول من مدرسة النقراشي النموذجية الاعدادية في العام الدراسي 57/56 وقد وصفها بايجاز في كتابه: الموجه الفني 361 وما بعدها.

3) يجد المعلم أمثلة كثيرة على هذا في يسر ..... بل تكاد أمثلة التدريبات " القواعد " في كتابي الصفين الخامس والسادس تكو منبتّة تماما عن جو النصوص الواردة في الوحدة، وهي، غالباً، أمثلة مصنوعة صناعة حادة متكلفة لا تؤدي وظيفة ولا تفي بغاية لغوية صحيحة.

ويجد التلميذ انه يتحسسّ من خلال كلّ قطعة بُعدا جديدا في تمثّل (الموضوع المحور) (1).

والحق ،أيضا ، أنه كان يجب أن يعتمد على النص (المحور) أو النصوص اعتمادا أشد يُخَرّجُ منها عناصر التناول اللغوي (التدريبات، الخط، القضايا الكتابية الإملائية...) تخريجا طبيعيا حيّا يجعلها تُتناول في إطار واضح دالّ متكامل.

ومهما يَبْدُ من الانفصال بين الفروع داخل الوحدة، ومهما يَعْترِ الوحدات من تباعد في الموضوعات أو المضامين التي تعالجها النصوص: قطعة القراءة، وقطعة الاستمتاع، وقطعة المحفوظات، أحيانا، فان هذه الوحدات تيسّر للمعلم فرصة جيدة لتطبيق هذه النظرية السليمة في تعليم اللغة..

وهذه الوحدات ، على أية حال، مادّة صالحة مساعدة، والتدريبات المنبثقة عنها هي اقتراحات وأمثلة مقدّمة للمعلم، وهو يستطيع أن ينتفع بما يراه مناسبا وأن يستحضر من عنده ما يراه أجدى..

وهو مدعوّ أن يدرس هذه الوحدات دراسة ممعنة،وأن يتلمّس ما يعتري الوحدة فيها من ثغرات ،ويسعى في سدّها وعلاجها.

أسس عامة مستخلصة مّما تقدّم

ولعلّ المعلّمين يستصحبون ما تَقدم كلّه في النظر الى كتاب اللغة العربية كاملا: - فيدرسون وحدات الكتاب بأناة وإمعان قبل بدء العام الدراسي،

---

1) لعل من الكتب التي يتحقق لها في هذا تعليم اللغة العربية سلسلة (المطالعة التوجيهية) التي وضعتها لجنة التأليف المدرسي في لبنان ... وهي، وان تكن وضعت لمرحلة التعليم الثانوي... فانها مثال صالح على الكتب التي تنمو في مستواها وتتدرّج بالتلميذ صعداً. وهي كذلك تقوم على وحدات موضوعاتها محددة واضحة، وأبعاد كل موضوع محصورة كلية في أول الوحدة .... وتقوم الوحدة على عدد من النصوص المترابطة ترابطاً وثيقاً ... ويُتخذ كل نص منطلقاً لاثارة مجموعة من عناصر - في فروع اللغة.

- ويقدّرون بتحديد واضح ما ينتظر أن تحققه كلّ وحدة في نموّ التلميذ...

- ويتنبَّهون إلى تدرج الكتاب في مراحل النمو صعدا...

- ويرصدون مواطن الاتصال بين الوحدات في الكتاب..

- ويعارضون كتاب اللغة العربية على منهاج اللغة العربية في الصف الذي قرّر له الكتاب.

- ويستوثقون أن الكتاب يستوفي علاج عناصر اللغة العربية بفروعها ولعلّهم يستصحبونها في النظر إلى كل وحدة.

- فيتلمّسون الموضوع الذي تدور حوله النصوص " قطعة القراءة، وقطعة الاستمتاع، وقطعة المحفوظات ".

- ويتلمسون عناصر الفروع التي يعالجونها من خلال الوحدة " الخط.. الاملاء.. التدريبات ".

ويتلمسون تخريج هذه العناصر ومعالجتها من خلال القطع الواردة في الوحدة... **وينتبهون الى الأساس اللغوي :**

فالقراءة الصامتة مقرونة بالفهم .

والقراءة الجهرية معبّرة عن المعنى.

والاملاء يدور حول نصّ مفهوم مُتَمَثَّل.

والخط يقوم على نصوص وأقوال تمتلئ بها نفوس التلاميذ .

والتدريبات أمثلتها منتزعة بمشاركة التلاميذ من قطع الوحدة ومواقف متّصلة بها .

والمفردات تشرح في ظلال التراكيب ومواقف الاستعمال الحيّ...

ويتنبهون الى **الأساس الوظيفي** فيهيئون للتلاميذ في كل وحدة فرصا متعددة للقراءة الصامتة والقراءة الجهرية، والسماع، والكتابة، والحديث...

ويتنبهون الى تنويع النشاطات اللغوية وتحقيق الترابط الوثيق بينها... ويسعون في تهيئة نشاطات متعددة تتيح للتلاميذ أن يختاروا ما يناسب ميولهم ومستوياتهم.

وفي الشطر الثاني من هذا الفصل بيان ذلك تطبيقا في نموذج مشخّص كامل.

في التطبيق

نموذج في تحضير "وحدة" وتعليمها

نصّ الوحدة

الثعلبُ الماكرُ والسُّلَحْفاةُ اليقظةُ

جاء وقتٌ جَفَّتْ فيه ينابيعُ الغابةِ وأنهارُها، حتّى كادت الحيواناتُ تموتُ عَطشاً، وفَجأةً عَثَرَ بعضُها على يَنبوعٍ صغيرٍ يسيلُ منهُ خَيطٌ منَ الماء في جهةٍ نائيةٍ منَ الغابةِ، فَتَجَمَّعتِ الحيواناتُ حَوْلَهُ، وقرَّرَتْ أنْ تَعْمَلَ عَلى تعميقِهِ وتوسيعِهِ، وأخذَ كلُّ حيوانٍ يعملُ بِجدٍّ واجتهادٍ ما عدا الثعلبَ الكسولَ الذي كان يعمدُ دائماً لِخِداعِ غيرِهِ مِنَ الحيواناتِ، ليحُلَّ محَلَّهُ ويقومَ بأعمالِ الحفْرِ عنهُ. ولما فَرَغتِ الحيواناتُ من تَحْويلِ الينبُوعِ إلى بئرٍ، قرَّرَتْ أنْ تَتناوبَ على حراسةِ البئرِ ليلاً ونهاراً، حتى لا يَقْرَبَ بهِ الثَّعلَبُ الكسولُ، الذي لَمْ يتعاونْ مَعَها في العَمَلِ.

وفي أول ليلةٍ وقَعَ الاختيارُ على الأرنبِ ليقومَ بالحراسةِ، وانصرفَتْ بقيّةُ الحيواناتِ لتستـريحَ، ولما رأى الثَّعلَبُ الماكـرَ وقـد خَلا إلاَّ منَ الأرنبِ، خرجَ مِنْ مخبئِهِ وتقـدَّمَ مِنَ الأرنبِ وحَيَّاهُ في شـوْقٍ مُصطنعٍ، فرَدَّ عليهِ الأرنبُ التَّحيةَ بـأدبٍ؛ وجَلسَ الثَّعلبُ وتناولَ مِنْ سَلّةٍ كانتْ معَهُ قطعةً منَ الحلوى وجَعَلَ يأكُلُ منهـا، ثمَّ استـدارَ للأرنبِ وقـالَ لـهُ: إنِّي لا أعطَشُ أبداً لأنِّي عنـدما آكُلُ هذا الـطعامَ يا صديقي

العزيز أستغني تماماً عن الماءِ ولا أعودُ أَشْعُرُ بأيّ عَطشٍ؛ فتطَلّعَ إليه الأرنبُ ونَظَرَ إلى ما يأكل بفُضولٍ؛ ورجاهُ أنْ يُعْطِيَهُ قِطْعَةً منْ هذا الطّعامِ العجيبِ ليتذوّقَهُ؛ فاسْتجاب لهُ الثّعْلبُ على نَحْوٍ منَ الكَرَمِ، ولكنَّهُ لمْ يُعْطِهِ إلاّ قطعةً صغيرةً جدّاً من الحَلْوى، وعليها قليلٌ من العَسَل، فاسْتساغَ الأرْنبُ طَعْمَهَا، وَرَجا الثّعلبَ بإلحاحٍ أنْ يُعْطِيَهُ قِطْعَةً أُخرى، فقالَ لَهُ الثّعْلبُ الماكِر: لا بأسَ في ذلكَ يا عزيزي، ولكنْ قبْلَ أنْ أُعطِيَكَ ذلكَ، أُريدُ أنْ أُنبهَكَ إلى حَقيقةٍ هامّةٍ، وهي أنّكَ إذا ما أَكَلْتَ قِطْعَةً كبيرةً منْ هذهِ الحلوى اللّذيذةِ، فانَّ لَذّةَ مَذاقِها ستجعَلك تَفْقِدُ توازُنَكَ، لذلكَ يَنْبَغي قبلَ أنْ أُعْطِيَكَ ما تريدُ أنْ تربطَ يَدَيْكَ وقدَمْيكَ حتى تحْتفِظَ بتوازُنكَ، فوافقَ الأرْنَبُ على ذلكَ، وطَلَبَ منَ الثّعلبِ أنْ يُساعِدهُ، فلمّا أوْثَقَ الخبيثُ كِتافَهُ، استدارَ نَحْوَ السَّلّةِ فأعادَ الحَلْوى إليها وَنَزَلَ إلى الماء فَشَرِبَ حتّى ارْتوى، ثُمّ انصَرَفَ.

وفي الصّباح أَقْبلَتِ الحيواناتُ إلى اليَنْبوعِ، فإذا بالأرْنَبِ موثَقُ الرّجلَين واليدَيْنِ، ولما سُئلَ عَمّنْ فَعَلَ به ذلكَ، قصّ الخِدْعَةَ الّتي أوْثَقَهُ فيها الثعلبُ، فتضايقتِ الحيواناتُ كثيراً ووصفَتْه بالغَباء والتّهاون في الحِراسةِ، ووقَعَ اختْيارُها على الحمارِ لِيقَومَ بالحِراسة مكانَهُ في الليلةِ القادِمَةِ، ولما انْصرفَت الحيواناتُ عاد الثّعْلبُ فاسْتطاعَ بحيلتِهِ أنْ يوُثِق الحمارَ وَيَنْزِلَ الماء ويشربَ ما أرادَ ثُمّ انصرَفَ.

وفي اليومِ التالي تطوّعَتِ السُّلحْفاة لحراسةِ البئرِ، ولّما جاءَ الثّعْلَبُ على عادَتِهِ، حَيّاها بدهاء، ولكنّ السُّلحفاةَ لمْ تَرُدَّ التّحيَّةَ، وبعدَ مُحاولات كثيرةٍ لاستدراجِها إلى الحديث معَهُ دونَ جَدْوى، قَرّرَ ضَرْبَها وتَنْحِيتَها عن البِئرِ ليأخُذَ حاجَتَهُ منَ الماء بالقوةِ، ولّما همَّ بذلكَ فَتحتِ السّلحْفاةُ فَمَها وأَطْبَقَتْ على رجْلِهِ بأسْنانِها الحادّةِ، فما لَبِثَ أنْ صَرخ منَ الألَمِ، وأخَذَ يتوسّلُ إليها أن تَتْرُكَ رِجْلَهُ التي كادتْ تَنْكسرُ كلّما حاولَ الإفلاتَ. ولكنّ السُّلحفاةَ اليقِظَةَ لمْ تأبَهْ لتأوُّهاتِهِ، كما لمْ تَقْبَلْ وُعُودَهُ لها بِإعطائها السّلّةَ بكُلّ ما فيها منَ الحَلْوى.

ولما عادتِ الحيواناتُ منَ الغابةِ وجَدَتِ السُّلحفاةَ ما زالتْ مُمسكةً برجْل الثّعْلَبِ الذي قُدّم للمُحاكمة، فاستقرَّ رأيُ الحيواناتِ على قَتْلِهِ والخلاصِ منهُ، وقالَ لهُ الأسدُ: >سنتركُكَ أيُّها الماكِرُ الكسولُ حتّى صَباحِ الغَدِ ولكَ أنْ تَخْتارَ الطّريقَةَ التي تُفَضّل الموتَ بِها.

وفي صباح اليومِ التالي جيءَ بالثّعلب أمامَ الأسد فسألهُ عن الطريقةِ التي يُفَضِّلُ الموتَ بها، فقال الثعلبُ: لقد رأيتُ في إحدى المرّاتِ قِرداً وهوَ يمْسِكُ بذيلِ فأرٍ، ثم يلوّحُ بهِ في الفضاء مرّاتٍ ومرّات، فوافقَ الجميعُ واختيرَ الضَّبُعُ ذو اليدينِ القويّتين ليُنفّذَ الحُكمَ، وكان الثعلبُ الماكرُ قد دَهَن ذَيلَهُ في الليلةِ السّابقةِ ببعضِ الدُّهن الذي قُدّمَ لهُ في عَشائِهِ الأخيرِ، فما إنْ أَمسكَ الضبُعُ بذيلِ الثعلب وبدأ يُلوِّحُ به في الهَواء، حتى أَخذَ الذَّيلُ ينزلقُ بسرعةٍ من بين يدَي الضَّبُعِ، إلى أن أفلتَ منهُ الثعلبُ وانقلبَ الضَّبُعُ على ظهْرِهِ. أمّا الثَّعلبُ فقد هَبَطَ في مكانٍ ناءٍ من الغابةِ قبلَ أن يُدرِكَ باقي الحيواناتِ حيلتَهُ الماكرةَ التي أدّتْ إلى نجاتِهِ.

ومن ذلكَ اليومِ لم يَقْرُبِ الثعلبُ الماكرُ تلكَ البئرَ، فقد كانت السّلحفاةُ ترابطُ في حراسَتِهِ على الدّوام.

عن العربي الصغير

بتصرف

الاسئلة

1- على ماذا عثرت الحيوانات في الغابة؟

2- من الحيوان الذي لم يشارك في عمل البئر؟

3- لماذا اتفقت الحيوانات على حراسة البئر؟

4- من الذي بدأ بالحراسة؟

5- ماذا احضر الثعلب معه حين جاء الى البئر؟

6- كيف استطاع الثعلب ان يربط الأرنب؟

7- هل استطاع الحمار أن يمنع الثعلب من الشرب؟ وضح ذلك.

8- ماذا فعلت السلحفاة بالثعلب حين قدم إليها؟

9- ما الطريقة التي اختارها الثعلب لموته؟

10- كيف نجا الثعلب من يد الضبع؟

المفردات

جفّت فيهِ الينابيعُ	:	نَشِفتْ فيه الينابيعُ
موثَقُ الرّجلين	:	مربوطُ الرِّجلين
لم تأبَهْ	:	لم تَهْتَمّ
المكان النائي	:	المكانُ البعيدُ
أخذ يتوسّلُ اليها	:	صارَ يرجُوها

المصطلحات:

نظرَ إليه بفُضول	:	نظر إليه باستغْرابٍ وَدَهشةٍ
أوثق كِتافَهُ	:	شدَّ الرِّباطَ علَيْهِ
يسيلُ منهُ خَيْطٌ مِنَ الماء	:	يسيلُ منهُ ماءُ قليلٌ

تدريبات

تمرين (1) نقولُ:

جاءَ الثعلبُ والأَرنبُ

جاءَ الثَّعلبُ ثُمَّ الأرنبُ

نقولُ: رأيتُ الثَّعلبَ والأرنبَ

أكملْ: رأيتُ الثَّعلبَ ثُمَّ

نظرت إلى الثعلبِ ثُمّ

نقولُ: اللاعبُ غالبٌ أو مغلوبٌ

أكمل: خُذْ كِتاباً أوْ

أعطني جَريدة أوْ

القاعدة:- (الفاء، ثمَّ، أوْ) حروفُ عطفٍ مثلُ الواو تعطف ما بعدها على ما قبلها.

تمرين (2) ضعْ كلمةً محلَّ النُّقَط واشكلها

أ- فصول السنة هي الربيع و........... و............. و ....

ب- أُصلّي الصُّبح و................. و .... و.................

ج- ابحثْ عن القلمِ في الدُّرج أو................. أو...................

تمرين (3) نقول:

الفلاّحُ يحرثُ الأرضَ ويبذُرُ الحب ويتّكلُ على الرَّبّ

أكمل: التلميذُ النشيطُ يَنهضُ في الصباح و........... بالماء و........... الصبحَ ويتناولُ .... ثمّ .... إلى المدرسةِ.

تمرين (4) ضع أحدَ حُروفِ العطفِ في المكانِ الخالي (الواو ، الفاء، ثُمَّ ، أوْ).

أ- لَمَعَ البرقُ ... قَصَفَ الرعدُ... نزَلَ المَطَرُ

ب- كُلْ نوعاً من الفاكهِ تفّاحاً ... عنبا ... بُرتقالاً

ج-نزَلَ الثّعلبُ إلى الماء... شربَ .... انصرَفَ

المحفوظات

يا أذَانَ الدّيكِ في الإصبْاحِ ما أعذبَ جَرْسَكْ

ما أجَــلَّ الدَّرسَ تُلقيهِ لِمَــنْ يَفهمُ دَرْسَك

فيه تَنْــبيهٌ لِغيّانَ عن الــطّاعة أمْسَكْ

ونــداءٌ لِنؤومِ الفــجرِ أنْ لا تَنْسَ رَمسَكْ

لا تُضِعْ يومَكَ في التيــهِ كما ضيَّعْتَ أمْسَكْ

الشاعر عمر بهاء الدين الأميري، شاعر سوري معاصر

المفردات

ما أعذَب جَرْسكَ	:	ما أحلى صوتك
ما أجلّ الدرسَ	:	ما أعظَمَهُ
الغيّانُ	:	الضالُّ عن الهُدى
أمسكَ عن الطاعةِ	:	لم يُطعْ
الرّمسُ	:	القَبرُ
التّيهُ	:	الضّلالُ

الاسئلة:

1- متى يؤذن الديك؟

2- من يقرأ البيت الذي ينبه فيه الديك الضال؟

3- من يقرأ البيت الذي ينبه فيه الديك النائمين؟

4- من يقرأ البيت الذي ينبه فيه الديك الغافل الذي ضيع أمسه؟

5- هل تنهض في الصباح الباكر ولماذا؟

اقرأ واستمتع

اكلت يوم أكل الثور الأبيض

حُكِيَ أنَّ ثلاثةَ ثيرانٍ كانتْ تعيشُ في غابةٍ بعيدةٍ، ومعها أسدٌ عظيم الجثة شديدُ القُـوَّةِ، وكـان بـين الثـيرانِ والأسـدِ صداقةٌ فَرَضتْها عليه الظُّروفُ، لأنّ الأسدَ لا يقدِرُ على الثيران الثلاثةِ معاً، وإنْ كانَ أقوى منْ أيّ ثورٍ مُنْفَرِدٍ.

فَكّر الأسدُ في حيلةٍ تُخلّصُهُ من شُركائه الثلاثة، دون أن يتعرّضَ للخَطَرِ فقال للثّورين الأسودِ والأحمرِ، وكان قد اختلى بهما: إنه لا يُعرّضُنا للخطرِ في غابِتنا، إلاّ أخوكُما الثورُ الأبيض فإنَّ لَونَهُ واضحٌ في الليلِ يدُلُّ علينا الصيّادينَ، فلـو تـركتُماني آكُلـهُ لاسترحْتُ منه وأمِنّا الأعداء. فوافقاهُ على رأيه، وسَمحا لَهُ بأنْ يأكُلَ أخاهما جَهْلاً وغروراً. وبعد أيّام قالَ للثـور الأحمـر: إنّ لوني من لونِك، والتّشابهُ بيننا عظيمٌ فما رأيكَ في أنْ نَتخلّص مِنَ الثورِ الأسود فنرتاح منهُ، وتخلوَ لنا الغابةُ فنقتسمها؛ فقال الثورُ الأحمرُ وقد جازتْ عليه الحيلةُ" نعمْ إنَّ الثّورَ الأسودَ يُخالفنا في اللونِ وأنتَ على صواب فخلّصنا منه ؛ فهجَمَ الأسَدُ على الثورِ الأسودِ وصَرَعهُ.

ولما انتهى من قتْله، تَطَلّعَ إلى الثورِ الأحمر وقالَ لهُ:

أيُّها الغبيّ الجاهلُ؛ ما الذي يمنعُني الآن من أكلِك وقد أصبحتَ وحيـداً ؟ فَتَحَّقـقَ الثـورُ مـن خطئـهِ لموافَقَتـهِ عـلى قَتْـلِ أَخوَيْهِ وأيقنَ أنّ الأسدَ قاتِلهُ فقال: ألا إنِي أُكلْتُ يومَ أُكلَ الثورُ الأبيضُ، وهَجَم عليه الأسدُ فمزّقهُ.

قال العَربَ : الاتحادُ قُوَةٌ

هل ينطبقُ هذا القولُ على القِصة الماضية ؟

الاملاء

الاستعداد على قطعة أُكلتُ يومَ أكل الثورُ الأبيضُ< وإملاؤها

الخط

عالي　　　خالي　　　أحلى　　　أعلى

الذهب اغلى من الفضة

الانشاء

أجب عن الأسئلة التالية بِجُمل كاملةٍ سَجّلها في دفترك

1- على ماذا عَثر بعضُ الحيوانات؟

2- في أيّ مكانٍ؟

3- ماذا قرّرَتْ ولماذا؟

4- من الذي قامَ بالعمل؟

5- من الذي تخلّف عن العَمَلِ؟

6- ماذا أصبح اليَنْبوعُ؟

7- ماذا قررتْ حراستَهُ؟

8- من الحارسُ الأولُ؟

9- كيف تغلب الثعلبُ عليه؟

10- من الحارس الثاني؟

11- هل نجح في منع الثعلب من أن يقرب البئر؟

-12 لماذا قررت الحيوانات منعَ الثعلبِ من أنْ يصل إلى البئر؟

13- من الحارسُ الثالثُ؟

14- هل نَجحت معهُ حـــيلةُ الثعلب؟

15- بماذا أخبرَ الأسدُ الثعلب؟

16- وما الطـــــريقة الـــتي اختارها؟

17-من الذي نفذها؟

18- لماذا لم تَنْجَحْ؟

19- أين ذهب الثعلبُ بعدَ ذلك؟

---

(1) هذا نص الوحدة مطبوعاً عن صورة لها عن الاصل، أما الصور التي اشير إليها في التناول فقد كانت باهتة في النسخة المصورة فاكتفيت بالاشارة إليها في دراسة الوحدة والكلام على طريقة تناولها.
وأما الخط فكان في الأصل خط رقعة، وقد جيء به هنا بخط النسخ لأسباب تتعلق بالطباعة.

دراسة الوحدة كلاّ واحداً

في دراسة هذه الوحدة يجد المعلم أنها تشتمل على قطعة رئيسية للقراءة قبست بتصرّف عن (العربي الصغير) مدارها على ثعلب لم يتعاون مع جماعة الحيوان في الغابة على مشروع حيوي "تأمين الشرب"، وما لجأ إليه من الخداع في الاحتيال للشرب. وقد تمكن من خداع الأرنب والحمار، ولكنه لم يستطع أن يخدع السلحفاة اليقظة. وآل الأمر به إلى أن يكون وحيداً في مكان ناء من الغابة لا يستطيع أن يعايش الجماعة، ولا أن ينتفع بثمار مشروع جماعي لم يتعاون مع الجماعة عليه.

وخلال القطعة يجد المعلم تعابير ومفردات جديدة.

ثم يجد مجموعة من التدريبات النحوية تدور على استعمال حروف العطف: الفاء، ثم، أو.

ومن بعد يجد قطعة (للحفظ) في خمسة أبيات للشاعر عمر بهاء الدين الأميري هادفة تنطلق من صياح الديك في الفجر وما يتحمّله من مَعانٍ وَعِظَة.

ويلي ذلك قطعة (اقرأ واستمتع) وعنوانها: أكلت يوم أكل الثور الأبيض.

وهي قصة ثيران ثلاثة "جنس"عايشت أسداً" جنساً آخر معادياً" ولم يكن الأسد يقدر عليها مجتمعة، فاحتال عليها حتى تخلّص من أولها وثانيها.. ثم ثالثها إذ أنها لم تتنبّه إلى أهمية اجتماعها واتّحادها أمام خطر الأسد عليها.

ومن بعد يأتي (إملاء) هذه القطعة.

ثم تعقبه نماذج من (الخط) يراد منها التدريب على كتابة الياء (المهملة والمعجمة) حين تأتي آخراً متصلة باللام.

وتلي ذلك أسئلة عامّة حول القطعة الرئيسية تجتمع بإجاباتها قطعة متكاملة وافية تكون نشاط (التعبير أو الإنشاء)!

وخلال الوحدة يجد المعلم صوراً ثلاثاً:

صورة الأرنب موثق الرجلين واليدين أمام ينبوع الماء الذي كان تولى حراسته بعد أن احتال عليه الثعلب ليشرب.

وصورة الأسد وهو يصرع الثور الأبيض، والثوران الآخران، الأسود والأحمر منزويان كأن الأمر لا يعنيهما.

وصورة الضبع يمسك بذيل الثعلب ليلوّح به.

ويلحظ المعلم أن قطعة (الثعلب الماكر والسلحفاة اليقظة) و (أكلت يوم أكل الثور الأبيض) يمكن أن تُحْمَلا على معنى مترابط... ولكنّ حَمْلَ قطعة المحفوظات على هذا المعنى غير قريب... وربما قدر المعلم أن يتلمّس معنىً تجتمع عليه القطع الثلاث، يتكلّفه هو "اليقظة"، فيقظة السلحفاة أفسدت على الثعلب مكره، وعدم يقظة الثيران مكّنت الأسد منها، وصياح الديك وما يتحمّل من دلالات في تخريج الشاعر مَظْهَرُ يقظة وَدَعوةٌ إلى التيقّظ...

ولكن تَلَمُّسَ هذا المعنى الجامع غير قريب أيضاً...

وإذن، فلعلّ المعلم يستأنس بأن شخوص القطع الثلاث هي من الحيوان والطير وهو عالم قريب من نفس التلميذ في هذه السن.

ولعلّه يعمل على الانتفاع بالنصوص أُطراً كاملة لتناول الفروع من خلالها...

ويجد المعلم لهذه الوحدة تسع حصص أو ما يزيد(1).

تخريج الأهداف

وبدراسة الوحدة يُخَرِّج المعلم، بوضوح وتحديد، مجموعة الأهداف التي يسعى لتحقيقها من خلال الوحدة... وهذه محاولة لتخريج أهداف تدريس الوحدة التي بين أيدينا.

---

1) ففي الكتاب خمس وعشرون وحدة، وفي العام الدراسي ثلاثون أسبوعاً، وحصص اللغة العربية المقررة في كل أسبوع ثمان، وهي حسب توزيعها الدال على أهمية الفروع النسبية:
ثلاث حصص للقراءة والاستيعاب
حصتان للخط والاملاء
حصة للتعبير
حصة للتدريب اللغوي والقواعد
حصة للمحفوظات
ومن الضروري أن يقدر المعلم الزمن اللازم كل وحدة، وهو زمن تقرره عناصر الوحدة .... ويقدّره المعلم في ضوء خطة شاملة تستغرق العام كله.

في المضمون:

1 - تنمية إحساس التلاميذ بقيمة التعاون مع الجماعة، من خلال بلورة ما انتهى إليه أمر الثعلب من عزلة وحال لم يستطع معها أن ينتفع بثمار مشروع البئر الذي لم يتعاون مع الحيوانات عليه.

2- إثارة تنبههم إلى أن اليقظة قادرة على أن تقف في طريق المكر وتحول دون شره. (من القطعة الرئيسية: الثعلب الماكر والسلحفاة اليقظة).

3- تعميق الإيمان بقيمة الاتحاد بين أطراف تجمعها مصلحة أصلية مشتركة. (من قطعة: اقرأ واستمتع: أكلت يوم أكل الثور الأبيض).

4- إثارة التلميذ إلى مناقشة برنامجه اليومي ولفته إلى مظاهر الطبيعة من حوله وما تدلّ عليه من معان.. من خلال قطعة المحفوظات التي موضوعها الديك وصياحه في الفجر وما يتحمّل من معان.

في الشكل:

(أ) تسريب المفردات والتراكيب التالية إلى حصيلة التلميذ:

قررت الحيوانات أن **تتناوب** على حراسة البئر،

حيّى الثعلب الأرنب في شوق **مصطنع**،

استدار الثعلب للأرنب وقال له : إني لا أعطش أبداً...

نظر الأرنب إلى ما يأكل الثعلب بفضول...

ادّعى الثعلب للأرنب أن قطعة الحلوى الكبيرة ستجعله **يفقد توازنه** من لذّة مذاقها، ولذا أغراه بأن يربط يديه وقدميه ليحتفظ بتوازنه.

أوثق الثعلب كتاف الأرنب

أصبح الأرنب موثق الرجلين واليدين

حاول الثعلب أن يستدرج السلحفاة إلى الحديث معه **دون جدوى**

قرر الثعلب **تنحية** السلحفاة عن البئر بالقوّة.

لم تأبه السلحفاة لتأوهات الثعلب.

هبط الثعلب في مكان ناء من الغابة

اختلى الأسد بالثورين: الأسود والأحمر...

جازت حيلة الأسد على الثور الأحمر

لا تضع يومك في التيه

في أذان الديك تنبيه لغيّان...

ونداء لنؤوم الفجر

(ب) تذويق التلاميذ هذه الألوان من التعبير بالجمل والمفردات:

- عثرت الحيوانات على ينبوع صغير يسيل منه خيط من الماء.

- رجا الأرنب الثعلب أن يعطيه قطعة من ذلك الطعام العجيب ليتذوقه.

- سمح الثوران: الأسود والأحمر للأسد أن يأكل أخاهما جهلاً وغروراً.

- يا أذان الديك، ما أعذب جرسك.

- عن الطاعة أمسك.

- لا تنس رمسك.

- ما أجلّ الدرس.

- لا تضع يومك كما ضيعت أمسك.

(ج) تدريبهم على الكتابة الصحيحة عامّة وضروب من كتابة الهمزة، وأل الشمسية خاصة (كتابة الهمزة وأل الشمسية من مسائل الكتابة الهامة المستحسنة معالجتها في هذا الصف من ناحية، والقطعة المرسومة للإملاء تسعف على معالجتها من خلالها بقدر).

(د) تدريبهم على كتابة صحيحة متقنة جميلة للياء (معجمة = منقوطة= ومهملة= ألفاً مقصورة) حين تقع آخراً متصلة باللام.

(هـ) تدريبهم على وجوه استعمال ثلاثة من حروف العطف هي: الفاء، ثم، أو. يلتفت المعلم إلى أن التدريب على الواو قد تقدّم في الوحدة السابقة.

في المهارات اللغوية الوظيفية

(أ) إتاحة فرص التعبير للتلاميذ عمّا تمثّلوا من معان، وما تملّكهم من مواقف، وما تكامل بين أيديهم من أحداث متسلسلة!

(ب) التدريب على القراءة الجهرية المعبّرة والصامتة الفاهمة.

(جـ) إتاحة فرصة للاستماع يقترن بالفهم.

في الآفاق العامة

(أ) تعريف طائرٌ بمجلة العربي -وملحقها (العربي الصغير).

(ب) تعريف طائرٌ بعمر بهاء الدين الأميري.

أدوات معينة للمعلم على تحقيق هذه الأهداف

(أ) نموذج أو نماذج من مجلة العربي ... وملحقها العربي الصغير.

(ب) صورة لعمر بهاء الدين الأميري الشاعر السوري.

وعلى سبيل المثال يجد المعلم للأميري صوراً في:

مجلة الأفق الجديد التي أدار تحريرها في القدس أمين شنار، وذلك في الأعداد:

التاسع من السنة الأولى وتاريخه 1/2/62

العاشر من السنة الأولى وتاريخه 15/2/62

الحادي عشر من السنة الأولى وتاريخه1/3/62

الثاني من السنة الثانية وتاريخه كانون الأول 62(1)

(جـ) حبل (كتاف) أو (رباط)

(د) صورة للسلحفاة تداوم على البئر يقظة،وصورة للثعلب مطرقاً يفكّر في حيلة.

(هـ) صورة تمثّل الحيوانات تتردد على البئر فتشرب... والثعلب وحيداً بعيداً لا يتمكن من الشرب.

---

1) لا بد أن يكون المعلم متصلاً بالواقع الثقافي العام لمجتمعه واقفاً على هذه المسائل أو قادراً على تلمسها ومتابعتها.

(و) صورة للسلحفاة وهي تطبق على رجل الثعلب بأسنانها وهو يصرخ(1).

(ز) صور الكتاب.

المدخل إلى الوحدة

ويستطيع المعلّم أن يدخل إلى الوحدة أو ينفذ إليها بوسائل شتى

وإذا وجد أن (القطع النصيّة) في الوحدة يجمعها موضوع واحد تتناوله القطع في أبعاد له نامية، فلعلّ من الخير أن يستثير لديهم هذا الموضوع بمحاورة، أو صور مختلفة، أو غير ذلك مما يستدرجهم إليه في طَبَعِيَّةٍ وظيفيّة...

أما في هذه الوحدة فيمكن للمعلم أن يحاور تلاميذه في يقظة الفجر والتبكير، ويقظة التلميذ على ما حوله: الأبنية التي تجاور المدرسة، عدد درجات مدخله إلى صفه... الخ في مقدمة...

ويمكن له أن يستذكر معهم أسماء بعض الحيوانات والطيور، وأن يصنفوها إلى أليفة وغير أليفة... ويقفوا إلى ما يميز كلّ واحد منها... فالديك وصياحه في الفجر وعرفه... والثعلب ومكره...

ثم يعرض عليهم صورة الثعلب وقد أمسكت السلحفاة بأسنانها على رجله... فيسائلهم عمّا في الصورة ليتعرّفوا السلحفاة والثعلب... ويثير لديهم تساؤلاً: كيف ظفرت السلحفاة بالثعلب؟ وما هي قصّتهما؟

وفي هذا الجو يقول لهم: إذا شئتم أن تعرفوا حكايتهما فاقرؤوا القصة (الثعلب الماكر والسلحفاة اليقظة) قراءة صامتة. ويحدّد لهم عشر دقائق لقراءة القطعة وينبههم إلى أنه سيسألهم حول القطعة بعد أن ينتهوا من قراءتها...

ويستطيع المعلم (في مقدمة أخرى، مثلاً) أن يسائل التلاميذ عن المجلات التي يعرفونها والتي يقرؤونها.... ويستدرجهم إلى "العربي" ويعرض عليهم عدداً أو اثنين منها، كما يستدرجهم إلى الملحق الذي تصدره العربي بعنوان "العربي الصغير"... ويسائلهم في محتوياته إن كان لهم بها عهد أو خبرة... ويعرض عليهم عدداً أو أكثر منها.. وقد يقول لهم:

---

1) يستطيع المعلم أن يستعين، في إعداد الصور، بهيئة التربية الفنية والرسم.

كثيراً ما يكون في هذه المجلة "العربي الصغير" قصص لطيفة تدور حول عالم الحيوان... ومن هذه المجلة سنقرأ اليوم قصة تجدونها في كتابكم بعنوان (الثعلب الماكر والسلحفاة اليقظة).

ولعلّ هذا وحده، في مثل هذا الصف، يكون كافياً في إثارة التلاميذ إلى قراءة القطعة الرئيسية (المحور)... فهي قصة، وليست قصة فحسب وإنّما هي قصة من قصص عالم الحيوان الشائق.

التناول

القراءة

وبعد انتهائهم من القراءة الصامتة... يعمل المعلم على قياس فهمهم لما قرؤوا(1):

- لماذا قبضت السلحفاة بأسنانها على رجل الثعلب؟

- لماذا قررت الحيوانات أن تحرس البئر؟

- على أيّ الحيوانات احتال الثعلب؟

- كيف احتال على الأرنب؟(2)

وهنا يستطيع المعلم أن يلفت التلاميذ إلى الصورة وفيها (الأرنب موثق الرجلين واليدين أمام الينبوع) ، ويناقشها معهم مناقشة وافية.

- كيف تخلّص الثعلب من فم الضبع؟

وهنا يمكن أن يطلب المعلم إلى التلاميذ أن يفتحوا الكتاب وينظروا إلى الصورة،فيها (الضبع يمسك بذيل الثعلب) . (3)

ويلاحظ المعلم أن المقصود أن تثير هذه الأسئلة العناصر الرئيسية لوقائع القصة... على ألاّ تمضي الأسئلة على وتيرة واحدة، وإنما تأتي في ألوان مختلفة (من ذلك الاستعانة بالصور ومناقشتها كلما كان ذلك مناسباً أو ممكناً).

---

1) ربط الرموز المكتوبة بمعانيها ...... (وحدة لغوية) ......والتدرب على القراءة الصامتة (غاية وظيفية كلية لتعليم اللغة).

2) إجابة طويلة شيئا، وفرصة للتدريب على التعبير الشفوي.

3)التفاتة إلى استغلال عناصر الوحدة ي كل آن يستدعيه المقام.

والإجابة عن الأسئلة ومناقشة الصور هنا تحقق توضيح المضمون من ناحية وتتيح الإجابة عن واحد من هذه الأسئلة:

- ماهي المشكلة التي واجهت حيوانات الغابة؟

- لماذا منعت الحيوانات الثعلب أن يشرب من البئر؟

- ارسم أحد المشاهد التالية:

الأرنب يحرس البئر

الحمار يحرس البئر

السلحفاة تحرس البئر

الثعلب وحده في مكان بعيد من الغابة

النبع أوّلَ ما وجدته الحيوانات.

ويلفتهم إلى أن الإجابة الصحيحة عن السؤال أو رسم المشهد رسماً صحيحاً يساعد عليه أن يقرأ التلميذ القصة... (1)

وفي الحصة التالية يختار المعلم واحدة من الإجابات عن كل سؤال وواحداً أو أكثر من المشاهد التي تصوّر بعض وقائع القصة... في نشاط مثير من العرض والمناقشة... يعمّق فهم التلاميذ للقصة...

ويسعى مع التلاميذ في قراءة القطعة قراءة جهرية...

ويختار تلاميذ مجيدين.

فيقرأ الأول الفقرة الدالّة على المشكلة التي واجهت الحيوانات، وكيف سعت الحيوانات حتى عثرت على ينبوع صغير، وكيف عملت على تعميقه وتعاونت على ذلك إلاّ الثعلب، وما قررت من حراسة البئر لتمنع الثعلب من الشرب...

وَيُعْنَى المعلم أن تكون القراءة الجهرية معبّرة .. فـ (كادت الحيوانات تموت عطشاً) تقرأ بتركيز على تموت... و (فجأة) تقرأ بلهجة مقتضبة مثيرة ... و (تجمّعت الحيوانات حوله وقررت أن تعمل على تعميقه وتوسيعه) تؤدى بلهجة قصصية...

---

1) دون من التدريب على القراءة الوظيفية.

ويدير المعلم حول الفقرة مناقشة تبيّن معناها وتجلّيه بدقّة.

ويقف إلى وصف الينبوع... ويسأل:

- ما الذي يدلّ أن الينبوع كان صغيراً؟

ويستعين هنا برسم، على السبورة، موضّح... ويحرص أن يرسم سيل الماء من الينبوع رفيعاً دقيقاً...

- ماذا يشبه سيل الماء؟

- أيهما أحسن في توضيح قلّة ماء الينبوع؟

أن نقول: سيل الينبوع رفيع

أم: يسيل من الينبوع خيط من الماء؟

- بماذا يقترن الخيط في ذهنك؟ أيقترن بالجمال؟ أم يقترن بالعَرَضِ والغِلَظ؟

وهكذا ليتلمّسوا خلال ذلك صورة تعبيرية دالّة...

ثم ينتقل إلى جملة: قررت الحيوانات أن تتناوب على حراسة البئر ليلاً ونهاراً، فيتوصل إليها عن طريق مثل هذا السؤال:

- ماذا قررت الحيوانات أن تفعل بعد أن فرغت من تحويل الينبوع إلى بئر؟

وهو سؤال قد يكون عرض من قبل، وقد يسأله المعلم على نحو آخر.

وقَصْد المعلم أن يشرح كلمة (تتناوب) وأن يسرّبها إلى حصيلة التلاميذ التعبيرية ويمكّنهم من الطريقة الصحيحة لاستعمالها...

- هل جعلت واحداً منها يتولى الحراسة دائماً؟

- كيف جعلت الحراسة؟

- لمن كانت النوبة الأولى؟

- لمن كانت النوبة الثانية؟

- لمن كانت النوبة الثالثة؟

إذن، في الأيام الثلاثة الأولى تناوب على حراسة البئر الأرنب والحمار والسلحفاة.

وفي المدرسة يتناوب المعلمون على تمرين التلاميذ في الصباح.

وفي البيت تتناوب الأخوات على تنظيف الصحون: ففاطمة يوم السبت وسميرة يوم الأحد وجهينة يوم الاثنين وفاطمة يوم الثلاثاء... وهكذا تناوباً...

ويتناوب الجند حراسة المعسكر فيقسمون إلى مجموعات وكل مجموعة تتولى الحراسة يوماً...

وهكذا تكون عملية شرح المفردات أو تنمية المعرفة بدلالات الألفاظ، عملية جزئية لا تنفكّ عن العملية الكلّية: تعليم اللغة في مواقف كاملة: أسئلة وإجابات وتراكيب استعمالية مستمدّة من حياتهم تضوّئ على الكلمة المقصودة، تبيّن معناها في وظيفتها اللغوية الحيّة!

ومن بعد، ينتقل المعلم بتلاميذه إلى الفقرة الثانية التي تدور حول حراسة الأرنب للبئر...

ويقرؤها طالب مجيد أو طالبان... ويحرص المعلّم على القراءة المعبّرة ... وإذا قرأ التلميذ جملتين معنياهما متفاوتان بنبرة واحدة... استوقفه وناقشه في دلالتي الجملتين والتمس إليه أن يقرأهما ممثلاً معنييهما!

وبعد أن يناقش المعلّم تلاميذه في هذه الفقرة بالأسئلة...

يستطيع أن يستغلّها في نشاط تمثيلي.

ويخطط لهذا النشاط وينفّذه بالاشتراك مع التلاميذ.

وربما عيّن الأدوار وأبدى توجيهاته على طريقة التمثيل وأرجأه إلى اللقاء التالي.

ولابدّ للمعلم أن يقف في هذه الفقرة إلى:

جملة: حيّى الثعلب الأرنب في شوق مصطنع..

ويتساءل: هل كان الثعلب مشتاقاً فعلاً إلى الأرنب؟

من يمثّل هذا الموقف؟

وكذا جملة: استدار الثعلب للأرنب...

وتشرح: استدار، في يُسر، بتمثيلها عملياً...

وكذلك: نظر الأرنب إلى ما يأكل الثعلب بفضول...

فإن التمثيل عون على بيان المراد بها.

وفي وصف الطعام بالعجيب...

يستوقف المعلّم دقّةٌ في التعبير لابدّ أن يمرّس بها التلاميذ، فأي طعام هو العجيب؟

في أيّ شيء يختلف طعام الثعلب عن الطعام العادي المألوف؟...

حتى يقفوا على أن المألوف في الطعام أن يُحتاج معه إلى الماء...

وتعبير... تفقد توازنك... يمكن تمثيله...

ويسأل التلاميذ عن تعبير يقابل هذا التعبير في الجملة...

ويقرّب لهم ذلك بمثال آخر:

فالذي يدور مسرعاً حول شيء مرّات كثيرة يفقد توازنه ... وقبل ذلك يكون محتفظاً بتوازنه...

وأمثلة أخرى...

ويقف إلى: أوثق الخبيث كتافه.

ويسأل: من يريد بالخبيث؟

ويشير إلى الحبل ويقول: هذا كتاف...

تعالوا نمثّل كيف أوثق الثعلب كتاف الأرنب...

ويربط تلميذ يدي زميله بعد أن يضعهما خلف كتفه... وإذا ربطهما ربطاً عادياً قلنا: أوثق الكتاف حتى لا يستطيع التحرّك (تمثيلاً)!

ولنوضح معنى: أوثق كتافه توضيحاً آخر نقول: أرخِ الكتاف وحُلَّه..

وفي جملة: أصبح الأرنب موثق الرجلين.

يكتفي المعلم بأن يلفت التلاميذ إلى الصورة... فيروا الأرنب مربوط اليدين والرجلين إلى الشجرة... وقد يسألهم: أين الكتاف؟...

ولابدّ أن نقول: إن الكلمات والجمل التي نريد بيان دلالاتها وتوضيح وجوه استعمالها يحسن أن نستدرج التلاميذ إليها في تراكيب كاملة ذات معنى... لتكون عملية التنمية اللغوية عمليّة متكاملة مترابطة.

وهكذا نسعى في الفقرات التالية:

قراءة جهرية معبّرة.

وأسئلة ومناقشات تبيّن المعاني الكلية... ودلالات الألفاظ والجمل ووجوه استعمالها...

وربما استغرقتنا قراءة القصة قراءة جهرية حصتين....

ومهما يطل النشاط القرائي فإن التنويع والوظيفية يجعلانه مشوّقاً ممتعاً...

فالقراءة شفّافة عن المعنى، والتلاميذ يتنافسون في تعبيرية القراءة ...

وهي مقرونة بنشاطات وتدريبات ملوّنة...

من تمثيل لفقرة كاملة ...

إلى مناقشة صور والتعبير عنها...

إلى محادثة حول ألفاظ وتعبيرات تنطلق إلى آفاق في اهتمامات التلميذ وحياته...

وإذا بلغ المعلم نهاية الفقرة الدالّة على حراسة الأرنب... ترك بين يدي التلاميذ طبيعة دوري الثعلب والأرنب، وعيّن مجموعة منهم لتستعدّ لتمثيل دوريهما إلى اللقاء التالي... وبذا يضمن أن يكون التلاميذ مترقبين الحصة التالية متلهفين عليها...

وفي الحصة الثالثة يبدأ المعلم بموقف تمثيل الفقرة الدالّة على احتيال الثعلب على الأرنب... ووسط سرور التلاميذ بذلك المشهد الضاحك (ربّما) ! يسألهم:

- على من احتال الثعلب أيضاً؟

- من يقرأ الفقرة الدالّة على احتيال الثعلب على الحمار؟

ويتناولها على نحو ما قدّمنا ثم يمضي إلى الفقرتين التاليتين.

ولعلّ هذا كلّه يستغرق من المعلم معظم الحصة الثالثة...

وهنا يستوقفهم إلى نهاية القصة وما آل إليه أمر الثعلب، ويعرض عليهم صورة الثعلب وحيداً لا يستطيع أن يقترب من الماء ويناقش معهم هذه النتيجة.. كما يختار بعض الرسوم الدالّة على مكر الثعلب (صورته مطرقاً يفكر في حيلة)... ويقظة السلحفاة...

وإذا استطاع المعلم أن يجد على شفاه التلاميذ:

الثعلب يستحق ذلك الحرمان... لماذا لم يتعاون؟...

السلحفاة اليقظة حرمت الثعلب الخبيث من الماء...

فإن ذلك يعني أنهم نفذوا إلى جوهر التوجيه الذي تتحمله القصّة!.

وفي نهاية الحصة قد يحاورهم حواراً خفيفاً ينقلهم إلى قطعة اقرأ واستمتع... هكذا:

- من ملك الحيوانات؟

- من ذكر البقرة؟

- بماذا يمتاز الثور؟

- أيهما أقوى: أسد واحد أم ثور واحد؟

- أيهما أقوى: أسد واحد أم ثوران؟

- أيهما أقوى: أسد واحد أم ثيران ثلاثة؟

ومن خلال هذه الأسئلة وما تثيره يترك لهم أن يقرؤوا قصة لطيفة في البيت **" يعيّنها لهم ويحدّد لهم مكانها من الكتاب"** وهذا وجه من شَغْل التلاميذ بنشاطات متكاملة في المدرسة والبيت.

وهذا "التعيين" ينفع في تعويدهم القراءة الحرّة... والوظيفية...

وربما استغل المعلم هذه القطعة للقراءة الصامتة في الصف يساعد التلاميذ على التدرّب عليها واعتياد الإسراع والفهم، ذلك أن هذه القطعة من مستوى أبسط من مستوى القطعة الأولى...

وربما أدار المعلم عليها درساً على نحو ما مرّ في القطعة الأولى...

وربما وجد متّسعاً وجوّاً مناسباً في أواسط حصة أو أخرياتها... فالتفت إلى التلاميذ واقترح عليهم أن يقرأ لهم قصة لطيفة وهم يسمعون مغلقين كتبهم... بعد أن يثير اهتمامهم إلى أنه سيسألهم حول ما يسمعون ... وبذا يتيح فرصة للتدريب على الاستماع!

وهذه اقتراحات، للمعلم، يستطيع أن يختار منها ما يجده منسجماً مع خطّة الوحدة... ومع الجوّ الذي يسير في تنفيذها من خلاله...

وفي الحصة الرابعة يناقش المعلم مع تلاميذه الصورة، التي تمثّل مشهداً من قطعة (اقرأ واستمتع -أكلت يوم أكل الثور الأبيض)...

وهي صورة تمثل الأسد يهجم على الثور الأبيض ويأكله... والثوران: الأسود والأحمر واقفان جانباً كأن الأمر لا يعنيهما...

ثم يسائلهم في معانيها العامّة:

- هل كان الأسد يقدر على الثيران الثلاثة لو اجتمعت عليه؟

- كيف احتال الأسد على الثورين الأسود والأحمر؟

- وكيف احتال على الثور الأحمر؟

- ماذا قال الأسد للثورين: الأسود والأحمر حين اختلى بهما؟ (تُمثّل: اختلى بهما)

- ما الذي جعل الثورين يسمحان للأسد أن يأكل أخاهما؟

- هناك سببان مذكوران في جملة... من يقرأ الجملة؟ ومن يعيّن السببين؟ (الجهل والغرور)

وفي شرح: جازت عليه الحيلة:

- هل جازت حيلة الأسد على الثور الأحمر؟

- على من جازت حيلة الثعلب في القصّة الماضية؟

- هل جازت حيلته على السلحفاة؟(1)

لديكم الآن أربعة أقوال:

1) الثيران الثلاثة أقوى من الأسد

_____

1) مظهر من مظاهر الربط بين عناصر الوحدة كلّما وُجد إلى ذلك سبيل ممكنة أو موقف مناسب.

103

2) الاتحاد قوّة

3) لو اجتمعت الثيران لسلمت من غدر الأسد

4) حيل الأسد

- أيّ هذه الأقوال أكثر انطباقاً على القصّة الماضية؟

- لماذا؟ ... (مناقشة)

وقبيل انفضاض اللقاء يوزّع المعلم مجموعة من الأدوار على عدد من التلاميذ:

جماعة منهم يستعدّ كلّ واحد فيها على أن يقوم بدور الراوي،

وجماعة... يستعدّ كلّ واحد فيها على أن يقوم بدور الأسد،

وجماعة... يستعدّ كلّ واحد فيها على أن يقوم بدور الثور الأحمر.

ويلفتون هم وسائر التلاميذ إلى أنه يحسن أن تقرأ القصة كاملة ليدرك كل منهم دوره بوضوح...

الإملاء

وفي **اللقاء الخامس** التالي يقرأ التلاميذ القطعة بصورة متكاملة (الراوي، الأسد، الثور الأحمر) ويستدرج المعلم تلاميذه إلى مثل هذه الجمل:

- لماذا صادق الأسد الثيران؟

- لأنه لم يكن يقدر على الثيران الثلاثة...

تحقق الثور الأحمر من ... (من يملأ الفراغ).

... وهكذا ... يلفتهم من خلال هذه الجمل وأمثالها إلى صور من كتابة الهمزة وأل الشمسية... ويثيرهم للبحث عن كلمات في جمل وردت فيها صور من ذلك (في قطعة اقرأ واستمتع والقطعة السابقة)...

ثم يملي عليهم القطعة.. بعد أن يتنبهوا إلى هذه المسائل الكتابية وفي ظلال فهمهم لمعاني القطعة التي تملى عليهم عامّة.

وفي **اللقاء السادس** يمكن أن ينتقل المعلم إلى:

الخطّ

وهو يَجِد مادّة الخط في الوحدة متمثلة في هذه الكلمات:

عالي   خالي   أحلى   أعلى

وهذه الجملة:

الذهب أغلى من الفضّة

ويستطيع بمراجعة عناصر منهاج الخطّ (1) للصف الخامس أن يدرك أن هذه النماذج يراد بها تدريب التلاميذ على كتابة صحيحة دقيقة للياء الأخيرة (مهملة ومعجمة) حين تتصل باللام... فيكون اتصال الياء من آخر اللام حين تكون معجمة ومن وسطها حين تكون مهملة...

وواضح أن مادة الخطّ هنا -وإن تكن تعين على التدريب على قاعدة كتابية معيّنة- إلا أنها معزولة عن مضمون يتمثّله التلميذ ويتفاعل معه في الوحدة من ناحية، وهي واردة في كلمات لا تشكل وحدات لغوية دالّة من ناحية أخرى... ناهيك بأن فيها مخالفة عما يجده التلميذ في المستقبل من كتابة "عالي وخالي" فإنّ إثبات الياء هنا وجه مرجوح قد يعتده بعض أهل العربية خطأً.

ويستطيع المعلم أن يخلص إلى نماذج مختلفة تساعد على تحقيق هذه الغاية فيورد الياء على وجهيها في كلمات في جمل ذات دلالات مستمدّة من النصّين السابقين(2)، والنصّ التالي...

فمثلاً يعود لمساءلتهم:

- من حرس البئر في اليوم الأول؟

- من حرس في اليوم التالي؟

- لماذا لم يعد الثعلب يقترب من البئر؟

---

1) في منهاج اللغة العربية للمرحلة الالزامية، ص 46.
2) ليتحقق بين الفروع، على الأقل ترابطٌ مستمد من وحدة النص... وتكون عملية الكتابة في ظلال مضمون واضح لدى التلاميذ.

لأن السلحفاة كانت توالي حراستها.

ويستطيع في هذا الموقف أن يستحضر في نفسه النصّ الثالث -وإن لم يكن تناوله معهم...

فيحاورهم قليلاً في صياح الديك... والأذان... وينتهي بهم إلى مثل هذين السؤالين:

- أيهما أعلى: صوت الديك أم صوت المؤذن؟

- أيهما أحلى؟...

وهكذا يصبح بين أيدي التلاميذ أربع جمل يستخلصونها هم ويقفون على معانيها ... ويبيّن لهم المعلم فرق ما بين كتابة الياء مهملة ومعجمة حين تكون آخراً متصلة باللام...

ويطلب إليهم أن يشرعوا في كتابة هذه الجمل الأربع التامّة مع عناية خاصة بكتابة الياء الأخيرة:

- الحمار حرس في اليوم التالي.

- السلحفاة توالي حراسة البئر.

- صوت المؤذّن أعلى من صوت الديك.

- وصوت الديك أحلى.

وفي الحصة السابعة ينتقل المعلم بتلاميذه إلى:

التدريبات:

ويجد بين يديه، في الكتاب، تدريبات أربعة على استعمال حروف العطف: الفاء، ثم، أو ...

ولابدّ أن يلاحظ المعلم هنا أن حرفاً آخر للعطف هو الواو قد تقدّم التدريب عليه في الوحدة السابقة... ولذا يحسن أن يَــرْعَى ربط التدريب على الحروف، هنا معاً...

ويجد المعلّم في التمرين(1) هذه الأمثلة:

- جاء الثعلب والأرنب.

---

1) ويلحظ المعلم أن التدريبات غير منبثقة من النصوص مع أن ذلك ممكن.

- جاء الثعلب فالأرنب.

- جاء الثعلب ثم الأرنب.

- رأيت الثعلب والأرنب.

- رأيت الثعلب ثم الأرنب.

- نظرت إلى الثعلب ثم الأرنب.

ولابدّ للمعلّم، في ضوء ما تقدم، أن يستبدل بهذه الأمثلة أمثلة أخرى أنضر وأدلّ وأصدق... فهذه أمثلة مصنوعة صناعة متكلفة تخلي النحو من قيمته الوظيفية الاستعمالية وتعزله عن جوّ اللغة الذي لا يتحقق إلا بتحقق المضمون الصحيح المقبول... وأي معان صحيحة مثيرة يجدها التلميذ في هذه الأمثلة المتقدمة(1)؟

ويستطيع المعلّم أن يستثير ما ورد في القطعتين السابقتين يخرّج منهما أمثلة صحيحة دالّة ... وبيسر يستطيع أن يصل إلى غايته: فهو يسأل التلاميذ مثلاً:

- من تولى حراسة البئر من الحيوانات؟

ويكون الجواب: تولى حراستها السلحفاة والأرنب والحمار.

- من تولاها أولاً؟

- من تولاها ثانياً؟

- من تولاها ثالثاً؟

- من يذكرها بالترتيب؟

تولى حراستها الأرنب فالحمار فالسلحفاة

أكل الأسد الثيران الثلاثة...

- أيها أكل أولاً؟

- أيها أكل من بعد؟

_____

(1) ويلحظ المعلم أن التدريبات غير منبثقة من النصوص مع أن ذلك ممكن.

- أيها أكل أخيراً؟

- هل أكلها واحداً بعد الآخر مباشرة؟...

أكل الأبيض، وانتظر حتى احتال لأكل الأسود...

كانت هناك مهلة بين أكل الثور الأبيض والأحمر...

نقول: أكل الأسد الأبيض ثم الأحمر.

وكذا يسائلهم:

- على من احتال الثعلب؟

احتال الثعلب على الأرنب والحمار

ويستطيع المعلم أن يثبت هذه الجمل التي ينتهي إليها على السبّورة لتكون هي مادة التدريب والقياس...

وبهذا يستطيع المعلم أن يصل بين الواو والفاء وثمّ، مبيّناً دلالاتها، بقدر، من خلال أمثلة صحيحة دالّة، وبصورة وظيفية... ويستطيع حين يكتب هذه الجمل أن يَشْكُل أواخر الكلمات المعطوفة والمعطوف عليها ليلتفت التلاميذ إلى التماثل في حركات أواخرها...

ثم ينتقل إلى أو...

ويستطيع، تنويعاً، أن يعالجها من خلال تمرين الكتاب -إن شاء- وإلا سعى في استخلاص أمثلة حيّة من النصوص السابقة.

نقول : اللاعب غالب أو مغلوب.

أكمل: خذ كتاباً أو ...

أعطني جريدة أو ...

ويحرص أن يكون ما يختاره التلاميذ إكمالاً، مناسباً في معناه وتابعاً في حركة آخره لما قبله.

ومن خلال ما تقدّم يستطيع أن يستخلص قاعدة عامة.

وينتقل إلى التمرينات التطبيقية التالية (بعد أن يطمئن إلى سلامة التعبير فيها وصحة المضمون وإلاّ عمل على استبدال غيرها بها كما تقدّم).

فيسعى مع التلاميذ في حلّها مع ملاحظة وجوه الاستعمال الدقيقة ومراعاة التماثل في حركات الأواخر بين المعطوف والمعطوف عليه.

فحين يعرض لـ (أ) من تمرين (4) الذي يراد منه وضع أحد حروف العطف في كلّ مكان خال، وهو:

لمع البرق - قصف الرعد - نزل المطر.

يناقشهم في العلاقة الزمنية بين هذه الأفعال الثلاثة ليقفوا على أن قصف الرعد يلي لمعان البرق مباشرة فالأنسب استعمال (الفاء) وأن نزول المطر قد يتأخر فالأنسب استعمال (ثمّ) ... وهكذا ... تظلّ القواعد في ظلال وحدة النصّ... فإن لم يكن ففي ظلال وحدة الشكل والمضمون ووحدة عناصر اللغة... فالمثال لا ينفك عن معنى دقيق صحيح يفيده.. والتدريب على استعمال قواعد النحو يجيء في سياقِ عمليّةٍ تنمية لغوية كلّية.

وفي الحصة الثامنة

المحفوظات

يستذكر المعلّم مع تلاميذه طيوراً من الطيور الأليفة...

الحمام ووداعته...

والديك وعرفه ... وقد يستحضر صورة لديك ويحاروهم حوله ... فيعرفون أنّه ذكر الدجاجة ويتفقدون أجزاءه ويستثير خبراتهم حوله ... ويقف إلى صياحه.. ومتى يكون؟ ويسائلهم عن صياحه في الفجر ... وهل حدث أن استيقظوا عليه؟ وماذا يعني صياح الديك عندهم ...إلى أن يضعهم في موقفِ تساؤلٍ عن صياح الديك في هذا الوقت ومعناه...

ويقول لهم: سنرى ماذا يفهم شاعر من هذا الصياح، والشاعر هو عمر بهاء الدين الأميري، وهو من سورية... وهذه صورة له... (ويعرض عليهم صورته من خلال المجلّة)...

ويقرأ عليهم النصّ قراءة معبّرة...

ويقرؤه منهم اثنان أو ثلاثة...

ثم يجعلهم يقرؤونه على نحو مختلف:

من يقرأ البيت الذي يستعذب فيه الشاعر صوت الديك؟ وينطلق إلى مناقشة البيت:

بماذا شبه الشاعر صياح الديك؟

ما العلاقة بين صياح الديك والأذان؟

قال الشاعر: ما أعذب جرسك!

ونحن نقول في عبد الباسط عبد الصمد: ما أحلى صوته !

أي التعبيرَيْن تفضلون؟ يمكنكم أن تقولوا في صوت عبد الباسط: ما أعذب جرسك!

من يقرأ البيت الذي يشبّه فيه الشاعر صوت الديك بالدرس؟

من يقرأ البيت الذي يدلّ على أن صياح الديك ينبّه الضالّ؟

تقول لمن يثرثر كثيراً: أَمْسِك عن الكلام

أو: عن الكلام أمسِك

وفي رمضان: عن أي شيء يُمسك الناس؟

يمسكون عن الطعام...

أو : عن الطعام يمسكون ... فلا يأكلون...

وإذا قلنا: أمسك عن الطاعة أو عن الطاعة أمسك...

فلمن تقول ذلك؟ لمن يطيع؟...

من هو الذي لا يطيع؟

يقول الناس في صاحب العجلة دائماً: عجلان.

ويقولون في الذي يفهم أشياء كثيرة: فهمان.

ماذا يقول الشاعر في الذي أمسك عن الطاعة وغوى غيّاً كثيراً...؟

في صوت الديك تنبيه ونداء...

من ينادي الديك؟

كم قولاً يقول له؟

ما القول الأول؟

أيهما أفضل: أن يقول : لا تَنْسَ رمسك

أم : لا تنس قبرك

أم : لا تنس موتك.

ماذا يسمي الشاعر من ينام الفجر دائماً؟

لماذا يريد الشاعر أن نصحو في الفجر؟

ما القول الثاني؟

بماذا عبّر الشاعر عن الحاضر؟

بماذا عبّر عن الماضي؟

أكمل: الضالّ في تيه والمؤمن في ______؟

ويستصفي المعلم من التلاميذ المعاني العامة التي يستخلصونها من صياح الديك في الفجر كما يراها الشاعر... ويستثيرهم لمناقشتها..

وقد يناقش معهم برنامجهم اليومي: كيف يقضونه(1)؟

ويعود معهم إلى القراءة المعبّرة للأبيات...

وقد يسعى في تحفيظهم النصّ بإقرائهم إياه على أنحاء مختلفة وبتعميق فهمهم له...

فهذا يقرأ مبيّناً صيغة التعجب...

وذلك يقرأ قراءة تشف عن التنبيه بالنهي...

---

1) فرصة مناسبة للانطلاق إلى التعبير.

الإنشاء

وحين ينتهي المعلم إلى (الإنشاء) يكون أمام نشاط لغويّ هامّ هو الثمرة الرئيسية لتعلّم اللغة... وأمام عملية تقويم لما انتهى إليه من تعليم الوحدة ... فالمفروض أن ينعكس في إنشاء التلاميذ مبلغ النموّ اللغوي الذي تحقق فيهم بدراسة الوحدة.

وربما جعل المعلم (الإنشاء) كما في الكتاب:

إجابات عن الأسئلة الموضوعة حول القصة الأولى يتحصّل منها قطعة متكاملة ، يكون دور التلميذ فيها تلمّس الإجابات الصحيحة الدقيقة عن الأسئلة، باستثارة ما فهم أو بالرجوع إلى القطعة، وكتابتها كتابة صحيحة، وترتيبها وإخراجها قطعة متماسكة تامّة تزيد ثقته بقدرته وَتُمَرِّسُه بالتعبير المتكامل في خطوة أولية...

ولعلّ من الخير أن يعدّ المعلم أسئلة أخرى حول التعاون مع الجماعة وأثره على الفرد، مستوحاة من قطعتي الثعلب والسلحفاة، والأسد والثيران...

وأسئلة أخرى حول اليقظة المبكرة والبرنامج اليومي السليم...

ويترك للتلاميذ أن يختاروا بين نشاطات ثلاثة كلّها يقودهم إلى ممارسة التعبير الإنشائي المتكامل ... على أن يراعي ما بينهم من فروق في الميول والمستويات.

بل يستطيع المعلّم أن يجعل الإنشاء موضوعاً يتصل بموقف حيوي قائم تمتلئ به نفوس التلاميذ... يختاره من موضوعات الإنشاء كما يقترحها المنهاج...

وقد يستثير موضوعاً يشغل التلاميذ ... يلتقي في معناه العام مع مضمون الوحدة أو مضامينها...

وهكذا يسعى المعلم في أن يجعل الوحدة مرنة متصلة بالحياة ... ولا يقتصر التعبير على ما يرد فيها، بل ينفسح المجال واسعاً للتفاعل مع الواقع الحيوي الذي يعيشه التلاميذ بما يهيئ من فرص طبيعية مناسبة شائقة للتعبير.

الخلاصة:

وصفوة القول في تناول الوحدة:

- أن يدرسها المعلّم كاملة قبل البدء بتناولها.
- أن يخرّج منها الأهداف التي تساعد على تحقيقها مفصّلة مبيّنة.

- أن يتنبّه إلى مواطن ارتباط الوحدة بسابقاتها ولاحقاتها.

- أن تكون القراءة الجهرية معبّرة.

- أن تكون القراءة الصامتة نشاطاً مقروناً بالفهم.

- أن يكون الإملاء من مادة تمتلئ بها نفوس التلاميذ.

- أن تكون مادة الخطّ مستخلصة من نصوص الوحدة.

- أن تكون التدريبات اللغويّة منبثقة انبثاقاً واضحاً حيّاً من موضوعات الوحدة وألاّ يغيب عن أمثلتها المعنى الصحيح أو الطريف أو الواقع فعلاً.

- أن تسرّب الألفاظ والتراكيب من خلال مواقف تعبيرية وتمثيلية واستعمالية حيّة.

- أن تتنوّع النشاطات بحيث يتاح للتلميذ:

- أن يقرأ قراءة وظيفية.

- أن يقرأ قراءة حرّة.

- أن يستمع استماعاً وظيفياً.

- أن يعبّر شفهياً وكتابياً.

- أن يكتب...

- أن يكون التناول مرناً بحيث لا تنفصل الوحدة عن المناسبات التي تَعْرِض أو اهتمامات التلميذ المتصلة بها.. وربما صلح التعبير وغير التعبير، متنفّساً لهذا.

- أن تترابط عناصر الوحدة وتتكامل.

- فالصورة- وإن تكن في آخر الوحدة- تُسْتَدْعى لشرح تعبير وارد في المرحلة الأولى من الوحدة، مثلاً،

- والصورة- وإن تكن مرّت في الوحدة من قبل- تستدعى ليدار عليها تعبير شفوي حين تعنّ لذلك فرصة مناسبة...

- أن تكون الوحدة نشاطاً متصلاً متكاملاً.

- فكل حصة تُسْلِم إلى تاليتها.

- والتلميذ يجد بين يديه دائماً تمرينات متنوعة يختار منها، تعمّق معرفته بالسابق وتهيئه للآحق.

- أن تتيح نشاطاً متفاوتاً يمكّن التلاميذ من الاختيار ويرعى ما بينهم من فروق، فالتلميذ يختار مثلاً:

إجابة عن سؤال من أسئلة.

أو رسم مشهد من مشاهد.

أو تمثيل دور من أدوار.

أو تكوين قطعة إنشائية يختارها من بين قطع متنوعة...

ثَبَت مصادر الفصل الثاني

1- ابراهيم أنيس: دلالة الألفاظ، مكتبة الأنجلو المصرية، 1958.

2- الزمخشري، محمود بن عمر (538- هـ): أساس البلاغة، بتحقيق عبد الرحيم محمود، القاهرة، 1953-1372.

3- علي عبد الواحد وافي : علم اللغة، مكتبة نهضة مصر بالفجالة 1962-1382

: فقه اللغة، لجنة البيان العربي1962-1381.

4- محمد المبارك: فقه اللغة، جامعة دمشق، 1960-1379.

5- عبد الرحمن ياغي: التنمية اللغوية والمواقف الاجتماعية، المطبعة الوطنية ومكتبتها، عمان...

مطبوع على الشموع، رام الـلـه، تشرين الثاني 1963.

6- عبد العليم إبراهيم: الموجه الفني لمدرّسي اللغة العربية، دار المعارف بمصر، 1961 .

7- عبد اللطيف فؤاد إبراهيم: المناهج أسسها وتنظيماتها وتقويم أثرها، مكتبة مصر بالقاهرة، 1967.

8- وزارة التربية والتعليم في الأردن:

- كتب (اللغة العربية) المقررة للصفين الخامس والسادس الابتدائيين والصفوف الإعدادية الثلاثة،

- كتاب وزير التربية رقم 2/6/ب 808 المؤرخ 8/10/69 الذي موضوعه: أساليب تدريس اللغة العربية في المرحلة الإلزامية.

- كتاب وزير التربية رقم 10/2/1960 المؤرخ 18/11/67 الذي موضوعه: إرشادات عامة لتدريس كتابي اللغة العربية للصفين الخامس والسادس الابتدائيين.

- البطاقة الخاصة لتقويم مشاريع الكتاب المدرسي (في مبحث اللغة العربية).

- منهاج اللغة العربية للمرحلة الإلزامية عمان، 1965.

(*) أصل هذا الفصل تعيينان دراسيان أُعد لمعهد التربية (الأونروا – اليونسكو) في بيروت، آذار 1970.

الفصل الثالث

في تقييم الكفاية اللغوية في العربية

التشخيص

في تقييم الكفاية اللغوية في العربية (التشخيص)

- الملخّص
- في حدّ المصطلح (المعيار، الكفاية اللغوية)
- الدواعي
- بِنْيَة المعيار
- البنية الهيكلية لمعيار الكفاية اللغوية
- وَصْف مكوِنّات البنية الهيكلية لمعيار الكفاية اللغوية

1- المستوى الموضوعي (المعرفي)

أ - الأصوات

ب - الصرف

ج - الدلالة

د - أساليب النَّظْم

هـ - الإعراب

2- المستوى الوظيفي

أ - الشكل

ب - الضبط

ج - الكتابة

د - الترقيم

هـ - الفهم والاستيعاب

و - التلخيص

ز - التعبير

3- المستوى المنهجي

أ - استعمال المراجع الأساسية

ب - استعمال المعجم العربي

ج - استعمال المُعْجَمات الاصطلاحية

4- المستوى الوظيفي الخاص

أ - اكتشاف الأخطاء النحوية الشائعة وتصحيحها

ب - اكتشاف الأخطاء الكتابية الشائعة وتصحيحها

ج - العدد

د - الممنوع من الصرف

هـ - صفة الممنوعِ من الصرف وجَمْعِ المؤنث السالم

و - همزة الوصل وهمزة القطع

ز - إسناد الأفعال إلى الضمائر

5- المستوى الإنشائي (الفنّي)

- معالم نموذج مقترح لمعيار الكفاية اللغوية في العربية

- نموذج الاختبار المقترح

(مستوفيا أمثلة مُشَخَّصة للعناصر المتقدمة في وَصْف مكوّنات البنية الهيكلية لمعيار الكفاية اللغوية)

- احتراس

- الجدوى

- ثَبَت المصادر والمراجع

الملخص

أقْـصِد، بهذا الفصل ،إلى صياغة "مشروع" لقياس الكفاية اللغوية لدى الطالب العربي المتخرّج في التعليم الثانوي، الملتحق، من بعد، بالتعليم الجامعيّ.

ويتمثل هذا المشروع في صيغته النهائية، على هيئة نموذج مقترح يكون "أداة" أو "اختباراً تشخيصياً" يحدّد مقدار الكفاية اللغوية في العربية لدى الطلبة ، ثم يكون دليلاً إلى بيان مواضع "القوة" و "الضعف" وإلى تصنيف الطلبة وفقاً لكفايتهم اللغوية، وتخطيط "البرامج" العلاجيّة للطلبة على مقدار حاجاتهم، ورسم المناهج المناسبة لتحقيق الكفاية اللغوية المنشودة.

ويقوم هذا المشروع على مفهوم للكفاية اللغوية ينتظم مطالب ثلاثة أساسية، موضوعيّاً (معرفيّاً)، ووظيفياً (أدائياً تواصُليّاً)، ومنهجيّاً يضاف إليها مطلبان تكميليان: تطبيقي يعتني ببعض القضايا الخاصة، وفنيّ يتوجه إلى الطلبة ذوي الكفاية المتميزة، ذلك أن الكفاية اللغوية في هذا البحث، تعني:

1- أن يكون الطالب، على **المستوى النظري**، قد استدخل قواعد اللغة العربية في:

أ- نظامها الصوتي، فهو يحقق الأصوات صفاتٍ ومخارج (لا يداخل بين الضاد والظاء، أو التاء والسين، أو الثاء والتاء، مثلاً).

ب- ونظام تشكيلها الصوتي، فهو يؤدي الأنساق الصوتية وفقاً لنظام علائقها (لا يدغم الجيم في ال التعريف، ولا يختزل صوت المدّ، ولا يقطع همزة الوصل، مثلاً).

ج- ونظام أبنية الكلم فيها، فهو يصوغ الكِلَم صياغة صرفيّة صحيحة (لا يقول: معرض بفتح الراء، ولا يقول: مقلمة بكسر الميم، ولا يقول: غيورون في جمع غيور، ولا يقول: ويل يومئذ للمكذّبين، بفتح الذال المشدّدة، مثلاً).

د- ونظام نَظْمِها، فهو يركب الجمل تركيباً صحيحاً، (لا يقول: الاجتماع أين، ولا يقول: سوف لا أدخّن، مثلاً).

هـ- ونظام إعرابها، فهو يأتي بالحركات والعلامات على أواخر الكلم كما تقضي بذلك قواعد الإعراب (لا يقول: أصبح لدينا مشروعاً للنهضة، ولا يقول: كان الامتحان سهل، ولا يقول: البدو مقبلين على الدنيا مثل الحضر، ولا يقول: رُزِق الرجل بطفلان، مثلاً)،

و- ونظام كتابتها ،فهو يَعْرِف قواعِدَ رَسْمِ العربية (لا يكتب: نرجوا، ولا يكتب: نجحو، مثلاً).

2- أن يكون الطالب، على **مستوى الأداء الوظيفي**، قادراً على:

أ- أن يقرأ بالعربيّة قراءة جهرية جارية على القواعد المتقدّمة، في تحقيقِ الأصوات وتصحيح الأبنية والتراكيب والأعاريب، شفّافةً عن المعنى (لا يستوي في قراءته أداءُ الاستفهام والتقرير والتعجب، مثلاً).

ب- أن يقرأ بالعربيّة قراءة صامتة لمّاحة، فهو يَجْزَع الفقرة جَزْعا مُسْتَخْلِصاً لمضمونها الرئيس، وهو يَنْقُب النصّ مستخرجاً ما بين السطور، مثلاً.

ج- أن يستمع إلى العربيّة استماعَ الواعي لِما يستمع إليه جُمْلَةً، المُتَتَبِّعِ للمسموع بتفصيلاته، فهو يُلَخِّص خبراً استمع إليه في جملة، وهو يتذكّر مَوْقِعاً وَرَدَ في تفاصيل أَحَدِ الأخبار على التعيين، مثلاً).

د- أن يعبّر بالعربيّة تعبيراً شفوياً طبيعياً تلقائياً مُقْنِعاً (يَرْقَى عن محدودية اللهجة المحلية) وَيَنْأى عن الشكل المتكلّف، فهو يؤدي ما يقول أداء واضحاً رشيقاً، باللفظ المأنوس المُتَخَيَّر، والتركيب المستقيم السهل، لا يرتكب أخطاء إعرابية فاضحة، ويهذّب أبنية الكلم على وَفْقِ قواعد العربية، مثلاً.

هـ- أن يعبر بالعربيّة تعبيراً كتابياً واضحاً متسلسلاً جارياً على قواعدها المتقدمة في التراكيب والأعاريب والرسم، فهو لا يكتب صفحة كاملة دون تقسيمها إلى فقرات، ولا يُدْخِل في الموضوع ما ليس منه، مثلاً).

3- أن يكون الطالب قادراً على متابعة ما يَعْرِض له من مسائل تتعلّق بالعربية، فهو يستطيع استعمال المعجم لتحديد معاني المفردات وضبط الأبنية المُلْبِسة، وهو يستطيع استخراج المُقابِل العربي المناسب من المعجم الاصطلاحي (في الفلسفة، أو الإدارة، أو الجيولوجيا أو التكنولوجيا، مثلاً)، وهو يعرف كيف يحدّد موضع آية من القرآن الكريم باستعمال المعجم المفهرس، أو يحقق نصّ حديث باستعمال معجم الحديث النبوي، أو يلتمس ترجمة أحد الأعلام في أحد كتب الأعلام والتراجم، أو يحقّق نِسْبَةَ بيتٍ من الشعر لأحد الشعراء في ديوانه، مثلاً.

4- أن يكون الطالب قادراً على اكتشاف الأخطاء الشائعة في النحو و الكتابة محتكماً إلى معايير الصواب اللغوي المستفادة من معرفته بقواعد النظام اللغوي، قادراً على استعمال بعض الأبواب الكثيرة الدوران (كالعدد)، والتي يكثر فيها الخطأ كالممنوع من الصرف، وإسناد الفعل الناقص إلى ضمير الجماعة، وإسناد الفعل المضعّف إلى ضمائر الرفع المتحرّكة، والمواضع التي تحتاج إلى لُطْفِ نَظَر، كنعت جمع المؤنث السالم ،والممنوع من الصرف إذا جاء النعت مفرداً يُعْرَب بالعلامات الأصلية.

5- أن يكون قادراً على " إنشاء " عَمَلٍ لغوي فنّي أو ذي طبيعة >إبداعية<، كتحويل نصّ قصصيّ أو خبر سرديّ إلى مشهد حواريّ، أو تحويل مشهد حواري إلى حكاية، أو تحرير مُسَوَّدَةِ نصٍّ لِجَعْلِها صالحةً للنشر ...

في حّد " المصطلح" :

المعيار

أقصد بالمعيار، هنا، أداة القياس، أو دليل " التقييم" (1) وَيَتَّخِذ المعيار، في صيغته النهائية، هيئة نموذج مقترح لاختبار تشخيصي يتّصف بالضبط المنهجيّ والشمول الدالّ.

الكفاية اللغوية

أما الكفاية اللغوية فهي تعني، من جهة، استدخال قواعد اللغة العربية، في نظامها الصوتي، وأنساقها الصرفية، وأنماط نَظْمِها الجُمْلي، وأنحاء أعاريبها، ودلالات ألفاظها ووجوه استعمالها، وأساليبها في البيان، وأحكام رَسْمِها الكتابي، وهي تعني، من جهة أخرى، القدرة على تركيب عددٍ غَيْرِ محدودٍ من الجُمَل بالعربيّة وَفْقاً لتلك القواعد.

وَتُمَثِّل الكفاية اللغوية، في أحد مظاهرها، مَرْجِعاً لتمييز الصواب من الخطأ في أمثلة الاستعمال اللغويّ.

---

1) ترخصت في استعمال التقييم باعتبار الياء في القيمة - وأصلها واو - بمنزلة الأصل، لأمن اللبس واشتباه المراد هنا بالمعنى المفهوم من التقويم بمعنى تصحيح الاعوجاج. وهما مفهومان يحسن التمييز بينهما لأن " التقييم " المقصود هنا هو دليلنا إلى التقويم من حيث هو تدبير علاجي لما ينكشف عن " التقييم ". والتقويم هو محور الفصل التالي من هذا الكتاب.

وأعني بالكفاية اللغوية، من جهة أخرى، قدرةً تواصُلية تتجلّى في وجوه الأداء الوظيفي للغة وتَتَمَظْهَرُ في القراءةِ بالعربية قراءةً جهرية، جارية على وفق القواعد المتقدمة، شفّافة عن مُتباينات المعاني، تَنْأَى عن الرتابة، وتُتَبَيَّن في قراءةٍ صامتة لمّاحة، واستماعٍ متيقّظ، وتعبير شفوي رشيق طبيعيّ عفويّ مُقنِع، وتعبير كتابي مُوافِقٍ للمقام مستقيمٍ على قواعد العربية جميعاً.

وتَسْتَتْبِع الكفاية اللغوية، في المقصود بها هنا، مطالب إضافية هي من مستلزمات ما تَقَدَّمَ، وأبرزُ هذه المطالب قدرةٌ على استعمال المعجم اللغوي لتحقيق الدلالات وضَبْط الأبنية، واستعمال المعجم المفهرس لألفاظ القرآن الكريم للتحقق من نصوص الآي ومعرفة مواضعها من السور أو جمع ما يتناول >موضوعاً< معيّناً منها، واستعمال معجم ألفاظ الحديث النبوي للتحقُّق من نصوص الأحاديث أو جمع الأحاديث في موضوع بعينه، واستعمال الدواوين والمجاميع الشعرية للتحقق من رواية بعض الأبيات أو معرفة قائليها، واستعمال كتب التراجم لتعرّف بعض أعلام العربية وآدابها، واستعمال المعجمات الاصطلاحية لمعرفة المقابل العربي لمصطلح أجنبي في مجال اختصاص معين كالاقتصاد أو التقنية أو الجيولوجيا، أو الفلسفة، أو الفلك ... إلخ.

الدواعي:

وإنما يدعوني إلى تطوير هذا المعيار أن كثيراً من الجامعات العربية ترسم لطلابها، على اختلاف اختصاصاتهم، أن يبلغوا "مستوى" لغوياً مقبولاً. وقد أصبحت لـــ "اللغة العربية" مادة أو أكثر في المتطلبات الجامعية في "الخطة الدراسية"، وقد تختلف التدابير المتبعة في هذا الشأن بين الجامعات، فقد تكتفي بعض الجامعات بأن يجتاز الطالب امتحان "مستوى" في اللغة العربية. فإن لم يفعل تَعَيَّن عليه أن يدرس مادة أو أكثر لعله يبلغ "المستوى" المطلوب. ويبقى "الامتحان" تدبيراً لازماً على كل حال. ولكن هذا الامتحان، شأنه شأن المادة نفسها، ظل مفتوحاً لتباين الاجتهادات وطرق الشيوخ. ولم تطوّر الجامعات العربية، حتى الآن، فيما أعلم، نموذجاً لاختبار تشخيصي صالحاً لأن يكون أداة معتمدة في قياس الكفاية اللغوية للطالب المتخرج في التعليم العام.

وإنما ترسم الجامعات العربية، ابتداء، أن يكون للغة العربية مادة "إجبارية" أو أكثر في خطتها، لاعتبارات مشروعة معلومة، فاللغة العربية هي لغة القرآن والحديث، ووعاء

التراث ورمز الهوية الحضارية للأمة، وواسطة تواصلها في الفضاء العربي، ومفتاح ذاكرتها وعلومها، وحاملة قيمها وإنجازاتها في الزمان العربي الإسلامي، ووسيلتها إلى مواكبة العلوم والفنون المستحدثة في عالم دائب التطور، وأداتها في استنبات المعرفة وإنتاجها في الأرض العربية.

ولكن " فرض " هذه المادة أمر تدعو إليه دواع أخذ يفرزها واقع الحال، وتتمثل في إحساس حاد بحاجة الطالب الجامعي إلى استكمال الكفاية اللغوية في حدودها الضرورية التي يتوقع أن تكون تحققت لديه في مرحلة التعليم العام، وفسح مجال إضافي لتحفيز الكفاية الواعدة لدى الطلبة ذوي القدرات الفائقة.

ولا إخاله أمراً يُخْتَلَفُ فيه أن الطالب العربي المتخرج في المدرسة ما يزال يقع دون مستوى الكفاية اللغوية المرتضاة، وحقاً أن الطلبة يتفاوتون، وأن نفراً قليلاً منهم قد حقق فعلاً مستوى الكفاية أو كاد. ولكن جمهرة الطلبة ما يزالون يقعون دون مستوى الكفاية وذلك أن جل الطلبة، يعثرون في تحقيق النطق ببعض أصوات العربية، كما يخطئون في ضبط كثير من أبنية الكلم، ويختل لديهم تركيب الجمل أو يلتوي، وتكثر أخطاؤهم في الإعراب، ويستعملون الألفاظ استعمالاً قلقاً بعيداً عن تحقيق دلالتها، ولا يكادون يستعملون علامات الترقيم، كما يقعون في كثير من أخطاء الإملاء. وهذا على المستوى المعرفي الموضوعي.

أما على مستوى الأداء فإن الطالب العربي المتخرج في المدرسة لا يقرأ كما ينبغي له أن يقرأ: إنما يجمجم بأصوات متعثرة تترجم صورة المكتوب، فلا هو يقرأ قراءة جهرية معبرة، ولا هو يسرع في القراءة الصامتة، ولا هو يحسن استخلاص معاني ما يقرأ، ولا هو يحسن التغلغل فيما وراء السطور.

وهو لا يستمع كما ينبغي له أن يستمع: إذ إنّه لا يحسن استخلاص مضمون ما يسمع، وقد يستمع إلى محاضرة فلا يتمكن من استصفاء الموضوع الذي تدور عليه في تلخيص آني بارع دال، أو تجده منكباً على نسخ ما يسمع حسب.

وهو يَـعْـثُـر في التعبير الشفوي ويتلجلج لأنّه يتردد بين مستوى المشافهة المكتسب في لهجته ومستوى الكتابة المتعلّم، و لَمْ تُـطَـوِّر المدرسة العربية نموذجاً منهجياً ناجعاً للتعبير الشفويّ(1).

وهو لا يعبر تعبيراً كتابياً موافقاً للحاجة؛ إذ يتهيّب من مواجهة مطالب التعبير الوظيفي، فإذا عَـبَّـر عَـرَضَـتْ في تعبيره أخطاء أولية في النحو والكتابة، وكتابتُـه، على العموم، لا تنبئ عن إحاطة بالمعاني ولا تتسلسل تسلسلاً منطقياً.

ويفتقر الطلبة، مع الأسى، إلى الحيلة المنهجية اللازمة ذات العلاقة بموضوعات الكفاية اللغوية الضرورية، إذا اعترضهم السؤال عن معنى كلمة، أو ضبطها، أو أصلها (إن كان لها أصل في العربية الفصحى)، أو معنى اسم من أسماء الأعلام، أو ترجمة أحد الأعلام، أو تحقيق نصّ آية، أو معرفة موضعها من سور التنزيل، أو التماس حديث في مسألة بعينها، أو تحقيق نصّ بيت من الشعر ... وما أكثر ما نجدهم يعوّلون على سؤال غيرهم دون أن يلتفتوا إلى استشارة > المراجع < المناسبة !

على أن الطلبة ليسوا سواء، وإذن ينبغي أن نعتبر حال طلبة يكونون قد استوفوا هذه المطالب، واعتدوها ممّا تحصّل لديهم بما تعلموا قبلاً. وهو أمر يدعونا إلى اختبار قدرتهم على كشف الأخطاء الشائعة وإدراك المواضع اللطيفة من الأعاريب والأبنية وإتقان الأبواب المتواترة ذات الصعوبة الخاصّة، كما يغرينا باختبار إمكاناتهم في الإنشاء الإبداعي المتمثل في سبر أغوار النصّ وإعادة تشكيله على أنحاء فنيّة.

بنية المعيار

تَصْدُر البنية، في بُعْدها الأول، عن منظور مستفاد من علم اللسان الحديث، الذي يقوم على النظر إلى اللغة من حيـــث هي نظام يَــأْتَلِف من مســتويات متكاملة مترابطة ترابطاً عضوياً، تُمَيِّزها لغايات الضبــط المنــهجي، وهي: المســـوى الصــوتي،

1) استقرى الباحث أعراض هذه المسألة وحاول تفسيرها واقترح بعض وجوه التدابير الممكنة لمعالجتها في كتابة: قضية التحول إلى الفحى في العالم العربي الحديث ص 112 وما بعدها، ثم أخل لها بحثاً مستقلاً عنوانه: نحو نموذج فصيح للخطاب العامي، قدّمه في مؤتمر قضايا اللغة العربية على مشارف القرن الحادي والعشرين الذي عقد في الجامعة الإسلامية العالمية (ماليزيا)، آب 1996.

والمستوى الصرفي، ومستوى النَّظْم، ومستوى الإعراب والمستوى الدلالي، والمستوى البياني، ومستوى الرسم الكتابي. ولكنه يتجاوز هذا النظر " البنيوي " الخالص إلى اعتبار النظام اللغوي جُمْلَةً بِنْيَةً عقلية تتمثل في قواعد محدودة تَعْمَل وَفْق آليّة خاصّة تُمَكِّن مَنْ يَسْتَدْخِلُها أن يستعمل تلك القواعد المحدودة استعمالاً غير محدود، وتمكّنه من تركيب عدد لا يحصى من الجمل ، وتحليل ما يَرِد عليه من جمل لم تَعْرِض له مِنْ قَبْل، واكتشاف الأخطاء فيما يَرِد عليه وتصحيحها.

وتصدر البنية، في بعدها الثاني، عن مطلب وظيفي مستفاد من علم اللسان التربوي الذي يقوم على النظر إلى اللغة من حيث هي أداة للتواصل على هيئة مهارات أدائية هي الاستماع ،والقراءة الجهرية ،والقراءة الصامتة، والتعبير الشفوي والتعبير الكتابي (الوظيفي والإبداعي).

وتتشكل في بعدها الثالث من مطلب منهجي ينسجم مع التوجيه الذي يمليه حَفْز المتعلم على طلب المعرفة باستمرار، بالجهد الذاتي، بعد استكمال الأدوات اللازمة من معرفة " مصادر " المعرفة بالعربية ، والقدرة على استخدامها ،وحلّ ما يعترضه من الأسئلة المتجددة المفتوحة باستمرار.

ويتناول البعد الرابع مطلباً تطبيقياً ذا أهمية خاصة إذ هو يتناول مسائل في استعمال اللغة تقتضي توظيف الحصيلة اللغوية بفطانة عقلية خاصّة.

أما البعد الخامس فيتوجّه توجّهاً ذا طبيعة فنّية إذ هو يستجيب لإمكانات كامنة لدى بعض الطلبة الذين يدّخرون ملكات إبداعية " إنشائية " .

البنية الهيكلية

لمعيار الكفاية اللغوية

المستوى الموضوعي (المعرفي)	الأصوات	الصرف	الدلالة	أساليب النظم	الإعراب		
المستوى الوظيفي	الشكل (شكل أواخر الكلم)	الضبط (ضبط أبنية الكلم)	الكتابة	الترقيم	الفهم والاستيعاب	التلخيص	التعبير
المستوى المنهجي	استعمال المراجع الأساسية	استعمال المعجم	استعمال المعجمات الاصطلاحية				
المستوى التطبيقي الخاص	اكتشاف الأخطاء النحوية الشائعة وتصحيحها	اكتشاف الأخطاء الكتابية وتصحيحها	العدد	الممنوع من الصرف	صفة جمع المؤنث السالم وصفة الممنوع من الصرف	همزة الوصل وهمزة القطع	إسناد الأفعال إلى الضمائر
المستوى الفني (الإنشائي)	تحويل السرد إلى حوار	تحويل الحوار إلى حكاية	تحرير نص للنشر				

وصف مكونات البنية الهيكلية لمعيار الكفاية اللغوية

وهذا شرح الإطار النظري الذي يمكننا استهداؤه عند تصميم "النموذج" المقترح لقياس الكفاية اللغوية

1- المستوى الموضوعي (المعرفيّ): (ويتّبع فيه نهج الأسئلة الموضوعيّة)

أ- الأصوات

يتناول هذا القسم مسائل ابتدائية في أثر اختلاف الأصوات على المعاني، كنطق بعض الأصوات في اللهجات المختلفة، ومن ذلك الخلط بين الضاد والظاء، القاف والغين، الجيم والياء، الثاء والسين، الثاء والتاء، مما يؤدّي إلى التباس المعاني أحياناً، كما يتناول تعيين هوية الكلمة من خلال أصواتها وكذلك تحوير بعض الأصوات الأجنبية والكلمات المعرّبة وأسبابه: نطق P و G، مثلاً.

ب- الصرف

ويتناول الأبواب الرئيسية التي درسها الطالب في المراحل السابقة: كتعيين أنواع المشتقات، ومصادر غير الثلاثي، والميزان الصرفي.

ج- الدلالة

ويتناول هذا القسم معجم الطالب من حيث شموله، ودقة إدراكه للفروق بين دلالات الألفاظ، وحسن استعماله للمفردات في السياقات المناسبة، وتمييزه بين الألفاظ التي قد تبدو مترادفة.

وقد تتناول الأسئلة مقدرة الطلبة في إيراد الكلمة المضادة أو المرادفة لكلمة معينة، ووضع اللفظة المناسبة في موقعها من بين ألفاظ متعددة، والتمييز بين أفراد جنس واحد (نبات، حيوان، جماد، درجات الألوان)، كما تتناول قياس معرفة الطالب للتطور الدلالي من خلال أحد النصوص القديمة يُسْأَل الطالب أن يشرح مفردات منه تستعمل في أيامنا هذه في معنى آخر وهكذا.

د- أساليب النظم

ويتناول مجموعة من أنماط الجملة العربية، النفي، الاستفهام، التعجب، الاختصاص، الإغراء، المدح، الذم، كما يتناول كيفية أداء المعاني بطرق بيانية مختلفة مثل استعمال الكناية والتشبيه والاستعارة، خروج الاستعمال اللغوي عن مقتضى الظاهر.

هـ- الإعراب

يتناول أبرز الموضوعات الإعرابية، كتمييز الأسماء المرفوعات والمنصوبات والمجرورات في أحد النصوص، وتمييز الأفعال المرفوعة والمنصوبة والمجزومة في أحد النصوص.

2- المستوى الوظيفي

أ- الشكل (شكل أواخر الكلم)

يتناول شكل أواخر الكلم في نص قديم وآخر حديث.

ب- الضبط (ضبط أبنية الكلم)

يتناول ضبط أبنية الكلم في نصّ حديث (كاسم الفاعل واسم المفعول من غير الثلاثي، والفعل المبني للمعلوم، والمبني للمجهول) وغير ذلك من المواضع التي يحسن ضبطها دفعاً للّبس كما تجري به العادة في النصوص العربية المعاصرة في الصحافة والتآليف العامّة.

ج- الكتابة

وتتناول أبرز المسائل التي يختلف نطقها عن رسمها (حذف الألف من هذا وهؤلاء وذلك ولكن والرحمن ...)، كما يتناول أبرز المسائل التي يكثر فيه الخطأ كالألف الفارقة والألف في آخر الثلاثي وغير الثلاثي والتاء المفتوحة والتاء المربوطة والهاء، وهمزة الوصل وهمزة القطع وكتابة الهمزة.

د- الترقيم

ويتناول وضع علامات الترقيم المناسبة في مواضعها من أحد النصوص، كما يتناول وضع علامات الترقيم المناسبة في مواضع تكون فيها علامة الترقيم مُعِينة على رفع اللبس، كوضع علامة التعجب أو الاستفهام، أو النقطة، بعد جملة تحتمل ثلاثة معان، كما في: ما أحسن المخرج، ووضع النقطة، أو الفاصلة قبل واو الاستئناف أو واو الحال، للفرق بينها وبين واو العطف ... وهكذا.

هـ- الفهم والاستيعاب

ويتدرّج فيبدأ، مثلاً، من قياس قدرة الطالب على إدراك مجال النصّ من قطعة محدودة منه، أو إدراك "الفن" الذي ينتسب إليه. ثم يقوم، مثلاً، على نصٍّ يُسْأل الطالب أن يختار له العنوان المناسب بين عنوانات متقاربة معطاة، وأن يجيب عن أسئلة تدلّ على تغلغله وقدرته على قراءة ما بين السطور.

و- التلخيص

ويقوم مثلاً، على قطعة ذات أفكار محددة يقوم الطالب باختصارها إلى خُمْس مجموعِ كلماتها، ويستحسن أن تكون القطعة ذات طبيعة وظيفية مثل اختصار نشرة أخبار (بإعداد موجز لها) أو تحويل مضمون رسالة إلى برقية ... وهكذا.

ز- التعبير

يجسّد التعبير محصّلة ما اكتسبه وما تعلمّه الطالب، وإذن يتراوح قياس هذه المهارة لديه بين تكليفه أن يعبر تعبيراً وصفياً عن خبرة مباشرة في إحدى القضايا العامة في حياتنا، أو يعبّر عن وجهة نظرة في إحدى القضايا اليومية الاجتماعية، أو يعبّر عن أحد مطالب الأداء في موقف من حياته العملية الحاضرة أو المستقبلة (التقدم بطلب إلى جهة رسمية في شأن ما ... إلخ).

3- **المستوى المنهجي**

أ- استعمال المراجع الأساسية

ويتناول أسئلة تدلّ على قدرة الطالب "الكيفية" في متابعة مسائل الكفاية اللغوية، بالجهد الذاتي، في المصادر والمراجع الأساسية ذات العلاقة، مثل:

- الكشف عن آية في القرآن الكريم باستعمال المعجم المفهرس.
- تفسير آية من القرآن.
- معرفة نصّ حديثٍ شريف باستعمال معجم ألفاظ الحديث.
- جمع الأحاديث المتعلقة بموضوع معين.
- ترجمة أحد الأعلام.
- التثبت من رواية بَيْتِ شعر في ديوان صاحبه.
- تحقيق نسبةِ بَيْتٍ مُخْتَلَفٍ فيها بين شاعرين بالعودة إلى ديوانيهما أو إلى بعض المجاميع الشعرية.
- معرفة معاني بعض الأسماء بالعودة إلى كتاب الاشتقاق لابن دريد.

ب- استعمال المعجم العربي

ويتناول، مثلاً:

- نصاً تَعْرِض فيه ألفاظ غريبة يتوقف فهم النصّ عليها، ليبين كيف يهتدي إلى معناها في المعجم.
- أبنية يتردد الدارس في ضبطها، ليبين كيف يتحقق من ضبطها في المعجم (اللَّبْس أو اللُّبس، الذروة، بهلول، وزارة، جؤذر، ملاوة .. مثلاً).
- ألفاظاً في اللهجة المحكية يرغب الدارس في الاستيثاق من وجود أصول لها في الفصحى (العيّل، بعزقة، المتبحبحة، اللّغوصة ... إلخ).

ج- استعمال المعجمات الاصطلاحية

- معرفة بعض المقابلات العربية لمصطلحات بالإنجليزية (مثلاً):

وذلك بالعودة إلى المعجمات الاصطلاحية في الموضوعات ذات العلاقة (كمعجم الألفاظ الزراعية، معجم النفط، معجم الهندسة والتكنولوجيا، معجم المصطلحات اللغوية، المعجم الفلسفي، معجم الاقتصاد، وغيرها كثير. وأمثلتها متعددة في معظم المجالات المتخصصة، وهي جديرة بأن يتعرّفها الطالب لتكون مداخل مشجّعة له على استطلاع إمكانات العربية وقدرتها على الوفاء بمطالب العلوم والفنون وأغراض تعريب العلوم)

4- المستوى التطبيقي الخاصّ.

ويتناول طائفة من المسائل التي تدلّ على مستوى متقدّم من توظيف الكفاية اللغوية الأساسية، وهي:

أ- اكتشاف الأخطاء اللغوية الشائعة وتصحيحها

مثل: إعراب اسم كان وأخواتها حين يتأخر، ذلك أن جمهرة أبناء العربية يغفلون فيظنونه خبرها وينصبونه.

- إعراب اسم إن وأخواتها حين يتأخر

- إعراب المثنى

- إعراب جمع المذكر السالم

- تعريف المضاف

- إعراب الفعل المضارع المعتل الآخر

- إعراب الأفعال الخمسة

- ربط المتعاطفات جميعاً بالواو (دون الاقتصار على جعل الواو قبل آخر المعطوفات على منهاج اللغة الإنجليزية)

- إعراب المنصوبات التي يظهر إعرابها في الكتابة خاصة، فإن الدارس العربيّ كثيراً ما يستسلم فيها لحكم العامية بالتسكين.

ب- اكتشاف الأخطاء الكتابية الشائعة وتصحيحها، كما في:

- إغفال الألف الفارقة

- إثبات الألف بعد الواو التي هي من أصل الكلمة كما في (نرجو).

- ترك نقطتي التاء المربوطة.

- كتابة الهمزة كما في: يُأْخَذ (بدلاً من يُؤْخَذ) ،وقرأة (بدلاً من قراءة) ،وفي أثناءه (بدلاً من في أثنائه) ... وهكذا.

ويقوم ذلك على نصّ واقعي أو موضوع ويسأل الطالب في تعيين الخطأ وذكر الصواب.

ج- العدد

وهو موضوع كثير الدوران في الاستعمال العام والمعاملات، والحاجةُ إلى تحويل الأرقام إلى كَلِم مَطْلَبٌ حيوي كما هو معلوم، والتردد في هذا الأمر والخطأ فيه كثير ممتد، ويؤسس الاختبار فيه على ما درسه الطالب قبلاً من أحكام العدد في تذكيره وتأنيثه باعتبار حال المعدود، وإعرابه وبنائه، وحكم التمييز في إفراده وجمعه، ونصبه أو جره مع الاعتناء بالمواضع الخاصة، كحكم (بضع) فإن حكمها حكم العدد من ثلاثة إلى عشرة كما هو معلوم (بضع سنين، بضعة أعوام)، وحكم العدد الوصفي المركب في بنائه على الفتح (ولد طه حسين في القرن التاسع عشر).

ويقوم الاختبار في هذا الموضوع على مواقف وظيفية مثل: تحرير شيك، كتابة فاتورة، أو يقوم على اختيار الوجه الصحيح في مثل استعمال "بضع" و "بضعة" أو شكل (الثالث عشر-التاسع عشر) خاصة فإن كثيراً من الناس يجرون الجزء الأول بالكسرة إذا وقع موقع الجر.

د- الممنوع من الصرف

هـ- صفة الممنوع من الصرف، وصفة جمع المؤنث السالم، وخاصة عندما يقع الممنوع من الصرف مجروراً وبعده نعته مجروراً، كما في (شاركت في بناء مساجد كثيرة)، فإنهم قد يغفلون عن جر (كثيرة) بتنوين الكسر ويتبعونها حركة (مساجد)، وكذلك نعت جمع المؤنث السالم حين يقع منصوباً وبعده نعته منصوباً بعلامة أصلية فإنهم يغفلون عن المغايرة في حركات الإعراب (خاض الفريق مباريات مثيرة).

و- همزة الوصل وهمزة القطع، فإن أبناء العربية كثيراً ما يقطعون همزة الوصل، وأمثلة ذلك، في الصحافة،كثيرة.

ز- إسناد الأفعال إلى الضمائر وخاصة الفعل الناقص عند إسناده إلى واو الجماعة فإن كثيراً من الطلبة يقولون (دعا - دعُوا - رضي - رضَوا)، والفعل المضعف عند إسناده إلى ضمائر الرفع المتحركة، وكثيراً ما يخلطون بين حركة تاء المخاطب وحركة تاء المتكلم ... إلخ.

-5 المستوى الإنشائي (الفنّي)

ويتناول مَطالِبَ من إنجاز لغويّ متفوّق يوافق مواهب بعض الطلبة، كما في تحويل نصّ من السيرة، مثلاً إلى "سيناريو" أو مشهد حواري، أو تحويل موقف حواري إلى حكاية أو قصة قصيرة، أو تحرير مسوّدة نصّ لجعلها صالحة للنشر ... إلخ.

وهي مطالب قد تستثير الإمكاناتِ الكوامِنَ لدى بعض الطلبة، وَتُدْخل بسائر الطلبة إلى مجال رحب من مجالات الأداء الشائق الذي يكتنفهم في الأعمال الفنية المذاعة والمتلفزة و "الأشغال" الإعلامية والصحافية ... وهكذا.

معالم نموذج مقترح لمعيار الكفاية اللغوية في العربية

وهذا مشروع أوّلي فحسب، وهو يتقدّم خطوة في ترجمة "المعيار" و "بنيته الهيكلية" إلى "نموذج اختبار" أو "أداة تقييم" قابلة للتطبيق مفتوحة للتجريب والتطوير، فليس النموذج المقترح نهائياً، إذ يمكن الاجتزاء ببعض الأطر الكلية التي ينتظمها دون بعض، فقد يمكن التدرّج في تطبيقه بالاقتصار على المطلبين "الموضوعي والوظيفي" أولاً، والأخذ بالمطالب الثلاثة "الموضوعي والوظيفي والمنهجي" في مرحلة تجريبية.

وقد يكون إعلانه وتعميمه سبيلاً لاطّلاع الطلبة عليه والانتفاع بالتصوّر الذي يمثّله والاستعداد له بِحَقّهِ ،وإذن يكون "الاختبار أو التقييم" وسيلة للإعداد والتقويم، وإنما أُرِيدُ بهذا أَنْ يتاح للطلبة أن يَطّلِعوا على صِفَتِه بالتفصيل، وبِنْيَتِه على التعيين، ونَموذَجٍ أو نماذِجَ مِنْه على وَجْه الإعداد والتدريب، ذلك أنّه سَيُجْرى، حين يُجْرَى، بَعْدَ تطويره، وقد اتَّخَذَ في كُلّ مرّةٍ أمثلةً متغيّرةً تَحْتَ كلّ إطار، إذْ إنّ الأسئلة لا تتكرّر بأعيانها وإنما تتنوّع في نطاق المطلب الواحد ليقيس الطالبُ عليها أمثلَة الأسئلة المتجددة باستمرار.

بل إن تعميمه وتطبيقه على هذه الأنحاء المتباينة، في أمثلتها المُشَخَّصة، كلّ مرة، سيساعد على تجلية الأبعاد التي يقوم عليها وَيْرفِد الطلبة بوعي صريح مباشر على مفهومِ الكفاية اللغوية و "أُطُرِها" و "مقوّماتها"، كما يساعد في الوقت نفسه على مراجعة المعيار وتطويره في ضوء التجربة.

نموذج الاختبار المقترح

القسم الأول

(المستوى الموضوعي - المعرفي)

الأصوات

- صِلْ بين الكلمة المختلفة اللون والكلمة التي بمعناها في العمود المقابل:

أ- ضَلّ عامر في الصحراء	بَقِي
ب- ظلّ عامر في الصحراء	تاه

أ- ما أنت **بضنين** متّهم

ب- ما أنت **بظنين** بخيل

أ- بماذا **يصعد** الإنسان؟ يَهْنأ

ب- بماذا **يسعد** الإنسان؟ يَرْقَى

- **في الكلمات التالية أصوات غير عربية**

ولما عُرِّبَت حُوِّل الصوت غير العربي إلى صوت عربي.

ضَعْ خطّاً تحت الصوت غير العربي واذكر الصوت العربي البديل.

الصوت غير العرّبي	الصوت العربي البديل
أ- Television	أ -
ب- English	ب -
جـ- Park	ج-

- تجعل بعض اللهجات الغين قافاً فتنطق: غريب: .... (املأ الفراغ)

- تجعل بعض اللهجات الجيم ياء فتنطق: جَدّ: ....

- تجعل بعض اللهجات الثاء سينا فتنطق: ثلاثة: ....

- تجعل بعض اللهجات الثاء تاء فتنطق: ثرى: ....

وَيَنْجُم عن ذلك:

- تخفيف في اللفظ

- اختلاف في المعنى

- ضع (√) إلى يمين الجواب الصحيح.

الصرف

- هل لكلمة تلفزيون وزن عربيّ؟ نعم لا

- ما الصيغة العربية لكلمة تلفزيون؟ ....

- صل بين الصيغة في العمود الأيمن والمصطلح الصرفيّ الدالّ عليها من العمود المقابل:

عارض	اسم مكان
معروض	اسم فاعل
مَـعْرِض	صفة مشبهة
عريض	اسم مفعول

- صل بين كلّ فِعْل ومصدره فيما يلي:

أَعْلَمَ	تعالم
عَلَّمَ	تعلم
تَعَلَّمَ	تعليم
استعلمَ	إعلام
تعالَـمَ	استعلام

الدلالة

- صل بين كل كلمة وضدها فيما يلي:

متفائل	متشدد
خبيث	سعيد
جافّ	طيب
متشائم	رطب
شقي	متساهل

املأ الفراغ في الجمل التالية بالكلمة المناسبة من العمود المقابل:

أ- لا ...... على أهلك	توفّر
	تقتّر
	تفرّق

ب- لا يحبّ الناس من .... عليهم يكابر

يكبر

يتكبر

ج- المؤمن .... في صلاته يخضع

يخشع

يهلع

أساليب النظم

أ- فيما يلي ثلاث جمل: استفهامية، ومنفية، وتعجبيّة

اذكر نوع كل جملة إلى يسارها:

- ما أحسن المؤلف عرض الموضوع.
- ما أحسن كتاب صدر هذا العام.
- ما أحسن اجتماع الأصدقاء بعد طول فراق.

ب- كان مروان بن أبي حفصة إذا تغدّى عند إسحاق الموصلي يقول له: أطعموا آذاننا رحمكم الـلـه.

- أراد بقوله: أطعموا آذاننا أَسْمِعونا

استمعوا إلينا

اسكتوا

ج- كان أحد الصحافيين يتعرض لأحد السياسيين فقال هذا لوزيره: اقْطَعْ لِسانَه

- أراد السياسي بقوله: اقطع لسانه عاقِبْه بِقَطْع لسانه

امْنَعْه من الكتابة

أَعْطِه ليسكت عنّا

الإعراب

انظر في النص التالي وميز الأسماء المرفوعة والمنصوبة والمجرورة منه واجعل كلاً منها في العمود المقابل المخصص لها:

أ- قال الطبري في تاريخه: يُحْكى أنّ الحجاج ذُكِر عنده رجل بالجهل، فأراد اختباره، فقال: أعظاميّ أم عصاميّ؟ أراد: أَشَرُفْتَ بآبائك الذين صاروا عظاماً أم بنفسك؟ فقال الرجل: أنا عصامي وعظاميّ. فقال الحجاج: هذا أفضل الناس فقضى حوائجه، ومكث عنده، ثم فتّشه فوجده أجهل الناس، فقال له: تَصْدُقني كيف أجبت بما أجبتني به حين سألتك عمّا سألتك ، فقال: لم أعلم أعصامي خير أم عظامي ، فخشيت أن أقول أحدهما فقلت كليهما، فإن أضرّني أحدهما نفعني الآخر، فقال الحجاج عند ذلك: المقادير تصيّر العييّ خطيباً.

الأسماء المرفوعة	الأسماء المنصوبة	الأسماء المجرورة

ب- أَعِد النظر في النص المتقدم وميّز الأفعال المرفوعة والمنصوبة والمجزومة واجعل كلا منها في العمود المقابل المخصص لذلك :

المرفوع	المنصوب	المجزوم

القسم الثاني

(المستوى الوظيفي)

الشكل

اشكل أواخر الكلم من النصّ التالي شكلاً واضحاً تاماً:

لا شيء يتغيّر، لا شيء يتغير غير طعم الهواء

في ظلام الغابة الوحشية، يجري تعديل طفيف على نصّ الدم المفتوح، المفتوح إلى ما لا نهاية...

غير أنّ المخرج يتكلّم، هذه المرّة، لغة عربيّة شديدة الحماسة، والمكان هو المكان ذاته... المكان الذي يذكّر بدم لم يجفّ، بجثة لم تنشف، بصرخات لم تنقطع ولم تصل.

والقتلة هم القتلة: الضحايا السابقة لقاتل لم تأخذ منه الضحيّة غير التقليد الطائش تماماً كما قلّد هو أيضاً قاتله السابق، القتلة يغيروّن شارتهم، ويتقدمون من الضحيّة ذاتها، الضحيّة التي لم تجد ما تغيره في المكان، ولا في عملية انتظار الموت.

صبرا وشاتيلا 1

صبرا وشاتيلا 2

هل نجح هذا الكابوس إلى هذا الحدّ ليجدد إنتاجه؟

يمدّ قاتل سابق لسانه ساخراً وشامتاً: ألم أقل لكم إنّ هذا الشعب زائد؟

هذا الشعب الزائد هو الشعب الفلسطيني. ماذا تفعل السكين بالدودة الزائدة؟

تستأصلها ...

العملية ذاتها عملية استئصال الشعب الفلسطيني، من أرضه، ومن أمله، ومن جسده، مستمرة منذ حوالي أربعين عاماً، ولكن طائر الفينيق، أو الطائر الأخضر - كما تسمّيه الأغنية الشعبية الفلسطينية - لا يتوقف عن الولادة من رماده ...

محمود درويش، مجلة الكرمل، العدد 16/ ص4.

الضبط

اضبط الكلم المختلفة السواد من النصّ التالي ضبطاً دقيقاً تاماً:

يعقد في مجمّع النقابات المهنيّة في عمّان في التاسع عشر من الشهر الجاري المؤتمر الأول للصحة العامّة كما تعقد في اليوم نفسه ندوتان لبحث الوسائل الفعّالة لتأمين الصحّة للجميع بحلول عام ألفين ...

ويقام خلال المؤتمر معرض طبّيّ.

الكتابة

- املأ الفراغ فيما يلي بصيغة جمع (ابن) ملاحظاً رسم الهمزة خاصّة:

مثال: كان الأب وأبناؤه متعاونين

وجه الأب .... إلى التجارة

دعا الأب لـ .... بالتوفيق

- املأ الفراغ فيما يلي بصيغة اسم المفعول من الفعل في العمود المقابل:

الصحيفة .... على نطاق واسع	(قرأ)
هل ينهض الـ .... بمسؤولياته؟	(سأل)
لا أحد .... عن الخطأ.	(بَرَأَ)

- اكتب مضارع الأفعال فيما يلي بإزاء كلّ منها:

آخَذَ المدير الموظف على تهاونه ....

أَمَّلَ المجتهد بالنجاح ....

ساءَلَ القاضي المتهّم ....

الترقيم

- ضع علامة الترقيم المناسبة في نهاية كل جملة مما يلي:

- مالك حلال

- مالك حزيناً

- ما أرق قلوب الأمهات

- ما تبغي

- ما تبغي متحقق بإذن الله

- **ضع علامة الترقيم التي ترفع احتمال العطف عن الجملة التالية:**

- تزوّج سعيد وأخوه في سفر

الفهم والاستيعاب

- انظر في القطع التالية واذكر تحت كل منها بين القوسين موضوعَ كُلٍّ منها:

(إعلان)   (خبر رياضي)   (نشرة جويّة)

كون ما بين مشمس وغائم
ون الرياح شرقية ال
معتدلة السرعة ،
بة تكون الرياح
البحر هادئا.

ينة الدوري اعلن عنها يوم
ان تعادل مع فـريق
دون اهداف في المباراة
، ملعب الحسن في
ابع عشر للدوري

ماراة واحدة
احدة عن
بيعة.
نع

(   )   (   )   (   )

143

- اقرأ النص التالي وَضَعْ عليه عنواناً يشوِّق منْ يراه إلى قراءته:

اشتهر طبيبٌ في بلاد الهند ، وطال عمرُه ، فأقبَل عليه النَّاسُ ، وطلبوا منه أنْ يُؤَلِّفَ لهم كتاباً يُودِعُ فيه طبَّه وعلْمَهُ وتجارِبَه، فـــقال لهم:

" سأؤلفُ الليلة كتابا كما تَطْلُبون واحْضُروا غدا لِتَرَوْهُ." ومن الغد حَضر النَّاسُ فرأوا كتابا ضَخْما فاستَعْجَبُوا واعتقَدُوا أن الكِتابَ مؤلَّفٌ مُنْذُ حين. فطَلَبَوا منه أنْ يدفَعَه إليْهِم فَأبى وقال لهم: >سأضَعُه في خزانتي لِتأخُذوه بَعْدَ مَماتِي" . ومات الطبيبُ وتناول الناسُ الكتابَ وتصفَّحوه فوَجدوا صفحاته بيضاءَ إلا أنَ في الصفحة الأخيرة مِنْهُ هذه النصائحَ: (الرأسُ خالٍ مِنَ الهُمُوم، الأرْجُل دافئَةٌ عند النوم، المَعدَةُ غيرُ مُتْخَمَة بالطَّعام، تِلك أَسْبابُ طُول العُمُر فلتَعرفُوها ولتعْملُوا بها تَصِحّوا وتَسلموا وتَعيشُوا طَويلا كما عِشْتُ أنا).

(مجاني الأدب)

- انظر في القطع التالية واذكر تحت كُلّ منها بين القوسين نوعَ الفن الأدبي الذي تنتسب إليه:

(الشعر، المسرحية، القصة) (مدة الإجابة دقيقة واحدة)

السيدة (و) : حسن، كيف حالك يا ميلي؟ تجلسين هنا وحدك في ليلة

الميلاد، مثل عانس مسكينة.

(ترفع الآنسة رأسها عن الصحيفة لدقيقة، ثم

تخفضها، وتستأنف المطالعة.) أحس بالأسى حقا

لأنني أجدك على هذه الحال- وحيدة- وحيدة في مطعم،

وفي ليلة عيد الميلاد بالذات.

(   )

سَألوا النهرَ، وهو يجري غزيرا ،   لم

الطريقُ الطويلُ يا نهرُ يُدمي

ما عهدنا الأبي   يحمأ

هو عبء عليك لـــ

ركبتْ.

(   )

ثـم جـاء المختـار بآنيـة الـــشاي، صـب لي فـــــنجاناً، وصـب لنــــــفسه، وجـــــلسَ القرفصاء إلى جواري، ورحنا نتجاذب أطراف الحـديث، بينـــــما راحت فراشـــــة قرنفلية اللون، عريضة ليـــــنة الجوانب، تطير برشاقة وكأنـــها تحمـل البشـــرى أوتنبئ بنـذير آت، وأخـــذ زوجـان مـن (طـــــيور الســـــنونو)، يـــدخـــلان الـــغرفة ويخرجـان منهـا بشـكل مسـتمر نشـط، ويحملان في مناقيرهما الطعام لأفراخهما التـي كانـت تزقـزق في عـش ملتصـق إلى الزاويـة الجنوبيــــة للحـــجرة الفسيحة، وكـان الطـــــيران الأليـف هـذا يوحي، بأن هذه الأسرة الصغيرة اللطيفة قد ألفت المكان تمـــــاماً واعتـادت عليـه، كما اعتادت وجود أي زائر غريب فضولي.

- اقرأ النص التالي ثم أجب عن الأسئلة التي تليه:

قال عبد العزيز بن الفضل: خرج القاضي أبو العباس أحمد بن عمر بن سريج ،وأبو بكر محمد بن داود الظاهري، وأبو عبد الـله نفطويه إلى وليمة دُعُوْا إليها، فأفضى بهم الطريق إلى مكان ضيّق، فأراد كُلُّ واحد منهم صاحبه أن يتقدّم عليه، فقال ابن سريج: ضيق الطريق يورث سوء الأدب، وقال ابن داود: لكنّه يعرّف مقادير الرجال، فقال نفطويه: إذا استحكمت المودّة بطلت التكاليف.

عن (نقل الأديب)

موضوع هذا النص هو : الكرم والحث عليه

: ضيق الطريق والدعوة إلى توسيعه

: السلوك الصحيح في تتابع المارة

(ضع (√) إلى يمين الإجابة الصحيحة)

في النص أقوال ثلاثة:

- أيّ الأقوال يرى صاحبه أن الكبير يُقَدَّم على الصغير والأعلى منزلةً على مَنْ هو دونَه؟

- أيّ الأقوال يرى صاحبه أن يتتابع الأصدقاء دون تكلُّف بِغَضّ النظر عن أعمارهم وأقدارهم؟

- أيّ الأقوال يُنْكِر أن يتقدم الصغير على الكبير؟

التلخيص

ضع موجزاً لهذه النشرة الإخبارية: عنواناً في جملة دالاً على مضمون كلّ خبر:

أ- قال مسؤول أمريكي بارز إن الولايات المتحدة تتطلع إلى مزيد من التوضيح حول نوع الحوار الذي تقترحه إيران مع واشنطن في حديث للرئيس الإيراني محمد خاتمي مع محطة تلفزيون أمريكية يذاع في الأسبوع القادم.

ب- دمّر الجيش الإسرائيلي أمس نفقين سريين حُفِرا تحت الحدود بين مصر وقطاع غزة كما صرح متحدث عسكري، وأوضح المتحدث أن الجيش دمّر صباح أمس نفقين يمران تحت الحدود التي تربط بين قطاع غزة ومصر حتى لا يجري استخدامهما.

ج- أصدر الرئيس السوداني الفريق عمر البشير قراراً بالعفو عن 212 سجيناً بمناسبة الذكرى 42 للعيد الوطني للسودان، وأكد بيان رسمي أصدره اللواء تاج السر عثمان مسؤول إدارة السجون السودانية أنّ القرار يشمل سجناء في كافة السجون السودانية.

الموجز: أ-

ب-

ج-

التعبير :

-صِفْ بلدك في مائة كلمة وصفاً يدلّ على أبرز ملامحه ويصلح أن يكون مقالاً يغري السياح لزيارته.

- ما التخصص الجامعي الذي اخترته؟

اكتب مقالاً في مائة كلمة تفسّر فيه سبب اختيارك لهذا التخصّص.

القسم الثالث

(المستوى المنهجي)

استعمال المراجع الأساسية

- كيف تعرف في أية سورة وَرَدَ قوله تعالى:

وقل ربِّ زدني علماً؟

- كيف تستطيع أن تجمع الأحاديث النبوية التي ورد فيها ذكر الأطفال؟

- أين تجد ترجمة للشيخ محمد عبده، والشاعر أحمد شوقي، و المجاهد عبد القادر الجزائري، وسيبويه، والمتنبي، وابن رشد؟

- أين يمكنك أن تتحقق من نسبةِ بيتٍ مُخْتَلَفٍ في نسبته إلى امرئ القيس أو طرفة؟

استعمال المعجم

- كيف تتحقق من ضبط الكلمات التالية في المعجم الوسيط:

اللّبس (بمعنى الغموض)	أبفتح اللام أم ضمهّا؟
الوزارة	أبكسر الواو أم فتحها؟
الذروة	أبكسر الذال أم ضمهّا أم فتحها؟

- كيف تعرف معنى كلمة (غِرْقِئ) في هذه المحاورة وفي أي باب تجدها من لسان العرب؟

- أيُّ المناديلِ أَفْضَلُ؟

- مناديلُ مِصْرَ كأنها غِرْقِئ البَيْض.

- هذه الألفاظ التالية مستعملة في بعض اللهجات العامية فإذا سئلت هل لها أصل في الفصحى فأين يمكنك التحقق من ذلك، وكيف؟

البعزقة، المتبحبحة، العيّل، اللغوصة.

استعمال المعجمات الاصطلاحية

- في أيّ ضرب من المعجمات الاصطلاحية تجد معاني المصطلحات التالية: (ضـــع إلى يمين كل ضرب من المعجمات رقم المصطلح الذي يمكنك وجدانه فيه):

المصطلح	أنواع المعاجم
1- منخفض جوّي	- معجم اقتصادي
2- المصفوفات	- معجم فيزياء
3- الكتلة	- معجم فلسفي
4- السحايا	- معجم أرصاد جوية
5- الوجودية	- معجم طبيّ
6- التضخّم	- معجم مسرحيّ
7- التراجيديا (المأساة)	- معجم فلكيّ
8- الخوف	- معجم رياضيات

القسم الرابع

(المستوى التطبيقي الخاص)

أكتشاف الأخطاء النحوية الشائعة وتصحيحها

ضع خطاً تحت الخطأ في كلّ جملة مما يلي واذكر صوابه بإزائه:

الصواب

- إنّ لكلّ موضوع ألفاظ تناسب مضمونه

- هل تفضّل أن تستعد للامتحان لوحدك؟

- كان لأحد أهالي بروكلين حساباً في أحد فروع المدينة،

وكان الصرّافين يعرفونه ولكنّهم لا يعرفوا زوجته.

- كان المؤلف غير راضي عن عمله

- سافروا اللاعبون

- البحث يتضمن نقاط عديدة

- رزق الموظف بطفلان

- البدو مقلبين على الدنيا مثل الحضر

- كان الامتحان سهل

- الاجتماع متى؟

- سوف لا تموت هذه الأمّة

اكتشاف الأخطاء الكتابية الشائعة وتصحيحها

- ضع خطاً تحت الأخطاء الإملائية في العبارة التالية واكتب صوابها بإزائها على الترتيب:

	الصواب
- نرجوا النجاح ولكن الرجاء يحتاج عزيمتاً صادقة	-
- أحرص على قرأة الصحيفة كل صباح	-
- يفرح الطلاب إذا نجحو	-

العدد

حوّل الأرقام في الشيكات التالية إلى كَلِم مراعياً أحكام العدد والمعدود مِنْ كُلِّ وَجْهٍ:

- ادفعوا لأمر السيد .... مبلغ 75 (درهم) فقط

- ادفعوا لأمر السيد .... مبلغاً قدره 315 (درهم) فقط

- ادفعوا لأمر السيد .... 110 (درهم) فقط

املأ الفراغ فيما يلي بالكلمة المناسبة من العمود المقابل

- وقع المقال في .... صفحات	(بضعة، بضع)
- جاء الخبر في .... أسطر	(بضع، بضعة)
- عقدت اللجنة .... جلسات	(أربعة، أربع)
- عقدت اللجنة .... اجتماعات	(سبعة، سبع)

الممنوع من الصرف وصفته

اشكل أواخر الكلمات المختلفة اللون في الجمل التالية:

- تنقلت في مدارس **مختلفة**

- يتميز الناس في بلادنا بأسماء خاصة

- قد يتنازع الناس في أشياء تافهة

صفة جمع المؤنث السالم وَمْيز جمع المؤنث السالم

اشكل أواخر الكلمات المختلفة اللون في الجمل التالية:

- أجرى الوفد **مفاوضات مكثّفة**

- يحفظ الطلبة **الأبيات الشعرية** التي تروقهم

- إن **الثبات** على المبدأ فضيلة

همزة الوصل وهمزة القطع

- أثبت همزات القطع في مواضعها من الألفاظ والعبارات التالية:

- اعلان

- اثاث للبيع

- افتتاح الموسم المسرحي

- اوقات الصلاة

- كلية الاقتصاد

إسناد الأفعال إلى الضمائر

- أسند الأفعال الماضية التالية إلى ضمير جماعة الغائبين واضبط ما قبل واو الجماعة:

- سَعى

- رَضِي

- تلاقَى

- أسند الفعل الماضي التالي إلى ضمير المخاطب وضمير المخاطبة وضمير المتكلم واضبط الصيغة الحاصلة ضبطاً تاماً:

رَدّ

- أسند الفعل المضارع (يأسف) إلى المتكلم المفرد

القسم الخامس

(المستوى الإنشائي الفنيّ)

تحويل الحوار إلى حكاية

- اقرأ هذا الموقف الحواري من تمثيلية "النائبة المحترمة" ثم حوله إلى حكاية:

الطفل: كم دقت الساعة يا بابا؟

الأب: التاسعة ... موعد نومك فات ..... يا ميمي ... يجب أن تنام في الحال

الطفل: لا أريد أن أنام الآن.

الأب: يجب أن تنام ... أغمض عينيك

الطفل: ليس في عيني نوم

الأب: (نافد الصبر) ما العمل؟

الطفل: لماذا تريد مني أن أنام؟

الأب: لأني لا أستطيع أن أبقى بجوارك طوال الليل .. ألم تر المحفظة الكبيرة التي جئت بها اليوم؟

الطفل: ماذا فيها؟

الأب: أوراق ... عمل مصلحي لابدّ من إنجازه ... نَمْ، أرجوك، هل تحبني؟

الطفل: نعم

الأب: كثيراً؟

الطفل: كثيراً جداً ... أكثر من براغيث الست!

الأب: (مأخوذاً) براغيث الست؟!

الطفل: نعم ... ألا تعرفها؟ إنها أصغر من "البونبون" الذي تحضره لي ... ولكني أحبها أكثر من "البونبون" أتعرف من أين

اشتريتها؟ من الرجل الذي يسير بالعربة الصغيرة أمام البيت، وينفخ في النفير ....

152

الأب: (كالمخاطب نفسه) أهذه الحلوى نظيفة؟

الطفل: نعم ... أتريد أن تذوق منها؟

(يحاول النزول من سريره ... فيمنعه الأب برفق ...)

الأب: ابق في سريرك ... ابق ... كل ما أريد منك يا ميمي هو أن تنام.

الطفل: تريد أن أنام؟

الأب: (بعجلة ورجاء) نعم يا ميمي.

الطفل: قصّ عليّ حكاية ... وأنا أنام ... وهكذا تفعل ماما ... أين ماما الليلة؟

الأب: (بغير انتباه) في البرلمان

الطفل: ما هذا؟

الأب: لن تفهم الآن ما هو ... عندما تكبر ستعرف.

الطفل: أريد أن أعرف الآن.

الأب: اسألها هي عندما تحضر.

الطفل: ومتى ستحضر؟

الأب: (كالمخاطب نفسه) الله أعلم متى ستحضر ......

تحرير نص للنشر

- قم بتحرير الخبر التالي ليصبح صحيحاً لغوياً صالحاً للنشر:

قبل ظهر أمس قوات الاحتلال اعتقلت امرأة في التاسعة عشرة من عمرها فلسطينية في مخيم الشاطئ داخل منزلها بتهمة مهاجمة ضابط إسرائيلي بواسطة سكين مطبخ وطعنته في كتفه مما أدى إلى إصابته في جروح متوسطة نقل على أثرها لتلقي العلاج إلى مستشفى عسقلان، وكان الضابط المذكور يحمل رتبة ملازم أول كان على رأس قوة عسكرية داهمت بحجة إجراء تفتيش داخل المنزل قبل ظهر أمس منزل السيدة الفلسطينية في مخيم الشاطئ وقام أفرد القوة أثناء عملية التفتيش في تحطيم

بعض محتويات المنزل وبخاصة الأواني الزجاجية وجهاز تلفزيون ملون وقد هاجمت السيدة الفلسطينية قائد القوة في سكين مطبخ وتمكن من طعنه بكتفه، وقد تم اعتقال هذه السيدة بتهمة محاولة القتل وقام الجنود في أعقاب الحادث بتحطيم معظم محتويات المنزل من مفروشات وأواني زجاجية.

تحويل نصّ إلى حوار

- اقرأ النصوص التالية من السيرة النبوية لابن هشام، في روايةِ >مواقف< وَقَعَتْ حين نَزَل النبي (صلى الـلـه عليه وسلم) في بيت أبي أيوب الأنصاري، وتَصَوَّرْ ما جَرَى بين أبي أيوب وزوجته في كلّ موقف، ثم أَعِدَّ "مشهداً" و "حواراً" يمثل ما "تتخيّل" أن يكون جَرَى بينهما في أحد تلك المواقف:

قال ابن إسحاق: وحدّثني يزيد بن أبي حَبيب عن مَرْثد بن عبد الـلـه اليَزَني عن أبي رُهْم السَّمَاعي قال حدّثني أبو أيوب قال:

لمّا نزل عليّ رسولُ الـلـه صلى الـلـه عليه وسلم في بيتي نزل في السُّفل، وأنا وأم أيوب في العُلْو، فقلت له يا نبيّ الـلـه، بأبي أنت وأمي، إني لأكره وأُعْظِم أن أكون فوقك وتكون تحتي، فاظهَرْ أنت فكن في العُلْو، وننزل نحن فنكون في السفل، فقال، يا أبا أيوب، إنّ أرفق بنا وبمن يَغشانا أن نكون في سُفل البيت.

قال: فكان رسول الـلـه صلى الـلـه عليه وسلم في سفله، وكنا فوقه في المسكن، فلقد انكسر حُبّ(1) لنا فيه ماء، فقُمت أنا وأم أيوب بقَطيفة لنا، مالنا لحاف غيرها، نَنْشَف بها الماء، تخوّفاً أن يقطُر على رسول الـلـه صلى الـلـه عليه وسلم منه شيء فيؤذيه.

قال، وكنا نصنع له العشاء ثم نبعث به إليه، فإذا ردّ علينا فضلَه تيمّمت أنا وأم أيوب موضعَ يده، فأكلنا منه نبتغي بذلك البركة، حتى بعثنا إليه ليلة بعشائه، وقد جعلنا له بصلاً أو ثُوماً، فردّه رسول الـلـه صلى الـلـه عليه وسلم، ولم أرَ ليده فيه أثراً. قال، فجئتُه فزِعاً، فقلت، يا رسول الـلـه، بأبي أنت وأمي ، ردَدْت عشاءك ولم أر فيه موضع يدك،

(1) الحب: الجرأة أو الضخمة منها.

وكنتَ إذ رَدَدْته علينا تيمّمت أنا وأم أيوب موضعَ يدك، نَبتغي بذلك البركة، قال: إني وجدت فيه ريح هذه الشجرة، وأنا رجل أُناجَى، فأمّا أنتم فكُلوه، قال: فأكلناه ولم نصنع له تلك الشجرة(1) بعد.

احتراس

وحقاً أن المعيار قد ترجم إلى نموذج اختبار تشخيصي كتابي فحسب، وذلك لاعتبارات "واقعية"، ويظل الأمل مفتوحاً على تطوير صيغة الاختبار على المستوى الشفاهي فإن قياس تعبيرية القراءة الجهرية، وطلاقة التعبير الشفوي و رشاقته، واليقظة على فقه النصّ المسموع ،محتاجة إلى تدابير تفصيلية من تهيئة الموادّ المسجلة وظروف الاختبار الفردي، وهو أمر مرتبط بأعداد الطلبة، ولكن تحقيقه ممكن على وفق ترتيب إضافي خاص، ولا بأس برسم ملامحه هنا على الإجمال.

أما الاستماع فيمكن قياسه بتهيئة مادة متلفزة (ندوة، مثلاً) يستمع إليها الطلبة ثم يسألون أسئلة عامة وتفصيلية تقيس إدراكهم لموضوعها الكليّ وبعض تفصيلاتها وتحدد درجة تركيزهم ومدى استيعابهم.

وأما التعبير الشفوي فمحتاج إلى تدبير فردي لكل طالب وقد يدور على أسئلة محددة كمثل ما يجري في مقابلة شخصية.

وكذلك القراءة الجهرية فإنها محتاجة إلى تدبير فردي لكل طالب وقد تقوم على نصوص وظيفية كأداء قراءة خبر في نشرة .... إلخ.

وفي كل حال ينبغي وضع دليل لتقويم كل مهارة من هذه المهارات تتناول في حال الاستماع مدى التركيز وفهم المسموع والتنبه إلى التفاصيل، وتتناول في حال القراءة الجهرية صحة النطق والإعراب والوقف والإبانة عن المعاني، وتتناول في حال التعبير الشفوي، سلامة العبارة، ووضوحها، ودقة الدلالة على المقاصد، والطلاقة، وحضور البديهة....

---

(1) وفي هذا يروي: إن الملائكة تتأذى بما يتأذى به الإنس.

الجدوى

ولعل تطبيق هذا المعيار أن يكون دليلاً على فوائت التعليم العام أجل تداركها، ولعله أن يكون أداة صالحة لتصنيف الطلبة وفقاً لكفاياتهم، ورسم البرامج العلاجية الموافقة لحاجات كل فئة أجل تبليغهم جميعاً مستوى الكفاية المرتضى، وكشف الطلبة ذوي الكفايات الفائقة أجل توفير الشروط التي تمنحهم فرصاً مناسبة لتنمية ملكاتهم.

ولعله يُسْهِم، في غاية النهاية، في تمكين الطلبة من المعرفة اللغوية التي تيسّر عليهم سبل التحصيل الجامعي في مجالات الاختصاص المختلفة، ذلك أن استيعاب المفاهيم المعرفية باللغة الأم يفوق كثيراً ما يتأتى استيعابه بلغة أجنبية، وتظلّ اللغة العربية في منتهى التقدير هي الوسيلة "الوحيدة" المأمولة لاستنبات المعرفة وإنتاجها بالعقل العربي في الفضاء العربي.

ثبت المصادر والمراجع

هذا الفصل مشروع مستصفى من تجارب مباشرة لي في وضع امتحان مستوى اللغة العربية للطلبة في الجامعة الأردنية، ووضع منهاج هذه المادة وتطويره وتدريسه لسنوات. ومن الحق أن أشير هنا إلى ما كنت "أحاور" فيه، في البدايات البعيدة الأولى للشروع في تدريس هذه المادة، ورسم منهاجها وخطة تناولها، المرحوم الأستاذ الدكتور محمد عبده عزام، إذ كنت أنتحي في ذلك منحى الضبط اللغوي المنهجي باعتباره مطلباً أساسياً مشتركاً لدى جمهور الطلبة، ولذا كان منحاي يومذاك قائماً على رسم المنهاج في أبعاده اللغوية والوظيفية والمنهجية والتطبيقية. أما هو فكان ينتحي منحى يكاد يكون خالصاً للإنشاء الإبداعي؛ يأخذ الطلبة، مثلاً، بتحويل المواقف المثيرة في نصوص التراث إلى "سيناريو" وتقتضي الأمانة. والوفاء لذكراه أن أذكر له هذا ، فإن هذا البعد يمثل أحد عناصر المعيار الذي أعمل في تشكيله هنا.

كما يتعين على أن أشير إلى أن هذا المعيار يستأنس بمعيار كنت أسهمت في تطويره بالتعاون مع الأستاذ الدكتور سليمان الشطي خاصة، حين كنت أستاذاً في جامعة الكويت للعام الجامعي 88/1989، وهو معيار كان أصل القصد به تصميم أداة لقياس أهلية الطلبة للتخصص في اللغة العربية وآدابها.

ويستمد هذا الفصل، باستصفاء خبرة متراكمة، من اشتغالي الطويل بالمشاركة في وضع مناهج اللغة العربية في الإمارات العربية المتحدة (1976)، وعُمان (77 - 1976)، واليمن (93 - 1990)، والإشراف على تأليف كتبها في عُمان (79 - 1977)، والمشاركة في تأليف كتبها في الأردن (74 - 1973)، (93 - 1990)، وعمان (85 - 1984)، وتطوير مناهجها في الأردن (1987)، وتدريس أساليب تدريسها في الجامعة الأردنية.

ثم إن كثيراً من معطيات هذه المشروع مستفاد من أعمال وأبحاث ومقالات وملاحظات نشرتها في دوريات ومجلات وصحف متنوعة ، وذلك تفسير ما يرد في ثبت المصادر والمراجع، وقد اجتزأت بذكر هذه المصادر الخاصة مقرّاً بفضل مصادر المصادر، وقد ذُكِرَت في مواضعها من كل بحث أو مقالة أو ملاحظة، ولكنني أنبهت على ما كان عملاً مشتركاً بيني وبين غيري بياناً وتحقيقاً، كما ذكرت المصادر الأخرى في سياق هذا التثبت على نهج التوثيق المتعارف متبعاً أسلوب ترتيب المصادر والمراجع وفقاً للتسلسل الهجائي لعنواناتها:

نهاد الموسى:

1- اتجاهات مناهج اللغة العربية في المرحلتين الابتدائية والإعدادية، قدّم إلى مؤتمر المناهج المنعقد بمسقط (تشرين الأول 1978) ونشر في جريدة عمان، السبت 25 ذو القـعـدة 1398 هـ الموافق 28 أكـتـوبر (تشرين الأول) 1978، العدد 459.

2- الأخطاء الشائعة، من كتاب اللغة العربية، ضمن المقررات التأسيسية، جامعة القدس المفتوحة - عمّان 1990.

3- استعمال المعجم، من كتاب اللغة العربية، ضمن المقررات التأسيسية، جامعة القدس المفتوحة - عمّان 1990.

نهاد الموسى وآخرون:

4- امتحان المستوى لكفاية الأهلية للتخصص في اللغة العربية وآدابها، مشروع مخطوط (جامعة الكويت)، 89 - 1988.

نهاد الموسى

5- تعليم اللغة العربية بطريقة الوحدة، معهد التربية (اليونسكو)، بيروت، 1970.

6- تعليم اللغة العربية في ضوء طبيعة اللغة ونظريتها، مجلة أفكار (دائرة الثقافة والفنون)، عمّان، العدد الحادي والثلاثون، نيسان 1976.

7- حُلم أم علم، جريدة الأخبار، عمان، العدد 881، السنة الثالثة، 26 أيلول 1979.

8- حوار في اللغة مع د. نهاد الموسى، أجراه عبد الـلـه الشحام، جريدة الرأي، عمان، الرأي الأدبي،الجمعة 1976 / 12 / 10.

9- خطوة حائرة بين العامية والفصحى، مجلة أفكار (دائرة الثقافة والفنون)، عمان، العدد الثالث والأربعون، كانون الثاني 1979.

10- رأي في رسـم منـهاج النـحو، مجـلة التربية (قطر)، العدد الرابع عشر، صفر 1396 فبراير (شباط) 1976.

ابن هشام:

11- السيرة النبوية، بتحقيق مصطفى السقا وآخرين.

نهاد الموسى:

12- ظاهرة الإعراب في اللهجات العربية القديمة، مجلة الأبحاث (الجامعة الأمريكية في بيروت)، السنة 24، الأجزاء 4 - 1، كانون الأول 1971.

13- في التطور النحوي وموقف النحويين منه،مجلة كلية الآداب (الجامعة الأردنية)، المجلد الثالث، العدد الثاني، آب 1972.

14- فيها قولان أو أضواء على مسألة التعدد في وجوده العربية، مجلة أفكار (دائرة الثقافة والفنون)، العدد الثامن والعشرون، عمّان، تموز 1975.

15- القراءة الجهرية، من كتاب اللغة العربية، ضمن المقررات التأسيسية، جامعة القدس المفتوحة، عمّان 1990.

16- القراءة الصامتة، من كتاب اللغة العربية، ضمن المقررات التأسيسية، جامعة القدس المفتوحة، عمّان 1990.

17- قضـية التحـول إلـى الفصـحى فـي العالم العربي الحديث، دار الفكر، عمّان 1987.

نهاد الموسى وآخرون

18- قواعد اللغة العربية (للصفوف الثامن والتاسع والعاشر) وزراة التربية والتعليم، الأردن 93 - 1990.

نهاد الموسى ومحمود السمرة:

19- كتاب العربية (نظام الجملة والإعراب)، عُمان 1984.

20- كتاب العربية (نظام البنية الصرفية)، عُمان 1985.

نهاد الموسى:

21- لغة الطالب الجامعي، مشروع بحث قدّم إلى عمادة البحث العلمي والدراسات العليا (الجامعة الأردنية).

22- اللغة العربية وأبناؤها: أبحاث في قضية الخطأ وضعف الطلبة في اللغة العربية، دار العلوم للطباعة والنشر،الرياض 1984.

23- اللغة وعدم الانحياز، جريدة الأخبار (عمّان)، العدد 988، 5 ربيع الأول 1400 22 كانون الثاني 1980.

24- لماذا؟ جريدة الرأي، عمّان، السبت 17 نيسان 1976.

25- اللهجات العربية والوجوه الصرفية، مجلة اللسان العربي، مكتب تنسيق التعريف (الرباط)، المجلد الثاني عشر، 1395هـ - 1975 م.

نهاد الموسى وعلي أبو هلالة:

26- مذكرة في قواعد اللغة العربية للصف الأول الثانوي، وزارة التربية والتعليم، عمّان، الطبعة التاسعة 1981 - 1401م.

27- مذكرة في قواعد اللغة العربية، للصف الثاني الثانوي، وزارة التربية والتعليم، عمّان، الطبعة السادسة 1401 هـ - 1981.

28- مذكرة في قواعد اللغة العربية، للصف الثالث الثانوي، وزارة التربية والتعليم، عمّان، الطبعة السادسة 1401 هـ - 1981 م.

نهاد الموسى:

29- مُسَكّن جديد لقلق قديم، جريدة الرأي (عمّان) 1976.

30- مشروع شامل جذري لحل المشكلة اللغوية في العربية، ملحق جريدة الأخبار، عمّان، السبت 26 صفر 1398 - 4

شباط 1978، السنة الثانية، العدد 32.

31- معالم خطة في تطوير تعليم اللغة العربية، مجلة الفيصل (الرياض)، السنة الثالثة، العد 29، ذو القعدة 1399 هـ -

أكتوبر 1979م.

رمزي بعلبكي:

32- معجم المصطلحات اللغوية، دار العلم للملايين، بيروت، 1990.

نهاد الموسى

33- مقدمة في علم تعليم اللغة العربية، دار العلوم للطباعة والنشر، الرياض، 1985 - 1984.

نهاد الموسى وآخرون:

34- منهاج اللغة العربية للمرحلتين الابتدائية والإعدادية، وزارة التربية والتعليم، عُمان (روي) 1979 - 1978.

نهاد الموسى:

35- النحو العربي بين النظرية والاستعمال، مجلة دراسات، العلوم الإنسانية، المجلد السادس، العدد الثاني، الجامعة

الأردنية، كانون الأول 1979.

36- نحو نموذج فصيح للخطاب العامي، قدم في مؤتمر قضايا اللغة العربية على مشارف القرن الحادي

والعشرين، الجامعة الإسلامية العالمية، ماليزيا، آب 1996.

37- النظام اللغوي للعربية، من كتاب اللغة العربية (1) ضمن المقررات التأسيسية، جامعة القدس المفتوحة، عمّان 1990.

38- هـــوامش على كتاب "اقرأ" ولغتي "للصف الأول الإعدادي، جريد عُمان، الثـــلاثاء 21 ذي القـــعدة 1398 هـ 24 - أكتـــوبر (تشرين الأول) 978 م، العدد 458.

39- وسائل قراءة النص العربي، في منهج قراءة النص العربي، جامعة القدس المفتوحة، عمّان 1995.

(*) قدّم هذا الفصل بعنوان: نَحْوَ معيار للكفاية اللغوية في العربية في مؤتمر التدريس الفعّال لمهارات اللغة العربية في المستوى الجامعي الذي عقد في جامعة الإمارات العربية المتحدة من 1998 / 3 / 16 - 14 ونشر في الكتاب الجامع لأعمال المؤتمر.

الفصل الرابع

في تقويم الكفاية اللغوية في العربية

العلاج

مثل من قراءة النص العربي

تقويم الكفاية اللغوية في العربية (العلاج)

مَثَل من قراءة النصّ العربي

نموذج من عرض الحال: قراءة الطالب الجامعي

- حال عامّة

- هل فات أوان التقويم؟

- محاولة منهجية مستأنفة

- القراءة الأولى

برنامج هذه المحاولة وخطّة التقويم

- تعيين محور النصّ أو موضوعه الرئيس

- من المحور إلى عناصره

- تمييز أنماط التراكيب

- شكل النصّ وخاصة الأعاريب اللطيفة

- ضبط أبنية الكلم

- تحقيق دلالات الألفاظ وشرح الغريب

- تمييز الآي والأحاديث

- تمييز الشعر في متن النصّ

- شرح الإشارات التي يحيل إليها النصّ

- تعرّف الأعلام وضبطها وإعرابها

- تعرّف صاحب النصّ

- دلالة النصّ على عصره

- إعادة بناء النصّ غير المعجم ولا المشكول ولا المرقّم على مثال قراءة النقوش أو قراءة "التحقيق" لبعض النصوص المخطوطة

- صفوة القول في هذا المنهج

نموذج من عرض الحال:

قراءة الطالب الجامعي

كنتُ إذا طلبت إلى أحد الطلبة في قسم اللغة العربية وآدابها أن يقرأ "نصّاً" كأنّما أُوقعُ نفسي في ورطة كبرى، كنت أشعر، والطالب ينطلق في قراءة النصّ، كأنني في سيّارة ينطلق بها سائقٌ فقد السيطرة عليها وهي تتسارع بنا إلى قاع وادٍ سحيق، إذ كانت الأخطاء تترى، على نَحْو تتعذّر السيطرة عليه. فهو يقرأ وكأنه لا يقرأ، يحوّل الرموز المكتوبة بين يديه كيفما اتّفق، لا يبالي أَفَهِمَ أَمْ لم يَفْهَم، بل يقرأ دون أن تعني له قراءته أنّه مسؤول عن فَهْم ما قرأ، فقد يقرأ نصاً غرائبياً جريئاً، أو نصاً يدعو مضمونه إلى الأسى، أو نصاً يستضحك الثكلَى فيمرّ به على إيقاع صوتي رتيب دون أن يبدي أي انفعال على أيّ نَحْو. وربّما قرأ نصاً قديماً فيه ألفاظ مستهجنة مكشوفة -في معايير هذه الأيام- فمرّ عليها دون أن تبدو عليه دهشة كالتي تعتريه حين يسمع هذه الألفاظ أو نظائرها في سياق الكلام اليومي.

وهو يضبط الألفاظ على وفق ما يحضره في ضبطها، وكان يخيّل إليّ أنه يحتكم في ضبطها إلى المألوف المكتسب من الاستعمال الجاري (على علاّته!!) أو من لهجته المحكيّة.

وهو يقرأ النصّ فيه اللفظ الغريب الذي يجهل معناه فلا يتوقّف توقُّفَ المُسْتَثْبِت.

وهو يغفل عن تصحيح الإعراب حتى إعراب المواضع الأولية الواضحة التي يعرف قواعدها -لا ريب- لو سئل عنها سؤالاً مجرّداً مباشراً، إذ تنخسف لديه هوّة عميقة بين النظرية والتطبيق، أو بين المعرفة والأداء.

فإذا كان النصّ متخصّصاً تَعْرِض فيه أعلام، أو إشارات تاريخية، أو لمحات لطيفة تومئ إلى مواقف في السياق الثقافي الحضاريّ للعربيّة كان الخطب أعظم، إذ عند ذلك يستعجم النصّ، ويكون الطالب كالمنقطع تماماً عمّا يقرأ .

يقرأ فلا تشفّ قراءته عن المعاني المتنوّعة التي يتضّمنها النصّ، يستوي لديه أداء التعّجب المفعم بالدهشة، وأداء التقرير القاطع، وأداء النفي الجازم، وأداء الاستفهام المشحون بالفضول، فيؤدّي ذلك كلّه وغيره على وتيرة واحدة تنزلق على لسانه كأنّما يلقي بالنصّ كلّه عن كاهله تخفّفاً ورجاءَ الخلاص.

ولا مجال البتّة أن تطمح به إلى أن يقرأ نصّاً قديماً يحكي موقفاً تاريخياً، مثلاً ليعيد بناءه في إطار وحوار، يترجمانه إلى مشهد (أو سيناريو) يمكن تمثيله، فذلك من لزوم ما لا يلزم ومن التكليف بما لا يطاق!

حال عامّة

وهذه حالة من الضعف عامّة، تكاد تنطبق على أبناء العربيّة هذه الأيام بِشِبْهِ إطلاق، فإن بلوغ الكفاية المنشودة في تصحيح القراءة لا يتحقّق إلاّ في نسبة ضئيلة هم المتخصصون تخصصّاً متقدّماً، وبعض المبدعين في فنون القول، والطلبة المتفوّقون، والقرّاء الهواة هواة العربية، والمثقفون المتميّزون بِحِرْصِهم على تجويد الأداء، والمذيعون المتقنون، والممثلون المتمرّسون، والمراسلون الإعلاميّون الحُذّاق، أمّا سائر الناطقين بالعربية أو السواد الأعظم منهم فهذه حالهم.

هل فات أوان التقويم؟

وكأنّ شروط الكفاية في تصحيح القراءة إذ لم تتحقق في وقتها من مراحل التعليم المدرسيّ قد أصبحت معاودَةُ المحاولة في تحقيقها في المراحل التالية عبثاً، إذ تبدو كوضع الشيء في غير موضعه بعد أَنْ فات أوانُه، وأصبح في وهْم كثير من المتعلّمين مطلباً ابتدائياً قد تجاوزوه بالتقدّم في السنّ، ومراتب التقّدم الاسْمِيّ في التصنيف الدراسيّ، مع أنّ المتعلّمين يظلّون يحملون هذه التركة المدرسيّة من الضعف وقصور الكفاية عَبْرَ المراحل الدراسية بل الجامعيّة.

وقد تبدء محاولتي هنا ضرباً من العبث أيضاً. وقد تكون غير مُجْدِية إذا لم يكن تشخيصي مُقْنِعاً، وإذا لم تستيقظ في المتعلّمين هِمَّةٌ مستأنفة لِتدارُكِ ما فاتَهُمْ. ولكنّي أتشبّث بها لأنني أراها ضرورية بعد أن أصبح الشعور بهذه الحال من الضعف رأياً متداولاً يشبه أن ينعقد عليه الإجماع.

محاولة منهجية مستأنفة

وقد تكون هذه المحاولة في بعض عناصرها عَوْدا على بَدْء؛ إذ إنّها تستأنف جهوداً تعليمية سابقة بَذَلَتْها المدرسة مِنْ قَبْل. وقد تتقاطع معها في بعض الوجوه. ولكنّها محاولة مُسَوَّغة بآيةِ ما نَشْهَد مِنْ أعراض الضعف الماثلة الممتدّة. وهي، أيضاً منهجيّة

مُوَجّهة، إذ إنها تستقصي شروط الكفاية على نحو محدّد العناصر، وتُشَخِّص المطالب، وتقترح الطرائق على نحو متكامل. ولعلّها - إذا أُخِذَتْ بالجدّ والتدريب المركّز المطّرد - أن تُفْضي إلى مِثْلِ العادة المنهجيّة في الإعداد للقراءة الصحيحة باستكمال شروطها، ولعلّها تفضي بالطالب، مِنْ بَعْدُ، إلى مِثْلِ الملكة أو المهارة الحاضرة المستحكمة، في تصحيح القراءة تلقائياً، في مواقف الأداء دون كبير عناء.

القراءة الأولى

وأحرص هنا على أن أحترس بأن منهج قراءة النصّ العربيّ المراد في هذه الأُعروضة لا يراد به منهج نقديّ أو طريقة في مقاربة النصّ على هذا المستوى. إنّ مستوى المقاربة المعروض هنا تأسيسيّ. وأنا لا أتجاهل دَوْرَ القراءة النقدية التي يمارسها الزملاء في تناول فنون القول على الأنحاء المتعارفة.ولكنّي أعتقد أنهم -حتى في مقارباتهم النقدية تلك- يُغْضون على مِثْل القذى لأنهم هم أنفسهم موقنون أن جُلّ الطلبة الذين يدرّبونهم على القراءة النقدية المتقدّمة يتعثّرون في القراءة الأولية التأسيسية. وكأنهم بذلك يَبْنون قصوراً في الهواء، كما يقال، إذ إنّ الأسس الرئيسة الضرورية لقراءة النصّ قراءة صحيحة على وَفْق هذه الشروط الأولية رِخْوة مهتزّة مَشوبة باللَّحْن.

إن القراءة المقصودة هنا، إذن، هي كفاية القراءة الأولى التي تشبه أن تكون فَرْضَ عَيْن، إنّها قراءة "الإبلاغ" والعِرافة، وهي المقْدِمة التي لابُدّ منها للوصول إلى قراءة "الإبداع" والإضافة.

برنامج هذه المحاولة وخطّة التقويم

ويتخذ المنهج هنا منحى تدريبياً إصلاحيّاً موجّهاً على الخصوص إلى تلافي نقائص بأعيانها. وهو ينتظم طائفة من التدابير والتداريب تتمثّل في العناوين (المعالم) التالية:

- **تعيين الموضوع الرئيس للنصّ.** مما يتعلّق بشرط "الفهم" الكلّي العام.

- **تعيين العناصر الأساسية للموضوع الرئيس**، ممّا يتناول درجة متقدّمة في الفهم.

- **تمييز أنماط التراكيب**، ممّا يتعلّق بالمعاني الجُمْلِيّة والأداء الشفّاف المعبّر، وممّا يقتضي إخراج النصّ على ترقيم دالّ.

- **شكل النصّ** وخاصة الأعاريب اللطيفة، مما يتعلّق بالسلامة من اللَّحْن وهو الآفة المقِيْمَة.

- **ضبط أبنية** الكلم وخاصّة المواضع التي تجري على مُثُلٍ عاميّةٍ ويشيع فيها الخطأ. ممّا يتعلّق بالسلامة من اللحن أيضاً.

- **تحقيق دلالات الألفاظ الغريبة**، ممّا يتعلّق بتمام الفهم. وهو يقتضي التدريب على استعمال معجم (كالمعجم الوسيط، على الأقلّ).

- **تمييز الآي والأحاديث والشعر والأمثال والأقوال المأثورة**، مما يتعلّق بمكّونات النصّ ومُلَوِّناته، وممّا يقتضي إخراج النصّ على ترقيم صحيح دالّ، كما يقتضي التدريب على تخريج تلك النقول وتوثيقها في أصولها ومَظَانِها.

- **شرح الإشارات الواردة في النصّ**، ممّا يتعلق بالإحالات إلى السياق الذي يَمْتَح منه النصّ، ومما يقتضي الإحاطة بِتَراسُل النصوص ومكوّناتها.

- **تَعَرّفُ الأعلام** الواردة في النصّ وضَبْطُها، مما يقتضي التدريب على استعمال كتاب قريب جامع في التراجم، كالأعلام للزِرِكْلي.

- **تعرّف صاحب النصّ**، ممّا يتعلّق باستبطان خصوصية النصّ مضموناً وصورة تعبير، والاستدلال بالأسلوب على الرجل!

- **معرفة عصر النصّ**، مما يتعلّق بتمييز القرائن الدالّة على سياق ثقافيّ أو تاريخيّ معيّن.

- **إعادة بناء النصّ** غير المعجم ولا المرقَّم ولا المشكول على مثال قراءة النقوش، أو قراءة "التحقيق"، مما يتعلّق باستبطان الرسوم الباقية من النصّ والاستدلال ببعضها على بعض واستثمار ما استدخله الطالب من معطيات لغوية وخبرات معرفية.

تعيين محور النصّ أو موضوعه الرئيس

وأولى خطوات هذا المنهج أن يستأنف الطالب تدريباً مكثّفاً على لَمْح النصّ، وتعيين موضوعه المحوريّ، مِثالُ ذلك أن يوضع بين يديه مِثْلُ هذا النصّ، ويطلب إليه أن ينظر فيه لَمْحاً:

"إن فترات التحول لدى الشعوب، بكل القسوة التي تحملها، هي الفترات التي تنتج الأدب الحقيقي، الذي يخاطب الإنسان، في كل الأمكنة وكل العصور.

ما انتجه الروس من أدب خالد، كان أحد إلهاماته الأساسية ما خاضته بلادهم من حروب، كادت تعصف بوجودها، وهو الأمر الذي تكرر غير مرة، سواء كانت تلك البلاد ضيقة أو اتسعت حتى صارت اتحاداً سوفياتياً.

وما انتجه الفرنسيون من أدب، جعل لهم مكانة أولى بين أدب العالم، ارتبط في كثير منه بالتهديد الوجودي لبلادهم، في حروبها أساساً وفي الاحتياجات التي تعرضت لها غير مرة.

وحتى الأدب الإغريقي لم يكن التهديد الوجودي ليغيب عنه كحافز، كان وراء الإلياذة وما يشابهها.

ثم يُسْأل : أيّ العبارات التالية تمثّل موضوع النصّ الرئيس؟

- الحروب والمعاناة قَدَرٌ وجودي.
- الأدب الحقيقي ثمرة للمعاناة الفعلية.
- الروس والفرنسيون والإغريق هم المبدعون.

من المحور إلى عناصره

وَيَأْتَلِفُ التدريب على لَمْح محور النصّ بالتدريب على تمييز العناصر الأساسية فيه. مِثالُ ذلك أن يطلب إليه أن ينظر في مثل هذا النصّ لمحاً أو تأمّلاً:

"قال عبد العزيز بن الفضل: خرج القاضي أبو العباس أحمد بن عمر بن سريج ،وأبو بكر محمد بن داود الظاهري، وأبو عبد الله نفطويه إلى وليمة دعوا إليها، فأفضى بهم الطريق إلى مكان ضيق فأراد كل واحد منهم صاحبه أن يتقدم عليه، فقال ابن سريج: ضيق الطريق يورث سوء الأدب، وقال ابن داود: لكنه يُعرف مقادير الرجال ... فقال نفطويه: إذا استحكمت المودة بطلت التكاليف".

ويُسْأَل: أي العبارات التالية تمّثل "قضّية النصّ"؟

- الخلاف بين العلماء رحمة.

- الشكوى من ضيق الطريق قديمة.

- أدب التتابع عند ضيق الطريق.

ثم يسأل: في النصّ أقوال ثلاثة في "القضّية":

- أيّ الأقوال ينكر أن يتقدّم الصغير على الكبير؟

- أيّ الأقوال يرى أن يتتابع الأصدقاء دون تكّلف؟

- أيّ الأقوال يرى التقديم في الترتيب يدلّ على منزلة أعلى؟

تمييز أنماط التراكيب

ثم يمضي التدريب متسلسلاً خطوة أخرى إلى تمييز التراكيب والأنماط الواردة في النصّ، فقد يُوضَع بين يدي الطالب مثل هذا النصّ:

ممّا يذكر من سرعة جواب المتنبي وقوّة استحضاره أنه حضر مجلس الوزير ابن خنزابة وفيه أبو علي الآمدي الأديب المشهور فأنشد المتنبي أبياتاً جاء فيها إنما التهنئات للأكفاء فقال أبو علي التهنئة مصدر والمصدر لا يُجمع فقال المتنبي لآخر بجنبه أمسلم هو فقال سبحانه اللـه هذا استاذ الجماعة أبو علي الأمدي قال فإذا صلى المسلم وتشهّد أليس يقول التحيات قال فخجل أبو علي وقام،

ثم يُسْأَل: ماذا يتناول هذا النصّ؟

- الثناء على الوزير.

- الدلالة على حضور بديهة المتنبّـي.

- الدلالة على جهل أبي عليّ الآمدي.

ثم يُسْأَل- لماذا خجل الآمدي وقام؟

- لأنه لا يصلّي.

- لأنه غفل عمّا ينقض ما قرّره أنّ المصدر لا يجمع.

- لأنّه قاطع المتنبي.

ثم **يُطْلَب** إليه أن يعيّن:

- الشعر الوارد في متن النصّ.

- جملة الاستفهام.

- جملة الاستفهام الإنكاري.

- الجملة المنفيّة.

- عبارة التعجب.

ثم يُطْلَب إليه أن يضع لهذه الأنماط علامة الترقيم المناسبة وأن يؤدّي كلاًّ منها أداءها الخاصّ المناسب الدالّ.

شكل النصّ وخاصة الأعاريب اللطيفة

ويكون من مطالب تصحيح القراءة أن يَشْكُلَ الطالبُ ما يُشْكِل من حركات أواخر الكلم على وفق قواعد الإعراب.

وحقّاً أنّ الطالب يستقيم له أن يشكل كثيراً من الكلم شكلاً صحيحاً، ولكنّه محتاج إلى أن يُتَوَقَّف به خاصّة عند أعاريب قد تضلّ عنه، وهي الأعاريب التي قد يسبق الخاطر الأوّل إلى غيرها، إذ تمثّل انعطافاً عن سَمْتِ الشكل ذي الظاهر الواحد.

فقد تُعْرَض عليه أو تَعْرِض له في النصّ مثل هذه الاستعمالات:

- أُعْلِنُ أنني فقدت جوازَ سفرٍ (أردني). إذ قد يسبق إلى الخاطر الأوّل جَرُّ (أردني) على الجِوار لا نَصْبُه على الجواز (إذ هو نَعْتُه وتابعه).

- أجرى الوفد الضيف مفاوضات (صريحة) حول مسائل (معلّقة) بين البلدين.

إذ قد يَوْهَم أنّ (صريحة) تأتي مجرورة بتنوين الكسر ويُتْبِعُها لـ (مفاوضات) على ظاهر الشكل، ويضلّ عنه اختلاف حركة الإعراب في (صريحة) عنها في (مفاوضات) إذْ علامة النصب في جمع المؤنث السالم تنوين الكسر هنا، أمّا علامة النصب في نعته (صريحة) فهو تنوين الفتح على الأصل. وكذلك قد يوهم أن (مُعَلَّقة) تتبع (مسائلَ) على ظاهر اللفظ فينصبها، غَيْرَ ملاحظ أن الفتحة على آخر (مسائل) هي علامة الجرّ، وأن علامة الجر على نَعْتِها (معلّقة) هو تنوين الكسر.

ويمضي تدريبه على شَكْل مِثْلِ هذين النصّين شكلاً تامّاً كأنما يُعُدِهما لإذاعتهما، مع الاعتناء بما يَعْرِضُ فيهما من مثل الأعاريب اللطيفة المتقدّمة:

1- باريس -رويتر- نفت جماعة الأخوة الجزائرية في فرنسا أمس الجمعة اتهامات من اسلاميين بأن إمام مسجد جزائرياً تم ترحيله من فرنسا هذا الشهر قد لقي تعذيباً حتى الموت وقالت انه حي يرزق وبصحة جيدة.

2- ونشرت صحف القاهرة أقاصيص مروعة عن أطفال يسرقون الآف الجنيهات من آبائهم لينفقوها على ادمانهم لألعاب الفيديو وقالت الصحف إنّ الكثير من الصبية تعلموا عادات سيئة من تلك القاعات وجربوا فيها المخدرات لأول مرة<.

إن المواضع الموسومة في هذين النصّين تمثّل مواضع من هذا القبيل، والتنبه إلى الوَجْه في إعرابها من مطالب تصحيح القراءة ومن علامات الفطانة المعجبة.

ضَبْط أبنية الكَلِم

وما أكثر ما يقرأ الطلبة وفاقاً للمكتسب من سلائقهم العامية والمُسْتَدْخَل مِن المُتَداول في الاستعمالات الشائعة، فيضلّ عنهم ضَبْطُ بعض الأبنية على الوجه الصحيح.

فقد يُدَرَّب الطالب على هذا بأن يوضع بين يديه مثل هذا الإعلان الإخباريّ، ويسأل أن يضبط أبنية الكلم منه وخاصّة ما جاء بلون أعمق سواداً:

حرصت الجامعة على أن تجعل **المقصف** أحد مرافقها الرئيسة، لتتيح للطلبة أسباب التواصل الإيجابي وبناء **علاقات** إنسانيّة **رفيعة**، وَفْقاً لمنظورها الشمولي في تنمية الشخصيّة الجامعيّة.

ويغلب على الظنّ أن جُلّ الطلبة سيضبطون الكلمات التي تحتها خطّ على غير الوجه الصحيح، سيقولون (أو يضبطون) **حرص** بكسر الراء لا فتحها، والمقصف بفتح الصاد لا كسرها، وعلاقات بضمّ العين لا فتحها، **ووفقاً** بكسر الواو لا فَتْحِها.

ويتعّين هنا أن يُوَجَّهوا إلى استعمال المعجم، تدبيراً منهجيّاً ثابتاً يأخذون أنفسهم به عندما تَعْرِض لهم كلمة من هذا القبيل، ويكون استعمال المعجم أحد المطالب الملازمة لهذا الأمر وغيره، كما سيأتي عند الكلام على تحقيق دلالات الألفاظ الغريبة، حتى يتمثّلوه ويستحكم لديهم كالعادة الراسخة.

ويتّصل بهذا المطلب في ضبط الأبنية ما ينبغي التدريب عليه من مواطن لَبْس تَنْجُم عن خلوّ الكتابة العربية المعاصرة في الغالب من الشكل. وما أكثر ما يعثر الطالب في قراءة الكلمة على أَحَدِ احتمالات رَسْمها الكتابي ! وقد يتنبّه عند المضيّ مع النصّ وفهم المعنى أنّها كان ينبغي أن تُشْكَل بغير الشكل الذي سَبَق به الخاطِرُ الأوّل.

ومن الطرائف في هذه السبيل أن بعضهم قرأ بيت أبي فراس:

بَدَوْتُ وأَهْلي حاضرون لأنَّني   أرى أن دارا لست من أهلها قفر

على أنها (دارَ الستّ) بدلاً من (داراً لَسْتِ).

وأنّ سّيدة قرأت مثل هذا الخبر:

ويحكى أنّه كانت مع أسمهان صديقة لها، وأنّ السيارة سقطت في ترعة فتوفيتا، فظنّت السيدة القارئة أنّ هناك ترعة اسمها فَتُوفيتا، ولو ضُبِطَت هذه العبارة (فَتُوُفِّيَتا) لارتفع اللبس.

إن تحّري السياق بعناية تدريبٌ لازم لتمكين المتعلّم من تلا في هذه الالتباسات المحرجة.

< تحقيق دلالات الألفاظ وشرح الغريب

ويكون ضرورياً أن يؤخذ الدارس بالتوقّف إلى اللفظ الغريب يَعْرِض له فَيُعْرِض عن تحرّي معناه ويُغْضي على نقص الفهم.

ويكون نافعاً أن يُحَرَّض الطالب على أن يجابه اللفظ الغريب وأن لا يَتَنكَّبه إيثاراً للسلامة.

قد يعرض له مثل هذا النصّ:

حضر جحظةُ مجلس بعض الكبار مراراً، وكان إذا غنّى يقول له: آحسنت، ولم يكن يُخَوّله شيئاً، فقال فيه:

إن تغنّيتُ قال: أحسنت! زدني

وبـ (أحْسنتَ) لا يُباع دقيقُ

فيكون في شكّ من معنى (يُخَوِّله)

وينبغي في مثل هذه الحال أن يُشَجَّع على التصريح بما يخفى عله من معاني الألفاظ، وأن يَدَع الظنّ بغيرِ عِلْم.

ويكون التدبير المنهجي في مثل هذه الحال أن يُرَدَّ الطالب إلى المعجم، أيضاً، وأن يدرّب على استعماله حتى تصبح استشارة المعجم نهجاً ثابتاً وعادة مستحكمة في تحقيق دلالات الألفاظ وخاصّة غَرِيبَها.

تمييز الآي والأحاديث

ويتحّرى التدريب ما قد يعرض في النصّ من الآي والأحاديث، ليتحقّق من صحّة نقلها، وليخرّجَها بترقيم خاصّ يميّزها عن سائر النصّ.

قد يعرض له مثل هذا النصّ:

قرأت قوله تعالى أو كلما جاءكم رسول بما لا تهوى أنفسكم استكبرتم، ففريقاً كذبتم وفريقاً تقتلون.

وقرأتُ حديث ورقة بن نوفل مع رسول اللـه، إذ حدثه الرسول بما نزل عليه من وحي، فقال له ورقة: "ليتني حياً إذ يخرجك قومك". قال رسول اللـه: أو مخرجي هم؟ قال: "نعم، لم يأت رجل قط بمثل ما جئت به إلا عودي".

وقرأت كثيراً من سير المصلحين المجددين، فرأيت أكثرهم - في اضطهاد الناس لهم- سواء، ورأيت تاريخهم يكاد يتشابه. دعوة حارة إلى الإصلاح، يتبعها تألب العامة عليهم، واضطهاد الرأي العام لهم، والتنكيل بالمصلح، ثم انتصار الأفكار الجديدة التي أتى بها هذا المصلح، بعد أن يكون قد انهدّت قواه، أو انتقل إلى رحمة اللـه.

فَيُسأل أن يمّيز ما فيه من الآي والحديث، وأن يجعل الآية بين قوسين منجّمين {   } وأن يجعل الحديث بين قوسين (   ) أو علامتي تنصيص "   ".

ويُدَرَّب على تخريج الآي في المعجم المفهرس لألفاظ القرآن الكريم لمحمد فؤاد عبد الباقي، والحديث في معجم ألفاظ الحديث النبوي لفنسنك، تثبُّتا وتدقيقاً.

تمييز الشعر في متن النصّ

وقد يعرض في النصّ شيء من الشعر، وَيُمُرّ به الطالب يؤدّيه كأنّه كلامٌ مِنْ مَتْن النصّ.

ويتوخّى التدريبُ أن يتنبّه الطالب إلى تنوع الإيقاع في النصّ، ليميّز ما قد يعرض فيه من الشعر، وقد يكون في السياق ما يدلّ على ذلك.

فإذا عرض له هذا النصّ:

تكلّم بعض القصّاص قال في السماء ملك يقول كل يوم لدوا للموت وابنوا للخراب فقال بعض الأذكياء اسم ذلك الملك أبو العتاهية.

فإنه يُسْأل: كيف تستنتج أنّ بعض هذا النصّ شعر؟ ويُسْتَدْرج إلى أنّ ذِكْر أبي العتاهية دليل، بل قد يحتاج إلى أن يتعرّف أبا العتاهية لغاية الاستنتاج ، ثم يُطلب إليه أن يعيّن ما ورد في النص من الشعر متلمّساً حدوده بإيقاعه الخاصّ.

< شرح الإشارات التي يحيل إليها النصّ

وقد يتضّمن النصّ ذِكْرَ واقعة معّينة، أو إشارةً إلى حَدَث، أو حكايةً، أو رمزاً.وهذه ظاهرة ممتّدة في الشعر خاصّة قديماً وحديثاً. ومن تمام الإعداد لقراءة النصّ أن يستبين الطالب ما يتضّمنه من هذه الإشارات التي تحيل إلى وقائع ماضية.

قد ينظر في أبيات أبي العلاء:

طالما أخرج الحزينَ جَوَى الحُزْ ... نِ إلى غير لائق بالسّـــداد

مثلما فاتت الـــصلاة سُلَيْـــما ... نَ فأَنْحَى على رقاب الجياد

وهو من سُخِّرتْ له الإنس والجِنْ ... نُ بما صَحّ من شهادة صاد

فلا يحضره المراد في النصّ وما يحيل إليه من ذكر سليمان. وإذن يؤخذ بيده إلى البحث عن ذلك مسترشداً بذكر (صاد). مثلاً، وأن بيان الإشارة الواردة في النصّ يكون بالنظر في تفسير السورة من أحد كتب التفسير.

تَعَرّف الأعلام وضبطها وإعرابها

ويكون تعرُّف الأعلام بِفَحْصِ السياق والعَوْدِ إلى كتب التراجم مطلباً لازماً، لأنّ الطلبة يتهاونون في هذا بل يتهاونون في ضبط الأعلام فَيَعْرِض لهم مِثْلُ ما يَعْرِض لبعض المذيعين في قراءة أسماءِ بعضِ الناس وبَعْضِ البلدان، كما أن الطلبة يَعْثُرون في إجراء الإعراب على الأعلام وخاصة حين ترد في نصوص التراث على هيئة تتابُعٍ مُعْرَبة مخصوصة.

قد يعرض للطالب مثل هذا النصّ:

في (نقد الشعر) لقدامة: قد أومأ السمط بن مروان بن أبي حفصة في مدحه شرحبيل بن معن بن زائدة إيماء موجزاً ظريفاً أتى على كثير من المدح باختصار وإشارة بديعة فقال:

رأيت ابن معنٍ أفتن الناسَ جودُه … فكلّف قول الشعر من كان مُفْحَما

وأرخص بالعدل السلاح بأرضنا … فما يبلغ السيف المهنّد درهما

فيكون لازماً أن يدرّب على تعيين الأعلام الوارد ذكرهم فيه، وأن يدرّب على التماس تراجمهم في أحد كتب التراجم (كتاب جامع قريب المتناول كالأعلام للزركلي). كما ينبغي أن يدرّب على التحقّق من ضبط (السمط وشرحبيل) في هذا النصّ مثلاً، فإنه قد يضطرب في ضبطهما على غير وجه، كما ينبغي أن يدرّب على هيئة إيراد الأعلام مُعْرَبَة على وفق قواعدها من التوابع، والمنع من الصرف، والنطق بابن بين علمين، فإنهّم يضلّون عن أحكام الأعلام في الإعراب ويجعلون (ابن) (بِنْ) مقطوعة عمّا قبلها.

تعرّف صاحب النصّ

ومن تمام الوفاء بأغراض التدريب على القراءة أن يستبطن الدارس النصّ مستدلاً به على صاحبه بأسلوبه الخاصّ.

يقرأ مثلاً:

في (نفح الطيب): خرج أبو حازم القاضي من داره إلى المسجد يريد الصلاة، وإذا بسكران يمشي في الشارع، فقال الناس: سكران سكران! فوقف القاضي وقال: هاتوه،فأدنوه منه. فقال له القاضي: من ربّك؟ (يريد امتحانه)

فقال له السكران: ليس هذا من سؤال القضاة، أصلحك اللـه ، إنه من سؤال منكر ونكير فغلب القاضي الضحك وقال: خلّوا سبيله.

فيتبيّن كيف تكون عبارة بعض الناس دالّة عليهم في اختصاصهم..

وقد يعرض عليه مثل هذا النصّ:

أما وقد جئتم لنيل شهاداتكم فكان الأحرى بكم أن تلبسوا كسوة أهل العلم جبّة فضفاضة، وقبعة واسعة، وشعراً أبيض مستعاراً، وأن تمشوا إلى مقاعدكم في تؤدة ووقار فيقوم الناس إجلالاً لكم، مَنْ مِثْلُكم؟ مَنْ يصل إلى ما وصلتم إليه؟ من يعرف ما تعرفون مَنْ يفهم كما تفهمون؟!!

يعزّ علينا أن نفارقكم، ولكن نرجو أن نراكم، وأن نسمع أخباركم من وقت إلى آخر، لا تنسوا أن تزوروني حين تسنح الفرصة إلاّ على الغداء والعشاء

لا تنسوا أن تكتبوا إليّ من وقت إلى آخر، ولكن لا تنتظروا مني جواباً.

أيها الطلاب النجباء الأعزاء!

أحبّوا من الأشياء ما كان فائقاً: لا تشربوا الماء إلاّ زلالاً، لا تأكلوا اللحم إلا سميناً، لا تلبسوا إلا الغالي، لا تتزوجوا إلا أجمل الفتيات.

ويسأله: قائل هذا النصّ: :معلّم متكبّر

: مُرَبّ ظريف

: عالم مترف بخيل

دلالة النصّ على عصره

ومن مطالب التمام في الوفاء بأغراض قراءة النصّ أن يستبطنه الطالب بردّه إلى سياقه الزمنّي، فقد يطلب إليه أن ينظر في مثل هذين النصّين:

1- المدائني عن مسلمة بن محارب أنّ زياداً كان يجْبي من كُوَر البصرة ستين ألف ألف، فيعطي المقاتلة من ذلك ستة وثلاثين ألف ألف، ويعطي الذرية ستة عشر ألف ألف درهم، وينفق في نفقات السلطان ألفي ألف، ويجعل في بيت المال للبوائق والنوائب ألفي ألف درهم، ويحمل إلى معاوية أربعة آلاف ألف درهم، وكان يجبي من الكوفة أربعين ألف ألف، ويحمل إلى معاوية ثلثي الأربعة الآلاف ألف

لأن جباية الكوفة ثلثا جباية البصرة. وحمل عبيد اللـه بن زياد إلى معاوية ستة آلاف ألف درهم فقال: اللهمّ ارضَ عن ابن أخي.

2- هل عرف شعب آخر غير الشعب الفلسطيني هذا العدد من الهجرات؟ هذا الكمّ من المنافي؟ وهذه الأعداد من المذابح؟ دون أن يكافأ بوطن .... أعني وطنه؟ ودون أن يحظى باعتراف، أو .... أو بوعد ما من بلفور جديد؟

ويسأل: - إلى أيّ عصر ينتمي النصّ الأوّل؟ ما الدليل؟

- إلى أيّ عصر ينتمي النصّ الثاني؟ ما الدليل؟

إعادة بناء النصّ غير المعجم ولا المشكول ولا المرقّم على مثال قراءة النقوش أو قراءة "التحقيق" لبعض النصوص المخطوطة

بل إنّ هذا المنهج قد يذهب بالطالب في تدريب عام يشبه قراءة النقوش أو قراءة النصوص المخطوطة، وهو تدريب شائق لما ينطوي عليه من فكّ الرموز وكشف المجهول، وهو يضع الطالب في تجربة مثيرة من المتاع العقلي، إذ يستثير ويستثمر ما لدى الطالب من كفاية كامنة.

وفي هذا التدريب التطبيقي يُعْرَض على الطالب النصّ غير منقوط ولا مضبوط ولا مشكول. ويدرّب على استبطان بنيته الداخلية مستثمراً ما استدخله هو من أدلّة لغوية وخبرات مستفادة.

مثال ذلك أن يطلب إليه أن ينظر في هذا النصّ على هذه الهيئة التي تشبه أن تكون كالهيكل العظمى:

نطرت امرأه عمران بن حطان يوماً في المرآة وكانت من أجمل النساء فأعجبها حسنها ونظرت إلى عمران وكان قبيحاً فقالت يا أبا شهاب تعال فانظر في المرآة فجاء فنظر إلى نفسه وهو إلى جانبها كأنه قنفذ ورأى وجها قبيحاً فقال هذا أردت فقالت إني لأرجوا أن أدخل الجنة أنا وأنت قال لم قالت لأنك رزقت مثلي فسكرت ورزقت مثلك فصبرت والساكر والصابر في الجنة.

ويؤخذ بيده إلى تحويل هذا الهيكل إلى صورة واضحة نابضة بالحياة.

يُسْأَل: ماذا تحتمل الكلمة الأولى (نـــظـرت) من وجوه القراءة؟

هل هي: بطرت، نطرب، نظرت؟

لعَل الكلمة التالية (امراه) تساعد على ترجيح القراءة الثالثة (نظرت)

ويسأل: ماذا تحتمل الكلمة الثالثة (عمران). إن عمران اسم شائع، وشائع أيضاً إضافة (امرأة) إلى اسم زوجها.

فإذا ظنّ أنها قد تكون مثنّى سألناه: إذا كانت مثنّى (عمر) أو (عمر وأبي بكر) فهل يستقيم هذا مع المتعارف؟ ولو كانت مثنى لجاءت بالياء (عُمَرَيْن).

ثم ننتقل به إلى الكلمة الرابعة (بن)، ونسأل: أين تقع مثل هذه الكلمة؟ ليستنتج أنها تقع بعد اسم العلم وأن ما بعدها يكون علماً. فهو عمران بن حطّان. ونتوقف معه إلى إعراب (عمران) مجروراً بالفتحة وإعراب (بنِ) مجروراً بالكسرة تابعا لـ (عمران) وإلى ضبط (حِطّان) بكسر الحاء بالتثّبت من ذلك في أحد كتب التراجم.

أما كلمة (لوما) فتحتمل (نوما، بوما، ثوما، يوما) ويسهل أن يتبين أن القراءة الصحيحة هي (يوما) بدليل ما تقدّم من سَرْد الحكاية.

وينتقل به إلى (في المراه) فيكتشف أنها (في المرآة) بدليل ما ورد في مطلع النصّ من فعل (نَظَرت) .... وهكذا.

صفوة القول في هذا المنهج

وتصبح هذه العناوين، وَفْقاً لهذا المنهج "مرْجِعاً" ودليلاً للناظر في النصّ وهو يُعِدّ لقراءته. إنّ هذه المطالب جميعاً تمثّل "تحضيراً" أو إعداداً للقراءة . وهذا شرط ضروريّ في هذا المنهج الذي يقصد إلى تلافي ثغرات القراءة لدى الطالب إذا هو تَقَحّمَ النصّ مباشرة ؛ لِما يعرض له عند ذلك من النقائص التي أشرنا إليها قبلاً. إن "مرجعه" في القراءة المباشرة لن يسعفه على قراءة صحيحة مستقيمة. فهو بحاجة إلى هذه القراءة إعداداً للقراءة.

وكأنّ حال الطالب فيها حال مذيع يُعِدّ نفسه لقراءة نشرة، أو ناطق رسمي يُعِدّ نفسه ليلقي بياناً، أو محاضر يستعّد لإلقاء محاضرة مكتوبة، أو باحث يجمع معطيات بحثه ، أو خطيب يتهيّأ لإلقاء خطبته، أو ممثّل يُعِدّ لأداء دَوْرِه في مسرحية.

وحقّا أنّه ليس كُلّ نصّ يستلزم هذه المطالب جميعاً، ولكنّه يحسن أن تُجْرَد جميعها لِيُتَبَيَّنَ أيّها يحتاج القارئ إلى معالجته والتحقيق فيه. ويظلّ معظمها لازماً عند الإعداد للقراءة على كلّ حال.

فإذا فرغ الطالب من تحقيق هذه المطالب تَمَثّل أو تَمَثّلْنا معه لكلّ نصّ موقفاً وظيفياً مناسبا ليقرأه فيه، فقد يكون النصّ خبراً صحفياً فيتمثّل له **موقفاً إذاعياً**، وقد يكون **قصّة قصيرة** فيتمثّل له ندوة أدبية، وقد يكون خطبة أو قصيدة فيتمثّل له **جمهوراً** من المستمعين. وذلك حتى تتخذ القراءة موقعها الوظيفّي المناسب المقنع.

* هذا الفصل صيغة أخرى لرؤية كنت اقترحتها إلى جامعة القدس المفتوحة، وأُقيم عليها ثمة مساق كامل في كتاب مستقلّ. وإنّما أعرض هناما أسهمت به هناك. ولكّن تشكيل العرض هنا مختلف، إذ إنّ الموضوع قد عُرِض في سياق ذلك المساق على مقتضى التعلُّم عن بعد أو التعليم المفتوح، فالموضوع متّفق ولكن المقاربة مختلفة. وقد قدّمت هذه الصيغة إلى ندوة تدريس مهارات اللغة العربية التي عقدت في جامعة فيلادلفيا يوم 16 أيار 2000 ونشرت في الكتاب الذي ضمّ أعمال تلك الندوة 2002.

الفصل الخامس

في تعليم النحو وتيسيره

في تعليم النحو وتيسيره

رؤية في رسم منهاج النحو

في تيسير النحو: وجوه التجربة

- الشكوى

- تعليم النحو في موقف وظيفي مقنع

- في التأليف: الهيكلة والمشاركة وإحياء القاعدة بالنصّ

- في القواعد الأساسية: مَثَلٌ من تحرير المتن

- في التطبيق

- من الإعراب إلى الأداء المباشر

- وعليه قِسْ

- صفوة التدبير في التيسير

في تدريس النحو: تجارب جامعية

- قراءة النحو في الكتب الأصول

- الشبكة والصياد: اعرف كيف تعرف

- الفنقلة : تعليم النحو بالمحاورة ووصل التحصيل بالتأصيل

- نظام الجملة والإعراب: رؤية لسانية لمجال البحث النحوي ومنهج ائتلافي في طريقة تناوله

- تصّور الأستاذ وتوقّعات الطلبة: ائتلاف المعلّم والمتعلّم

- الماء والنار: آخر الفكرة أوّل العمل

هاجس التطبيق

- الشكل

- إحياء النصّ

- اكتشاف الأخطاء

- الأعاريب اللطيفة

- ربط النحو بالحياة

منهج في تيسير الإعراب

رؤية في رسم منهاج النحو

ما زلنا نشكو من ضعف الطلبة في اللغة العربية جملة. ولا يزال معظم الشكوى ينصب على ضعفهم في قواعد اللغة، وإعراضهم عنها. بل إنّ الأمر يمتد إلى ما وراء ذلك، إذ نجد كثيراً من أبناء العربية الذين تجاوزوا مرحلة التحصيل المدرسي يستشعرون الحاجة إلى درس قواعد اللغة من جديد على نحو شامل مُوَجَّه يعينهم على تحقيق صحة الأداء في مواقف استعمال اللغة. ولعل ما نلاحظ من صور اللحن ومجانبة الإعراب في قراءات أبناء العربية دليل على أن مشكلة التحصيل في النحو والمخالفة عن أحكام النحو فيما يكتبون ما تزال قائمة ،وأنها ما تزال تحتمل إعادة القول فيها.

والنحو (أو القواعد)(1) أحكام استخرجت باستقراء مادة العربية على مدى من الزمن يمتد قرناً ونصفاً قبل الإسلام وقرنا ونصفا بعده، وانفساح من المكان اتسع للهجات مختلفة(2) . وقد انتظمت هذه المادة: القرآن الكريم بقراءاته، والشعر الجاهلي والإسلامي والأموي، وبعض الحديث النبوي، وكلام العرب الفصحاء الذين سلمت لغتهم في تلك الأثناء من تأثير الاختلاط الخارجي بالأمم الأخرى.

وواضح أن هذه المادة تحمل في طياتها بذور تشعب أتى من جهتين:

أولاهما أن امتداد الزمان بها ثلاثة قرون هيأ لبعض التغير في بعض الظواهر وقد التزم النحويون بالنص على أشكال التغير فترتب على ذلك ازدواج في بعض القواعد(3).

---

1) قواعد اللغة ، في أصل معناها، عبارة عامة تتسع لقواعد النحو والبلاغة والأصوات الكتابية (الرسم) إلخ. ولكن قواعد اللغة، فيما درجت الكتب المجرسية عليه، هي قواج النحو وحدها دون ما عداها من فورع اللغة وعناصرها.

2) هي قيس وتميم وأسد وطيئ ث هذيل، وانظر: الفارابي: كتاب الحروف ص 147 والسوطي: الاقتراح في علم أصول النحو ص 15.

3) عرض كاتب هذه السطور لصورة من التشعب الناجم عن تعدد الأطوار في بحث بمجلة كلية الأداب، الجامعة الأردنية، المجلد الثاني، آب 1972.

وثانيتهما أن اللهجات التي اتسع لها الاستقراء، وإن كانت تلتقي على قدر أساسي مشترك في نظمها الصوتية والصرفية والنحوية والدلالية، كانت تختلف في أشياء من ذلك. ولم يقتصر النحويون على المشترك بل استوعبوا في كتبهم تلك السمات اللهجية الخاصة(1).

ثم تعاور النحويون تلك المادة على اختلاف بيئاتهم وأزمانهم، وكلهم يتوسل في النظر إليها ودرسها وتفسيرها بكل ما يتاح له من معطيات الثقافة في عصره وبكلّ ما يتوافر لديه من الاجتهاد الشخصي . وقد خلّف " نظر " النحويين في " وَضْع" النحو عنصر تشعيب جديداً.

****

فإذا رجعنا إلى نقطة البدء وجدنا أن النحو قد بدأ وضعه حين أحس الأوائل بنذر التحول في ألسنة العرب الذين خرجوا من الجزيرة بعيد الفتوح(2)،وبحاجات من دخلوا في الإسلام إلى تعلم العربية(3).

وهكذا تضافرت عوامل حيوية على وضع " النحو "، وضع أصول وأحكام تمثل تركيب الجملة العربية: كيف يكون، ونظام الإعراب فيها: كيف يجري، وبناء الكلمة: ما مقاييسه، تكون دليلاً للعرب وغير العرب في قراءة القرآن الكريم وفهمه على الوجه.

وإذن فقد وضع النحو لغاية، هي تقويم اليد عند الكتابة وتقويم اللسان عند القراءة والكلام، ليكون ما يكتب وما يقال جارياً على مثال العربية الفصحى، ولتبقى العربية في حياة أبنائها على صورتها التي نزل بها القرآن الكريم.

---

1) استقصي كاتب هذه السطور السمات الاعرابية الخاصة المنسوبة في لهجات الفصجحى في بحث بمجلة الأبحاث (الجامعة الأمريكية في بيروت) السنة 23، الأجزاء 1-4 كانون الأول 1971 ص 55-85 كما استقصى أمثلة تعدد الوجوه الناجم عن السمات اللهجية الخاصة، على مستوى الصرف، في بحث عنوانه اللهجات العربية والوجوه الصرفية. نشر في العدد الثاني عشر من مجلة (اللسان العربي).

2) السيرافي: أخبار النحويين البصريين ص 12.

3) المرجع السابق ص 14.

وقد تلقينا نحن هذا التوجيه، وأمعنّا في تكرير القول إنّ النحو وسيلة لا غاية وأغلب الظن أننا لم نبلغ في تحقيق تلك المقالة ما نطمح إليه، ذلك أن النحو، عند معظم الطلبة، ظل غاية ينتهى إليها باجتياز الامتحان حسب، كما أنه لم يكن عند الطلبة جلهم بل كلهم، وسيلة ناجحة في إقامة النص عند القراءة وتصحيح العبارة عند الكتابة، وظل هناك برزخ عميق يفصل بين استيعاب القواعد على المستوى النظري واحتذائها عند الاستعمال. وقد يبدو لكثير من الناس أن <ثبوتية> القواعد النحوية في العربية تجعل الكلام على المشكلة النحوية متعلقاً بالطريقة طريقة التعليم. وفي هذا حق كثير. ولكن عملاً رئيساً ما يزال ينتظر دارسي العربية والقائمين على أمر تعليمها وهو عمل قائم على <الفَرْز> ابتداءً، فَرْزِ قواعد النحو المتحققة في نصوص العربية الأولى عن قواعد النحو في كتب النحويين، فإنه سيتبين لنا عند ذلك أن قواعد كثيرة قد عَلِقَتْ بجسم النحو وهي في واقع الأمر، من مقتضيات " النظرية " لا من مادة العربية، ثم فَرْزِ <القواعد> عن وجوه تأويلها وتعليلها فإننا ما نزال نأخذ انفسنا ونأخذ الطلبة بذكر العلة، وهو توجيه من نظرية النحو قديم (فعل مضارع مرفوع لأنه لم يسبقه ناصب ولا جازم) مما لا يتعلق بإقامة النصّ وضبط الكلام(1)، ولابد لنا من فَرْزٍ على صعيد آخر نحصر من خلاله القواعد المشتركة بين لهجات الفصحى الأولى مقتصرين عليها تاركين السمات اللهجية الخاصة التي شاعت في قبيلة بعينها إلا أن تكون هذه السمات قد قدرت لها الحياة في نصوص العربية على مدى التراث. ولابد لنا في آخر الأمر من فرز القواعد التي تطورت خلال عصور الاحتجاج آخذين منها بالوجه الذي كتب له الحياة والشيوع في الاستعمال.

إن مِـثْـلَ هذا الفرز يُـسْـلِـمنا إلى تحديد خيوط النسيج الذي يؤلف العربية الأولى التي سعى النحو إلى وصفها في بادئ الأمر. وهو خطوة أولى على طريق إحياء الغاية التعليمية من النحو.

---

1) ولعل في هذا تأويل ما أحسه القدماء أن طالب النحو لا يبلغ منه ما يحتاج غليه إلا أن يتعرض لشيء كثير لا يحتاج إليه. وسوف نجد باستقصاء الخلاف بين النحويين أنه كان في معظمه خلافاً على العلل، علل القواعد لا على القواعد في ذاتها (يتفقون على أن خبر ما منصوب على لهجة أهل الحجاز ولكن يختلفون في عامل النص أهو " ما " أم هو حذف حرف الجر .... الخ) . ونظرة عجلى على كتاب ابن الانباري: الأنصاف في مسائل الخلاف تكشف عن ذلك بجلاء ساطع.

ولعل من الملاحظات النافعة على هذا الصعيد في بناء منهاج النحو أن نلتفت إلى قواعد مشتركة بين الفصحى والعامية، وهي قواعد يكتسبها أبناء اللغة بتراكم الخبرة والممارسة العفوية (مثل أحكام نون الوقاية وتأنيث الفعل مع فاعله إذا كان مؤنثاً حقيقياً أو ضميراً عائداً على مؤنث مجازي ... إلخ). إنّ تعيين هذه القواعد من خلال دراسات ميدانية ومقارنة يوفر جهداً كبيراً يبذله المؤلفون والمعلمون في غير طائل وفي تحصيل حاصل.

فإذا استصفينا مجموعة القواعد الأساسية التي يتألف منها المنهاج في ضوء ما تقدم فإنه ينبغي لنا أن نبوّبها تبويباً منسجماً منتفعين بنتائج التحليل الحديث للنظام اللغوي، وذلك بأن نجعلها في أطر ثلاثة هكذا:

1- التركيب (نظام الجمل)

2- حركات الأواخر (الإعراب)

3- البنية (الصرف)

فإن هذا التبويب يُسَوِّي للنحو، في نفس الطالب، صورة واضحة منسجمة من جهة، ويستدرك على الصورة السائدة إغفالها لمسألة التراكيب الذي يترتب عليه إهدار شعبة رئيسية من <نحو> اللغة العربية. ويغرينا بتبنّي هذا التبويب أن من المظاهر السلبية التي تنعكس على الطلبة في درس النحو أنهم لا يكادون يتبينون له سمتا واضحاً أو مفهوماً محدداً؛ فالنحو عندهم أبواب في الفاعل والمفعول والحال والتمييز (كذا). ويغرينا بتمييز التراكيب أن غلبة الإعراب على كتب النحو المدرسي واتخاذه منطلقاً في التبويب قد أدى في معظم الكتب المتداولة إلى تمييع صورة التراكيب وتشتيتها، وأَسْـهَـمَ في تصعيب المسألة النحوية على التلاميذ فهم يجهدون أنفسهم في تعلم أحكام الإعراب على حين يستعملون في كثير من شؤون حياتهم لهجة خاصة قد سقط منها الإعراب واستبدلت به أدلة أخرى على المعاني النحوية الأخرى (مثل الترتيب والنبر والتنغيم ... إلخ) وهي حال تجعلهم لا يتبينون لحركة الإعراب دلالة مقنعة على الوظيفة التركيبية للكلمة.

ولعلنا لو ميزنا لهم عنصر (التراكيب) على نحو يصبحون معه يجدون أبواباً مستقلة في الاستفهام (عن المكان، عن الزمان، عن السبب .. إلخ) والنفي (نفي الماضي، نفي الحال، نفي المستقبل ... إلخ). والتقديم والتأخير والحذف ... إلخ. من مواصفات

تركيب الجملة وضوابطه، كما يجدون أبواباً مستقلة في الفاعل والمفعول والمبتدأ والخبر. لعلنا لو فعلنا ذلك لجعلنا لِتَعلُّم النحو عندهم، معنى وظيفياً قريباً مقنعاً.

وإذا أمكن لنا بعد ذلك أن نصنف القواعد الأساسية وفقاً لنسبة شيوعها(1) داخل تلك الأطر الثلاثة فإنه يستقيم لدينا معالم منهاج في درس النحو العربي متسق متدرج متكامل وظيفي(*).

_____

1) من خلال مسح شامل لعينات دالة من العربية تستغرق نصوص التراث على مداه المستمر إلى الأعمال الأدبية الحديثة من مثل عينات تشمل القرآن الكريم وديواناً جاهلياً وديواناً إسلامياً وديواناً أموياً وديواناً عباسياً وكتاباً للجاحظ وكتاباً لأبي حيان... إلى كتاب لطه حسين وآخر للعقاد وآخر لتوفيق الحكيم وقصة لنجيب محفوظ وديوان لشاعر حديث .... الخ.

*) نشر هذا البحث في مجلة التربية/ قطر العدد الرابع عشر، 1976.

في تيسير النحو: وجوه التجربة

(1)

الشكوى

لا تزال الدعوة إلى تيسير النحو تنشأ وتتجدّد. ولعلّ أبرز الدواعي إلى ذلك أمران: أولهما ما نَجِدُهُ من شكوى الطلبة من صعوبة النحو بل نُفور كثير من الطلبة من دروس النحو؛ حتى أصبح النحو -في الثقافة السائدة- عنواناً على <المُسْتَصْعَب> وأصبح لدى الطلبة عنواناً على غير المُحَبَّب. أما الثاني فهو ما نَجِدُه من شكوى المعلّمين والمعلّمات والمتتبّعين من الآباء والأمّهات والباحثين والباحثات من أخطاء <الأداء> في المكتوب والمقروء؛ إذ لا يكاد نصّ يكتبه سَواءُ المتعلّمين يخلو من الخطأ في النحو. أمّا في مواقف القراءة فيصبح الخطأ كالضريبة التَّصاعُدِيّة.

وقد أصبح الخطأ في النحو خاصّة عنواناً على الضَّعْف في اللغة العربيّة حتى لَيُغطّي أو لَيَطْغى على وجوه الضعف الأخرى؛ولعلّ مَرْجِعَ ذلك أنّ الطالب يواجه امتحانَ المعرفة بالنحو كُلّ يوم بل كُلّ ساعة بل كلّما كتب أو قرأ.

وحديث التيسير ذو شجون. وإنما أجتزئ منه في هذا المقام بنماذج متنوعة من التجربة أرجو أن تنتظمها صيغة متكاملة تصلح دليلاً إلى مشروع كاف يكون إسهاماً مفيداً في هذا المطلب العسير وخطوة موفقة في سبيل التيسير.

(2)

تعليم النحو في موقف وظيفي مُقْنع

قبل بضعة عقود واجَهْتُ موقفاً تعليمياً خاصاً؛ أنْ أقَدِّم درساً " نموذجياً " في النحو، لصَفّ من الطالبات اللواتي يُعْدَدْنَ لِيَكُنَّ مُعَلّمات.

وكان موضوع ذلك الدرس هو <العدد>. وموضوع <العدد> مشتهر بِسَعَةِ تداوُلِه وتشعُّب مسالِكِه. فماذا فَعَلْتُ؟

قسّمت الطالبات في مجموعات، ورسمت لكلّ مجموعة " دوراً" أو " تعيينا" يتناول موقفاً عمليًا ممّا يعرض في الحياة:

- رسمت للمـــجموعة الأولى أن تتولى " دَوْرَ" مدرّب رياضي تقوم التمرينات لديه على 2, 1 و" دَوْرَ " موظّف إحصاء يعدّ أفراد الأسرة 2.1 حيث أمّ، أب، ولد، ولدان، بنت، بنتان.

- ورسمت للمجموعة الثانية أن تتولى " دَوْرَ" محاسب، يعدّ دنانير من 10 - 3 ويعدّ ليرات من 10 - 3.

- ورسمت للمجموعة الثالثة أن تتولّى دور أمينة مستودع وأن تحرّر بياناً بالمخرجات من الكتب والمجلات والأقلام والمساطر من 12 - 11.

- ورسمت للمجموعة الرابعة أن تحرّر شيكات بالدينار والليرة من 19 - 13.

- ورسمت للمجموعة الخامسة أن تحوّل العلامات في بيانات النتائج من أرقام إلى ألفاظ بأعداد من 29 - 20، وأن تحوّل المبالغ المصروفة بالدينار لقائمة من العمّال تتراوح أجورهم بين 20 و 29.

- ورسمت للمجموعة السادسة أن تصوغ الأعداد الوصفيّة الترتيبية لأدوار في مبنى يضمّ ثلاثة وعشرين دوراً، ولحلقات مسلسل ينتظم ثلاثين حلقة.

- ورسمت للمجموعة السابعة أن تحرّر تواريخ الميلاد في بضع شهادات.

- ورسمت للمجموعة الثامنة أن تعد قراءة نشرة إخبارية تشتمل على درجات الحرارة الصغرى والعظمى المتوقّعة في الأردن وبعض المدن العربية والأجنبية.

وغنيّ عن التفصيل أن هذا التدبير في طريقة التعليم يضع المتعلّم في موقف الممارسة المباشرة ويربط النحو لديه بحاجات عمليّة يؤمن بجدواها. وفي هذه المواقف يتلقّى قواعد النحو على تنوعّها ليطبّقها ويوظّفها.

وليس هذا مقام الإفاضة في بيان المسائل اللطيفة التي تعرض في أثناء ذلك، كما في العددين1 ، 2حيث يقوم لفظ المفرد ولفظ المثنى بدور العدد والمعدود، ويصبح قول بعضهم واحد شاي، اثنين شاي مدخلاً للدُّعابة، وكما في الأعداد من 10 - 3 حيث ينبغي التنبّه إلى أن الدولارات ليست كالليرات نقول: ثلاث ليرات ولكنا نقول: ثلاثة دولارات، بالنظر إلى جنس المفرد لا إلى ظاهر لفظ الجمع والتنبّه إلى أنّ " بضع" تعامل

معاملة الأعداد من 10 - 3، والتنبه إلى أنّ أَلِف <مائة> لا تنطق وإلاّ أصبح الناطق بالمئات يحكي أصوات العنزات .... إلخ.

(3)

في التأليف: الهيكلة والمشاركة وإحياء القاعدة بالنص

وفي عام ثلاثة وسبعين وتسعمئة وألف للميلاد كلّفنا مجلس التربية والتعليم في الأردنّ أن نصنع كتباً ثلاثة في النحو للمرحلة الثانوية. وكان مشاركي في هذا التكليف بالتأليف عليّ أبو هلالة. وكان -رحمة اللـه- يتحلّى بالفطانة والروح الإيجابيّة البنّاءة فكان عملنا معاً مثلاً للعمل بروح الفريق وأقام بيننا تواصلاً إنسانياً منهجياً مفعماً بأطيب الذكرى.

طَلَب إلينا مجلس التربية يومذاك أن يكون التكليف بالتأليف على طريقة <التكييف> كان المجلس معجباً بالنحو الواضح لعلي الجارم ومصطفى أمين، فَقَدَّر أن نعمل في تكييفه باستبدال أمثلة محليّة بأمثلته المحلّية فنستبدل نهر الأردن بنهر النيل، مثلاً، وهكذا.

وقد رأيت ووافقني (عليّ) الرأيَ أنّ التكييف لا يكفي ولا يكافئ ما نطمح إليه، وقدّرنا للنحو الواضح نَهْجَه في اتّباع الطريقة الاستقرائية وفي إخراج الدروس على نسق مطّرد، ولكننا أخذنا عليه، فيما أَخَذْنا، أن أمثلته مصنوعة مفصّلة على قدّ القاعدة بتحكّم صارم ..إلخ ورأينا أننا نستطيع أن نطوّر صيغة تأليفية متقدّمة. فماذا صَنَعْنا؟

تَمَثَّلْنا النحو في أطُرٍ ثلاثة: النظم (بما هو أحكام تأليف الجملة)، والإعراب (بما هو نظام من العلامات يُمَثِّل إحدى خصائص العربية)، والبنية (بما هي قانون أحوال أبنية الكلم)، ورأينا أن هذا التدبير يمكّن الطالب من استشراف النحو استشرافاً كلياً ينتظم تلك العناوين التي كان يعرف بها النحو من أنه الفاعل والمفعول والحال .. يعبّر به التلاميذ كأنما هم في متاهة مبعثرة الخطى على غير معالم واضحة.

ثم تَمَثَّلْنا أن نتّخذ الطريقة الاستقرائية: نجعل الأمثلة مدخلاً لملاحظة الظاهرة واستخراج القاعدة. ولكنّا تحرّينا أن تكون المناقشة شركة بين المعلم والتلاميذ فلا نقرر

الظاهرة تقريراً ونجرّد القاعدة تعييناً، وإنما نرتّب للتلاميذ دوراً في رصد الظاهرة والوصول إلى القاعدة، نأخذ بأيديهم في ذلك بالتدريج على خطوات متسلسلة.

أما الأمثلة فقد توخّينا أن تكون أمثلة حيّة من واقع الاستعمال، أو نصوصاً مختارة بتوجيه قاصد ، من آي التنزيل العزيز أو الحديث الشريف أو عيون الشعر أو الحكم السائرة ، تتمثل فيها القاعدة المنشودة على نَـحْـوٍ يَـصِـل القاعدة باللغة في دورتها مع الحياة أو حياتها في النصوص العالية.

وعلى هذا المنوال بَنَيْنا التدريبات، نتدرّج فيها من المثال الذي تتعيّن فيه القاعدة تعيُّنا قريباً مباشراً إلى النصّ الذي تَعْرِض فيه القاعدة في مِثْل السياق الطبيعي الذي يتعرّض له التلميذ أو يعرض له في مواقف الأداء.

وجعلنا نصب أعيننا أن نجعل القاعدة في كل ذلك تؤدي دوراً وظيفياً مُقْنِعا، فإذا أردنا أن نَدُلّ على أنّ الاسم النكرة يكون عامّا اتّخذنا مَثَلاً من عنوانٍ على النحو التالي:

السيد أحمد الجابري

5 شارع ..

جبل عمان

عمان - الأردن

وسَألْنا: هل تصل الرسالة بِمِثْل هذا العنوان؟ ليتبيّن الطالب كيف أن (شارع) النكرة تجعل العنوان غير متعيّن، فإذا قلنا: شارع المتنبي تَعَيَّن العنوان.

كما حَرَصْنا على أن نوقظ في المتعلّم ضرباً من التنبُّه حتى لا يتناول القواعد تناولاً آلياً أو ميكانيكياً. فالطلبة -في العادة- يميّزون الجملة الفعلية والاسمية بالنظرة العجلى إلى الكلمة التي تبدأ بها الجملة. ولذلك اتخذنا في التدريب على مثل هذا الأمر جملاً مثل:

تسلّق المغامر قمّة إفرست

تسلّق الجبال هواية

بطل الشطرنج طالب

بطل مفعول القنبلة .... هكذا

(4)
في القواعد الأساسية، مَثَل من تحرير المَتْن

وفي سنة ست وسبعين وتسعمئة وألف للميلاد عَمِلْت مع مجموعة من طلبة الدراسات العليا في قراءة باب الاستثناء من النحو العربي، واتخذنا لقراءته سبعة من كتب النحو الأصول هي: كتاب سيبويه، وكتاب المقتضب للمبرد، وكتاب الأصول لابن السراّج، وكتاب الجمل للزجاجي، كتاب المفصل للزمخشري، وكتاب أسرار العربية لابن الانباري، وكتاب أوضح المسالك لابن هشام.

وفرزنا قواعد الباب في الكتب السبعة لنتبيّن القواعد المشتركة بينها. ثم استقرينا مجموعة من نصوص العربية التي يحتج بها، وهي القرآن الكريم والتجريد الصريح لأحاديث الجامع الصحيح، وأحد عشر ديواناً جاهلياً وإسلامياً وأموياً، لنتبيّن قواعد الباب الجارية في تلك النصوص ولنتبين أيها أكثر دوراناً.

وانتهينا إلى تمييز القواعد الأساسية التي تحتلّ مرتبة محورية في الاستعمال، وتمثل أكثر قواعد الباب دوراناً وتواتراً.

وقدّرنا أنه في ضوء مثل هذا الاستقراء والإحصاء نستطيع أن نصمم محتوى المادة النحوية بتقديم القواعد الأكثر دوراناً في مراحل التعليم العام؛ إذ إننا بذلك نعلّم القواعد التي يحتاج إليها الطالب حاجة متكررة مباشرة، وندع القواعد النوادر والشواذ مما لا يكاد يعرض في الاستعمال وليس بالطالب إليه حاجة.

وقد قدّرنا أن لو عممنا مثل هذه الدراسة على أبواب النحو جميعاً لأمكننا تلخيص كتاب النحو المدرسي وتخليصه من القواعد غير المتداولة وقصرناه على القواعد المفيدة فائدة مباشرة.

ونحن نعلم أن بعض مؤلفي كتب النحو وضعوا تآليف مختصرة، ولكنها مؤلفة على أساس انطباعي لا على أساس من الاستقراء والإحصاء. وقد قارنا نتائج بحثنا وما انتهينا إليه من القواعد الأكثر دوراناً بباب الاستثناء في كتاب (تحرير النحو العربي: قواعد النحو العربي مع التيسير الذي قرره مجمع اللغة العربية في القاهرة) فوجدنا

أن الكتاب المذكور ينأى بالباب عن موافقة واقع الاستعمال، فهو مثلاً يختار نصب المستثنى في الاستثناء التام المنفي، ولكنا وجدنا بالاستقراء أن كل مواضع الاستثناء التام المنفي في النصوص التي استقريناها، وقد بلغت 106 مرات، قد جاء المستثنى فيها تابعاً على البدل من المستثنى منه وجاء مرة واحدة، على وجه خلافي، منصوباً على الاستثناء. كما وجدنا أنه يغفل تناول ظواهر من الاستثناء يتعرض لها التلاميذ خمس مرات على الأقل كل يوم مثل: لا إله إلا الـلـه ... وهكذا، ولم نكن نقصد بهذا إلى اطراح شيء من قواعد النحو العربي، وإنما أردنا، في بناء تأليف نحوي تعليمي قاصد، أن نتخذ القواعد الأساسية التي يحتاج إليها الطالب في هذه المرحلة. ومعلوم أنّ كتب الأوائل كانت تتفاوت على وفق الحالة والحاجة كما يتمثّلها المؤلف. فقد يضع ابن جني كتاب اللُّمَع في بضع ورقات، ولم يكن يقصد إلى تعطيل شيء من قواعد النحو. فقواعد النحو على مراتبها في التفصيل والتطويل والتعليل ماثلة في كثير من الكتب الأصول. ولكنّ لكل مقام مقالا ولكل شيء إبّاناً.

(5)

في التطبيق
من الإعراب إلى الأداء المباشر

ويمثّل الإعراب على النحو التقليدي المتعارف ضرباً من التحليل، ولكنّه لا يستلزم، بالضرورة، أداءً صحيحاً، فقد يعرب

الطلبة جملة مثل:

وصل المتسابقون متعبين

هكذا:

وصل: فعل (ماضي) مبني على الفتح.

المتسابقون: فاعل مرفوع علامة رفعة الواو لأنه جمع مذكر سالم.

متعبين: حال منصوبة، جمع مذكر سالم علامة نصبه الياء وقد جاء (منصوب) لأنه وقع (حال).

وهكذا يخطئ في تطبيق الحال وهو يعرب جملة فيها (حال)، ذلك أن الإعراب على هذا النحو يمثل منزلة بين استحضار

القاعدة وتطبيقها، لكنه لا يمثل تطبيقاً للقاعدة في مواقف الأداء.

ولذلك أصبح من التطبيقات المتبعة في التدريب على الإعراب أن يكلف التلاميذ (شَكْل) الأمثلة والنصوص شكلاً تاماً، إذ

إنّ الشكل يمثل ترجمة عملية لمعرفة الإعراب ودليلاً على تصحيح الأداء.

(6)

وعليه قِسْ

وكثيراً ما يخطئ الطلبة في تصريف الأفعال وإسنادها إلى الضمائر، وما أكثر ما يقع الخطأ في إسناد الفعل الناقص إلى ضمير

جماعة الغائبين. وتجد الطلبة يقولون في مثل لَقِي: لَقَوْا وفي مثل دعا: دَعُوا ... إلخ.

ولا تكفي القاعدة المختصرة الجامعة: أن ما كان آخره الألف (دعا، شكا، سعى) تحذف الألف عند إسناده إلى ضمير

الجماعة ويبقى فتح ما قبلها (دَعَوْا، شكَوْا، سَعَوْا) وأن ما كان آخره ياء (رضي، لقي) أو واواً (سَرُو) تحذف الياء أو الواو

عند إسناده إلى ضمير الجماعة ويضم ما قبلها إن كان الآخر ياء (رضُوا، لَقُوا) ويبقى الضم إن كان الآخر واواً (سَرُوا).

وإذن يكون تعزيز القاعدة بتدريب على نهج: وعليه قِسْ تدبيراً يقدح في سليقة المتعلم، ويرسّخ لديه التصريف الصحيح

حتى يصبح كالعادة المستحكمة، هكذا:

نقول:

العامل سعى

العمّال سعوا

وتقول:

المسافر مَضَى

المسافرون ....

المؤمن رجا

المؤمنون ....

وهكذا

(7)

صفوة التدبير في التيسير

فإذا ميّزنا في مَتْن النحو قواعده المحورية المتواترة الضرورية، ونَسَقْناها في بنية منسجمة نَظْميّة إعرابية صرفيّة، واتخذنا لتعليمه مواقف وظيفية، وربطنا القواعد بنصوص مشرقة تشفّ عنها شفافية جليّة، وعزّزنا ذلك بالتدريبات القياسية الغنيّة ومواقف الأداء اليومية الحيوية، بَلَغْنا بالناشئة تلك الغاية القصيّة، وحققنا فيهم أحلامهم العصيّة. (*)

---

*) نشر هذا البحث في مجلة الآفاق، جامعة الزرقاء الأهلية، العدد الثامن – السنة الثالثة – شباط 2003.

في تدريس النَّحْو: تجارب جامعية

(1)

قراءة النحو في الكتب الأصول

حين بدأت أدرّس النحو في الجامعة الأردنية، وجدت أن القسم رسم للطلبة أن يدرسوا النحو على مدى السنوات الثلاث الأُوَل في كتاب أوضح المسالك إلى ألفية ابن مالك لابن هشام. وكان الطلبة يجدون "أوضح المسالك" رحلة جبلية شائكة؛ فقواعد النحو في الكتاب تقرّر، ابتداء، بعبارة الأوائل ومصطلحهم، والقواعد في الكتاب محفوفة بالأمثلة المصنوعة، والشواهد النائية، والوجوه المتعددة للقاعدة الواحدة لتعدد اللهجات التي أقيمت عليها قواعد النحو، والخلافات بين النحاة في تفسير تلك القواعد وتعليلها.

وقد رأيت أن لا أبتدر الطلبة بالنص النحوي مباشرة. فكنت أفرز قواعد النص، واستجمع لكل قاعدة زمرة من النصوص المشرقة التي تتمثل فيها القاعدة، وأستدرج الطلبة إلى استخراج القواعد من النصوص.

ثم أنتقل إلى النص النحوي، بعد هذه التوطئة، فنعرض القواعد كما هي بعبارة ابن هشام، وقد أصبحت أدنى إلى الفهم وأقرب إلى الذهن، ونستبدل بالأمثلة المصنوعة أمثلة مشرقة حية، ونستكمل الشواهد ونخرّجها ونشرحها ونبين وجه الاستشهاد بها، ونميز القواعد التي تتعدد وجوهها وننسبها إلى لهجاتها، كما نميز القواعد التي اختلف النحاة في عواملها وعللها ونسعى في تفسير الخلاف ليكون لنا منه موقف على بينة. ونعمل، من بعد ذلك كله، على تطبيق قواعد الباب على نصوص متنوعة من القرآن والشعر والاستعمال الجاري في العربية قديماً وحديثاً.

وفي هَدْي هذا التدريب كنت أرسم لكل طالب أن يتناول "بابا" من الكتاب؛ يفرز قواعده، ويخرج شواهده، ويستبدل بأمثلته المصنوعة أمثلة مشرقة، ويستحضر لكل قاعدة عدداً من النصوص التي تتمثل فيها، ويعين مسائل الخلاف، والقواعد المتعددة الوجوه، ويعرّف بالنحاة الذين يرد ذكرهم في الباب ... إلخ.

وقد وجد الطلبة، في هذا النهج حيوية، إذ نأى بهم عن >التلقين< وفسح لهم مجال المشاركة وقرّب القواعد من النفوس بالنصوص.

ولكن تجاربهم في إعداد التقارير عن أبواب النحو كانت "كمن ينحت في صخر" كما عبر أحدهم يومذاك في مفتتح التقرير الذي أعده!

وقد درجنا على هذا النهج بضع سنين، ولم نزل نعتقد بجدواه في تمكين الدارس من الاتصال بالكتب الأصول والانتفاع بها، فهي مصادر المعرفة النحوية التي يستقي منها المتعلم والمعلم والعالم جميعاً.

(2)

الشبكة والصياد

اعرف كيف تعرف

ثم اجتهدت مِنْ بَعْدُ، في سياق آخر، أن أنهج نهجاً آخر.

قدّرت أن الطلبة قد يبلغون من درس النحو معرفة ما بالقواعد الأساسية، ولكنّهم سيظلّون محتاجين إلى الاستزادة والمتابعة والاستكمال. فَأَنَّى لِأَحَدٍ أن يحيط بقواعد النحو ومسائله جميعاً. وها نحن نرى العامة والمثقفين والطلاب والمعلمين والباحثين لا يفتأون يتطارحون مسائل النحو ويستفتون فيها أهل الاختصاص.

وقد قدّرت، لذلك، أن ما حصّله الطلبة بل ما يحصّله الطلبة من درس النحو سيظل محتاجاً إلى **أداة منهجية تمكن الطالب من أن يعرف كيف يعرف.**

واتخذت للطلبة أصلاً نحوياً آخر هو كتاب المفصل للزمخشري، وجعلت خطتي أن ألقي إليهم في كل محاضرة عدداً من المسائل اللطيفة مِنْ مِثْل ما يَعْرِض لهم السؤالُ عنه أو ما يعترضهم في أساليبهم وأعاريبهم، وأدرّبهم على التماس الأجوبة عنها في الكتاب. وهكذا يتعرفون خطة المؤلف في تبويب المفصّل، ويتعرفون مواقع الأبواب والقواعد المسؤول عنها، ويتمرسون بقراءة النحو بهذه الأداة المنهجية أو "شبكة الصياد".

(3)

الفنقلة

تعليم النحو بالمحاورة ووصل التحصيل بالتأصيل

أما ثانية التجارب في هذا المستوى فكانت تدبيراً آخر . ظل هاجس التحصيل واستكمال التحصيل يلحّ عليّ. كان الطلبة يقرأون أطرافاً من النحو ولا يزالون يشعرون بالحاجة إلى متابعة التحصيل.

وقد رأيت أن أتخذ لسدّ هذه الحاجة تدبيراً يجمع الحسنيين: التحصيل والتأصيل، اخترت كتاب أسرار العربية لابن الأنباري، وهو كتاب متوسط الجِـرْم جامع لأبواب النحو، ولكنه يتناول قواعد النحو على نحو مختلف خاص. إنه لا يقرر القواعد ابتداء وإنما تعرض القواعد في سياق البحث عن عللها وعواملها.

وهو يجري بأسلوب حواري شائق، إذ يتمثل عند كل قاعدة قائلاً يسأل وآخر يجيب، وقد كان نهجه هذا في الفنقلة (إن قال .... قيل فإن قال قيل) شائقاً ومتاعاً عقلياً للطلبة.

فإذا ورد فيه، مثلاً: إن قال قائل: لم عملت "ما" في لغة أهل الحجاز فرفعت الاسم ونصبت الخبر؟

فإن الطالب يستذكر بيسر قاعدة (ما) الحجازية ثم يمضي مع ابن الأنباري يلتمس العلة وقياس الشبه بليس ... إلخ.

وبهذه التجربة قدرت أنني أحقق للطلبة مطلب التحصيل على نحو غير مباشر، وأجمع إلى التحصيل تدريباً لهم على النظر في تفسير تلك القواعد وتعليلها، وذلك أوكد لها في أذهانهم، ثم إن منهجه غير المباشر في إيراد القواعد أليق بالمستوى الجامعي.

(4)

نظام الجملة والإعراب

رؤية لسانية لمجال البحث النحوي ومنهج ائتلافي في طريقة تناوله

ثم اتَّـخَـذْتُ لتدريس النحو، على مدى سنوات، كتاباً مؤلفاً على نحو مخصوص.

وذلك أنه طُلِب إليّ أن أُعِدَّ كتاباً في النحو، وآخر في الصرف يُـدَرَّس كل منهما في > فصل < دراسي واحد.،على أن ينتظم كلٌّ منهما قواعد كافية لمعلم النحو ومعلم الصرف من جهة، وأن يمكّن كل منهما للدارس أن يتابع تخصصه في هذين العلمين. وقد وسمت الأول بـ: كتاب العربية (نظام الجملة والإعراب)، ووسمت الثاني بـ: كتاب العربية (نظام البنية الصرفية).

وأجتزئ هنا بوصف أولهما:

جعلت الكتاب في أبواب ثلاثة: خصصت أولها لرسم ملامح النظام اللغوي بأنظمته الفرعية: النظام الصوتي، ونظام التشكيل الصوتي، والنظام الصرفي، والنظام النحوي بركنيه النظم والإعراب، والنظام المعجمي، والنظام الأسلوبي، والنظام الكتابي، مكتفياً بالأمثلة المشخصة الدالة على حقيقة كل نظام، وموقعه من النظام اللغوي العام، ومبيناً موقع النظام النحوي منه على وجه الخصوص، وعلائقه بسائر الأنظمة، ليطل الدارس على موضوع البحث النحوي إطلالة كلية جامعة.

وجعلت الباب الثاني لنظام الجملة، مبتدئاً بنظام الجملة الاسمية بأحكامها وأنماطها الأسلوبية وفروعها التي تمتد بها (جملة كان أخواتها، وجملة كاد وأخواتها، وجملة إن وأخواتها وجملة لا النافية للجنس...). ومعقباً بنظام الجملة الفعلية بأحكامها وأنماطها وامتداداتها عن يمين ويسار وتحويلها إلى جملة الفعل المبني للمجهول ... إلخ.

وكنت أتناول كل مبحث من مباحث الكتاب على أنحاء ثلاثة هي: المُدارَسَة وفيها أعرض قواعد المبحث بعبارة قريبة المتناول على وجه التذكرة، والمقابسة، وفيها أعرض القواعد أنفسها من خلال نصوص من كتب النحو الأصول، والممارسة، وفيها تدريبات متسلسلة موافقة لتلك القواعد أنفسها مع الاعتناء بأن تقوم التدريبات على نصوص مشرقة شفافة عن القواعد، وأمثلة حية من الاستعمال الجاري، وأعاريب لطيفة مما قد يند عن الخاطر الأول، وتنبيهات على أخطاء شائعة ... إلخ.

(5)

تصّور الأستاذ وتوقّعات الطلبة

ائتلاف المعلِّم والمتعلِّم

ثم كانت لي من بعد ذلك تجربة أخرى "نوعيّة"، كما يقال. تناولت تدريس النحو في آخر حلقاته (الجامعية في مرحلة البكالوريوس) لطلبة اختاروا دراسة النحو مستزيدين راغبين. وقد رأيت، بالنظر إلى طبيعة تلك المجموعة من الطلبة، أن أرسم خطة دراستها بالمواءمة بين تصّوري وتوقّعاتهم؛ إذ عملت في استطلاع ما يتطلعون إلى تحقيقه في أنفسهم من دراسة هذه المادّة في ضوء تجاربهم السابقة.

وقد استوت الخطة، بهذا التدبير، في أسئلة عشرة هي:

- ما النحو؟

- لماذا وضع النحو؟

- كيف وضع النحو؟

- لماذا تتعدد وجوه الموضع الواحد في العربية؟

- لماذا يختلف النحاة؟ وكيف نفصل في خلافهم؟

- كيف نقرأ نصا نحويا قراءة تحقيق؟

- كيف نحقق في مسألة نحوية خفية أو خلافية؟

- كيف نكتشف الأخطاء الشائعة ونصححها؟

- كيف نُـعْـرِب؟

- كيف نؤلف درساً نحوياً في كتاب تعليمي؟

ولعل هذه الأسئلة تشف عن منطوياتها ودلالاتها، وأبعادها، في تكوينِ **رؤية كلية للنحو**، وبيانٍ عن دواعي وضعه، ومنهج وضعه، **وتفسيرِ** ما يعرض للدارس من تعدد الوجوه ، وتدريبه على قراءة النص النحوي القديم، **والتنقيب** في كتب النحو الأصول، ومعرفة الأخطاء الشائعة وتفسيرها لتصحيحها إن وقعت، وتلافيها أن يقع الدارس فيها، **والتدريب المنهجي على الإعراب** من حيث هو تحليل للنظم يقوم على مَيْزِ

المؤلفات المباشرة في التركيب ثم يتناول مكونات الجملة بالتفصيل وفقاً لمقولات أربع: نوع الكلمة، وظيفتها، حالتها الإعرابية، علامة إعرابها. وآخر هذه الأبعاد يتمثل في **تدريب الطلبة على تأليف دروس نحوية** باستخراج القواعد من كتب النحو الأصول، وعرضها بأسلوب جديد يقوم على الاستقراء، مستعينا بنصوص تشفّ عن القواعد بجلاء، ومعوّلاً على منح المتعلم دوراً بالمشاركة في استنتاج القواعد باستدراجه إليها، وشَفْع القواعد القياسية بعد تقريرها بأمثلة حية إضافية والتدرج في التدريب عليها من الأمثلة القريبة المباشرة إلى النص الكامل.

(6)

الماء والنار
آخر الفكرة أول العمل

ويشتبك في وقائع التجربة عندي أمران هما اندغام العلمي بالتعليمي في تدريس النحو، ذلك أن قواعد النحو التعليمية ليست بمنفكة عما يكتنفها من مطالب التفسير، وهي تفضي بنا إلى النظرية. ويتساءل كثير من الناس عن جدوى إقحام النظرية في تعليم النحو على مستوى التعليم العام، ولكن كثيراً من الناس يتساءلون عن الوجه في الانشغال بتعليم قواعد النحو في المستوى الجامعي.

كنت في إنجلترا قبل نيف وثلاثين سنة في شأن لغوي، وعَرَضَتْ لي في أحوال السفر أعراض دعتني لمراجعة طبيب.

وحين عرف الطبيب أني أدرّس في الجامعة، سألني ماذا تدرس؟

فحين ذكرت له أنني أدرّس النحو العربي تساءل في دهشة: وهل يكون الطالب الجامعي بحاجة إلى أن يدرس قواعد لغته؟ وما يزال التحصيل هاجساً جامعياً، وما يزال الطلبة يعثرون فيما لم يستقم لهم تحصيله من القواعد الأساسية في حينه، وما نزال نضطرب في تحقيق هذا المطلب الأولي في جمهرة المتخرجين في أقسام اللغة العربية، فما يزال بلوغ الكفاية في النحو محدوداً بنفر قليل من الطلبة الذين يستنفرون طاقاتهم ورغباتهم الذاتية لتحصيل القواعد وتمثلها ومتابعتها واستحضارها وتطبيقها.

وما يزال الانتقال بالطلبة إلى التفسير كالقفز عن الضروري عندهم.

وما أزال أزاوج في تدريس النحو بين مطلبين متباعدين: مطلب استثارة التفكير واستبطان التركيب لدفع اللبس، فأسأل الطلبة، مثلاً، أن يبينوا وجهي إعراب (**عشرين، عشرون**) في مثل: عمرو زيد في رزقه (**عشرون، عشرين**)، ومطلب الربط المباشر للنحو بالحياة، فأجعل من أمثلة عطف البيان، مثلاً: قدمت (**عطيات**) **لزوجها في عيد زواجهما الأول هدية: طفلة كالوردة**.

هاجس التطبيق

وقد كنت في ذلك كله أرى الطلبة، إلا نفرا قليلاً منهم، يقصرون عن تحقيق الغاية الأولية من درس النحو حتى على المستوى الجامعي، وذلك أنهم لا يبلغون في أدائهم على المستوى اللغوي المباشر ما يتوقع منهم، إذ قل أن يستقيم لهم تطبيق القواعد تطبيقا صحيحاً عندما يكتبون أو يقرأون. والحق أن الطلبة كانوا يستشعرون هذا ويتطلعون إلى أن يمنح التدريب على تطبيق القواعد عناية خاصة.

الشكل

فحينا أجعل التدريب على التطبيق بأن أضع بين أيدي الطلبة نصا يشكلونه شكلا تاماً، ويكون الشكل الصحيح دليلاً على كفاية المعرفة وتحقيق أصل الغاية من درس النحو.

إحياء النص

وحينا كنت أضع بين أيدي الطلبة نصاً غير معجم ولا مشكول ولا مضبوط، لينظروا فيه ويستدلوا بمكوناته الماثلة في مثل الهيكل العظمي، ويقرأوه قراءة صحيحة بإعجامه، وضبط أبنية الكلم فيه، وشكل أواخرها، وكانوا يجدون هذا التدريب شائقاً بما يستثير لديهم من حوافز التفكير لإعادة بناء النص وبعثه كائناً سوياً نابضاً بالحياة مستقيم المبنى والمعنى.

اكتشاف الأخطاء

وحينا أسألهم أن يعينوا الأخطاء الشائعة في بعض أمثلة الاستعمال الجاري،

الأعاريب اللطيفة

وحينا أَضَعُ بين أيديهم مسائل في الإعراب قد يَـضِـلّ عنها الخاطر الأول وتقتضي التنبّه إلى ملاحظ لطيفة كما في مثل:

- أجرى الفريقان مفاوضات **مكثفة**

- وكان للنظرية صدى (**واسع**)

- وتلقيت العلم في معاهد **كثيرة.**

إذ إن إعراب الكلمة المختلفة اللون وفق الخاطر الأول قد يوقع في الوهم بإتباعها ما قبلها على ظاهر اللفظ.

ربط النحو بالحياة

وفي كل حال كنت ألتمس للقاعدة موضعاً طبيعياً من دورة الاستعمال الجاري في الحياة من حولهم، فإذا وجدوا (الاشتغال) موضوعاً غير متداول في مثل: زيدا ضربته، التفتُّ بهم إلى الجملة اليومية التي يسمعونها في ختام البرامج من مذيعات التلفزة وهي: وقتا مـمـتعا نتمناه لكم مع فقرات برامجنا (*).

---

*) قدم هذا البحث في ندوة الجامعة الهاشمية (تجارب في تدريس النحو) 29 كانون الأول 2002ك ونشر في الرأي الثقافي (لصحيفة الرأي)، العدد 10.11805 كانون الثاني 2003.

منهج في تيسير الإعراب

لعل الإعراب هو أصعب ما يستصعبه الطلبة في درس النحو وسأحاول ، هنا، أن أسهم ببعض ملاحظات أرجو أن تكون نافعة في تيسير هذه الصعوبة.

ومعروف أن الإعراب -في تعليم النحو- يمثل تحليلاً شاملاً للتركيب الجملي، يحدد حركات الأواخر في الأسماء والأفعال المعربة ويبين عواملها، ويقدّر لما لا تظهر عليه الحركاتُ حركتَــــه كما في (يشفي القاضي غليل المعتدى عليه): بتقدير الضمة على آخر (يشفي، والقاضي) ، وتقدير الكسرة على آخر (المعتدى)، وذلك وفقاً لأصول مقررة في النحو تصنف هذه الأسماء والأفعال في (المعربات)، ويميز لها (محلها من الإعراب). وكذلك يبين لعناصر التركيب وظائفها كالفاعلية والمفعولية والإضافة والحال والتمييز ... إلخ. ويعين لها منازلها تقديماً وتأخيراً وفقاً للأصول المقررة في ذلك، كما يقدر ما يكون محذوفاً وفقا لتلك الأصول .... إلخ.

ولعل من أبرز ما يلاحظه المعلمون، والطلبة يُـعْربِون أنهم يضلون عن حَـصْـر عناصر التركيب الكلية فقد يذكرون المبتدأ في مثل (الحق يعلو) ولكنهم يكتفون بالقول إنّ (يعلو: فعل مضارع) ولا يقدرون حركة الإعراب على آخره (ولعل ذلك من آثار التيسير الشهير الذي اقترحه مجمع اللغة العربية في القاهرة). ولا يشيرون إلى الضمير المستتر الذي هو فاعل (يعلو)، ولعل ذلك من أثار المنهج الوصفي الذي يدعو إلى اعتبار (الحق يعلو) صورة من (يعلو الحق) تقدم فيها الفاعل على الفعل. وغالباً ما يغفل الطلبة عن القول إنّ الجملة الفعلية (يعلو) في محل رفع خبر المبتدأ.

وعلة ذلك - فيما أنوي التركيز عليه هنا - أنّ الطلبة يأخذون في الإعراب مبتدئين: بالعناصر الجزئية فيقتصرون، غالباً، على الحركات والعلاقات الصغرى بين الكلم في التركيب، وتتراكم البيانات الإعرابية تراكماً جزئياً ناقصاً.

وتقوم هذه المقالة على الدعوة إلى أن نستعين بمنهج التحليل النحوي المعروف بمنهج التحليل إلى المؤلفات (بكسر اللام المشددة) المباشرة، وهي ترجمة مقترحة لم يكتب لها -حتى الآن- رواج يدخلها في حد الاصطلاح، تقابل

IMMEDIATE CONSTITUENT ANALYSIS

ولابد أن احترس هنا بالقول إنّ بين النحو العربي في نظريته وهذا المنهج في

التحليل النحوي وجوه شبه متعددة حتى ليذهب بعض الباحثين إلى تصنيف منهج التحليل النحوي عند العرب في إطار هذا المنهج ولكننا لا نقبل هذا على إطلاقه، وتكتفي بتقرير أن هناك التقاء بين المنهجين، ثم يفترقان.

وإذا قال قائل: ولكن أصول هذا المنهج موجودة في النحو العربي، فلماذا نستعيرها من غيره؟ قلت: إن هذا المنهج الجديد يقوم عليها ابتداء فهو ينطلق منها أصلاً أما في النحو العربي فهي مفهومة ضمناً ولعل هذا هو السبب في أننا -في تعليم الإعراب- لم نتبينها بوضوح.

ومهما يكن من فرق. ومهما يقم في نفوس بعض الناس من التحفظ، فالذي نحاوله هنا هو معالجة طريقة الإعراب من غير الإخلال بشيء من مادة النحو العربي أو منهجه. واستئناسنا بهذا المنهج هنا مقتصر على طريقة التدريب على الإعراب.

يقوم منهج التحليل إلى المؤلفات المباشرة على مقولة بسيطة مؤداها أن الجملة ليست خطا أفقياً من تتابع الكلمات، وإنما هي نسق منظوم على نحو مخصوص.

ويتوقف فهمنا للتراكيب، في شطر كبير منه، على هيئة نظم الكلم ذلك أن كثيراً من الجمل الملبسة التي تحتمل الواحدة منها معنيين أو أكثر إنما يرجع اللبس فيها إلى هيئة النَّظْم وَسَمْتِه.

فإذا قلت: انتظرني عند باب المتحف الجديد، احتملت الجملة معنيين:

- أن يكون (الجديد) صفة للباب، وإن يكون المعنى: الباب الجديد للمتحف.

-أن يكون (الجديد) صفة للمتحف، واذن يكون المعنى : باب للمتحف الجديد.

فإذا أردنا المعنى الأول جئنا بهيئة، النظم على هذه الصورة:

انتظرني عند باب المتحف / الجديد.

وإذا أردنا المعنى الثاني جئنا بهيئة النظم على هذه الصورة: انتظرني عند باب /المتحف الجديد.

- وواضح أن حركات الإعراب وغيرها من القرائن لا تسعف هنا في نفي اللبس، ذلك أن **باب والمتحف** كليهما وردا مجرورين.

ولو اختــلفت حــركة إعــرابهما. مثلاً ،لتَعَيَّنَتْ الصفة لأحدهما وفقاً لحركة الإعراب.

وإذا قلت: **طلبت إليه أن يمر بي صباحاً**. احتمل التركيب معنيين كذلك:

- أن تكون (صباحاً) ظرف زمان لطلبت، وإذن يكون المعنى:

طلبت إليه صباحاً أن يمر بي (حين يتيسر له ذلك).

- أن تكون (صباحاً) ظرف زمان ليمر، وإذن يكون المعنى:

طلبت إليه (في وقت ما) أن يمر بي صباحاً.

فإذا كان المعنى الأول هو المقصود سيقت هيئة النظم على النحو التالي:

طلبت إليه أن يمر بي / صباحاً

وإذا كان المعنى الثاني هو المقصود سيقت هيئة النظم على النحو التالي:

طلبت إليه/ أن يمرّ بي صباحا.

وتتعين هيئة النظم، نظم الكلم في جمل بتمييز المؤلّفات المباشرة لكل جملة أو عناصرها الرئيسية. ويتخذ (النظم) هيئة متسلسلة. ويمكن لنا البيان عن ذلك بأن تتخذ جملة بسيطة ثم نمد في عناصرها بصورة متدرجة متصلة.

فإذا اتخذنا هذه الجملة الاسمية البسيطة (أو الصغرى بعبارة ابن هشام وغيره): **العلم نور**، أمكن لنا أن نقول إنها تأتلف من عنصرين هما: العلم ونور.

فإذا شئنا أمكن لنا أن نستبدل **بالعلم** عبارة من كلمتين من غير أن نغير التركيب الأساسي، وذلك كان نستبدل بالعلم: **معرفة الحق**. وعند ذلك نستطيع أن نوضح الأمر بالرسم التالي:

<table dir="rtl">
<tr><td colspan="2">العلم</td><td>نور</td></tr>
<tr><td>معرفة</td><td>الحق</td><td></td></tr>
</table>

وواضح أنه يظل للجملة مؤلفان رئيسان هما: معرفة الحق ونور ، ولكن أولهما يتكون من عنصرين أبسط نحلّلهما في مرحلة تالية بعد تعيين المؤلفين الرئيسين.

فإذا استبدلنا بنور عبارة مؤلفة من عنصرين أبسط مثل: غاية العقل أمكن لنا أن نمثل ذلك على النحو التالي:

العلم		نور	
معرفة	الحق	غاية	العقل

فإذا أوغلنا في هذه العملية أمكن لنا أن نمدّ هذه العناصر الأربعة إلى نسق من عناصر أصغر. فإذا استبدلنا بـــــ معرفة رغبة الناس. واستبدلنا بـــــ الحق: في التعليم واستبدلنا بـــــ غاية: عامل رئيس. واستبدلنا بـــــ العقل: في التنمية، أصبحت الصورة هكذا:

العلم		نور	
معرفة	الحق	غاية	العقل
رغبة الناس	في التعليم	عامل رئيس	في التنمية

وإذا شئنا مددنا في بعض العناصر إلى أبعاد جديدة. فاستبدلنا بـ (رغبة الناس): (رغبة الناس المتزايدة)، واستبدلنا بـ (في التعليم): (في التعليم المهني)، واستبدلنا بـ (في التنمية): (في التنمية الصناعية). وإذن يصبح الرسم المبين عن ذلك:

العلم				نور			
معرفة	الحق			غاية		العقل	
رغبة	الناس	في	التعليم	عامل	رئيس	في	التنمية
الناس	المتزايدة	في	التعليم	المهني	عامل	رئيس	في	التنمية	الصناعية

وواضح أننا نستطيع أن نمضي في هذه الامتدادات وأن نتسع فيها إلى أبعاد أخرى. ولكننا نستطيع قياس الامتدادات الممكنة على ما بين أيدينا.

والمهم أن يلاحظ الطالب أن المؤلفات المباشرة التالية متساوية عند التحليل الكلي:

- العلم

- معرفة الحق

- رغبة الناس في التعليم

- رغبة الناس المتزايدة في التعليم المهني

وأنها تقوم مقام المبتدأ

وأن يلاحظ أن:

- نور

- غاية العقل

- عامل رئيس في التنمية

- عامل رئيس في التنمية الصناعية

متساوية أيضاً عند البدء بالتحليل الكلي إذ إنّ كلا منها يقوم مقام الخبر.

وربما ظن الطالب أن كل مجموعة من العناصر تشكل (مؤلفاً مباشراً: مسنداً أو مسنداً إليه). والحق أن الأمر ليس كذلك وأن المعول عليه في التمييز هو معرفتنا الانطباعية بتركيب الجمل من خلال سلائقنا.

فمثلاً: المتزايدة في التعليم، ورئيس في التنمية، ليسا مؤلفين مباشرين هنا بِهدْي السليقة.

ومن أبرز وجوه التلاقي بين هذا المنهج ومنهج التحليل في النحو العربي (على أن المعطيات متلاقية في نهاية الأمر) ما

نجده في إعراب الجمل، وذلك في مثل:

الكتاب نفدت نُسَخُه

فجملة (نفدت نسخه) في محل رفع خبر عن (الكتاب).

وكذلك: إن الكتاب طباعته أنيقة.

فجملة (طباعته أنيقة) في محل رفع خبر إن.

وواضح أن كلا من هاتين الجملتين توازي (ممتع) في قولنا:

الكتاب ممتع.

ولكننا نستأنس بهذا المنهج ونصدر عن قواعد النحو العربي بِقَلْب نقطة البدء وتقديم الكل وهو المؤلف المباشر على

الجزء وهو عناصره الصغرى.

وصفوة القول أننا يحسن -في تدريب الطلبة على الإعراب- أن نبدأ باستشراف التركيب الذي نتصدى لإعرابه استشرافاً كلياً

ثم نحاول أن نميز عناصره الرئيسة (مؤلفاته المباشرة) محتكمين إلى فهمنا العام وسليقة اللغة فينا. فإذا استقام لنا ذلك

مَضَيْنا إلى تفصيلات الإعراب وفقاً لمعطيات النحو وقواعده المعروفة.

وعسى أن يكون في هذا التوجيه تيسير عملي يستعين به المعلمون عند معالجة (الإعراب) في دروس النحو.

من المراجع:

(أ) بالعربية

(1) الألسنية العربية، لريمون طحان، دار الكتاب اللبناني 1972.

(2) اللغة العربية بين الثبوت والتحول: مثل من ظاهرة الإضافة. لنهاد الموسى. بحث بحوليات الجامعة التونسية، العدد الثالث عشر. 1976. ص 55 - 7.

(3) موصل الطلاب إلى قواعد الإعراب. بهامش تمرين الطلاب في إعراب الألفية، لخالد الأزهري، طبعة مصطفى البابي الحلبي 1370 هـ - 1951 م.

(ب) بالانجليزية:

1- Hartmann and Stork: Dictionary of Language and Linguistics, London 1976.

2- Cattell: The New English Grammar: A Descriptive Introduction. The MIT Press 1969.

(*) نشر هذا البحث في مجلة " التربية " الصادرة عن وزارة التربية والتعليم، الدوحة: قطر. السنة 8 العدد 36 محرم 1400هـ ديسمبر 1979 واعادت نشره (العربية)- مجلة رابطة أساتذة اللغة العربية، (كندا والولايات المتحدة الأمريكية)، المجلد الرابع عشر، العددان 1981,2,1.

الفصل السادس

في تعليم العروض

في تعليم العروض

من حال الطلبة مع العَروض

من أعراض هذه الحال

من أسباب هذه الحال

من العقد التي تتمخّض عن هذه الحال

الأذن الموسيقية

في سبيل العلاج

الخطوة الأولى : قراءات شعرية ونثرية متناظرة

الخطوة الأخرى : الإطار الموسيقي أو نظام التنغيم أو البحر

- مدخل

- نصوص من الهزج والوافر

- من الكلّ إلى الجزء

- من النصّ الشعري إلى عناصره

- من البحر إلى التفعيلة إلى المقطع

في تناول البحور

كيف ندرس بحرا؟

- المدخل واستخلاص الصور والقواعد

- مدخل شعري

- قراءة معبّرة

- قراءة موقّعة على وفق التفعيلات

- البحر - تحليل مقياسه

- قراءة أخرى موقّعة

- كتابة عروضية وتعبير بالرموز

- مقابلة واستخلاص

- العروض والضرب والعلل

- الحشو والزحاف

تثبيت وتعميق وتطبيق

- نصوص جاءت على البحر

- مَيْز الأنغام الكلية في النصوص

- اختبار الكلمة التي تستقيم بها الموسيقى

- فَرْق الصدر عن العجز

- ضبط الشعر بَهدْي استقامة الوزن

- تلمّس النصوص التي جاءت على البحر

نموذج: كيف ندرس البحر الطويل

- المدخل: نصوص شعرية تمثّل صور البحر الثلاث

- البحر ومقياسه

- تحليل المقياس

- مقابلة النصوص بالمقياس وتصنيفها وفقاً للصور التي جاءت عليها

- أحوال العروض والضرب والحشو في الصور الثلاث

- نشاط تكميلي: نماذج شعرية أخرى جاءت على البحر بصوره الثلاث

تطبيق قضايا البحر الطويل وتثبيتها

- مَيْز نصوص البحر الطويل من نصوص غيره من البحور

- اختيار الكلمة التي تقتضيها سلامة الموسيقى

- الضبط بهدي الوزن

- ردّ البيت إلى صورته

- فرز نصوص البحر الطويل

من بحور الشعر القديم إلى الشعر الحديث

ملحقات مقترحة

- مراجع في علمي العروض والقافية

- مجموعات ودواوين شعرية

- تسجيلات شعرية

من حال الطلبة مع العروض

كنت أَجِد، خلال سنوات أربع، عانَيتُ فيها تناول (العروض) مع طلبة السنة الأولى، من قسم اللغة العربية بكليّة الآداب في الجامعة الأردنيّة، وهم طلبة يكونون درسوا العروض دراسة ما، من قبل، أنّ هناك طابعاً عاماً لشكل المعرفة العروضيّة ودرجة الانتفاع العمليّ بها عند الطلبة.

وهذا الطابع يتمّل تمثّلاً قوياً لافتاً في كلّ موقف كان الطلبة يجدون أنفسهم فيه أمام أبيات من الشعر يُطْلَب إليهم أن يتعرّفوا البحر الذي جاءت عليه، ذلك أنّهم كانوا ينكبّون على الأبيات انكباباً مباشراً، ويشرعون في تصوير (واقعها الصوتيّ) بالمقاطع القصيرة والطويلة التي تتألّف منها. ومن بعد، يبدأون عملية تخمين يحاولون خلالها أن يردّوا هذه المجموعة التائهة من المقاطع القصيرة والطويلة، بين أيديهم، إلى صورةٍ مما تجيء عليه بحور الشعر.

وإذا بدأ أحدهم بتقدير (التفعيلة الأولى) من مجموعة (المقاطع)، فأخذ أكثر مما تقتضي هذه التفعيلة من البحر، أو أقلّ، فإنّه يصبح أمام احتمالات كثيرة خاطئة تزيده تخليطاً وضلالاً. ويكون هَمُّ الطالب. في عملية التخمين هذه، أن يلملم مجموعات المقاطع في تفعيلات، وأن يتذكر أيّ البحور يتألف من هذه التفعيلات (إن وفّق إلى تقديرها تقديراً صحيحاً).

ويكون الطالب، أثناء هذا كلّه، في موقف الضعيف المتلّقي، ويكون الطالب أثناء ذلك كلّه في موقفِ مَنْ يهيمن عليه هذا النصّ الشعريّ بين يديه، فهو ينوء به ويعالجه حتى يجد له من وطأته منْجى وخلاصاً.

وهكذا تكون حال الطالب مع العروض حالَه مع كابوس يعتاده (يعاوده حيناً بعد حين)، مفاجئاً، فيطمس عليه وَعْيَه وحسّه، فيستسلم له الطالب، ويغرق نفسه في داخله ويضيع في تفصيلاته الجزئية يدور فيها جوّا خانقاً ثقيلاً، ولا ينفكّ من هذا الجوّ، ولا يخلص من هذا الكابوس الثقيل المُهَيمن إلى مُتَنفَّس طَلْق إلا بالخروج من جوّ (الممارسة العروضيّة).

ويعاني الطالب معاناة بالغة، وهو يصعّد ليقطف ثمرة دراسته للعروض، ثم يكون ما يبلغه من ذلك علقماً وشوكاً.

ومن أعراض هذه الحال

وفي إطار هذه الحال التي يقف فيها الطالب أمام البيت أو الأبيات موقف التائه في عباب بحر مائج، يذهل الطالب عمّا في الشعر من موسيقى، ويضلّ عنه أصلُ الغاية من دراسة العروض.

فتراه يقرأ الشعر، فتَعْرِض في البيت الكلمةُ يكون لضبطها أكثر من وجه، فلا تسعفه الحاسّة الموسيقيّة، ولا المعرفة العروضيّة، على تلمُّس الوجه الذي به تستقيم الموسيقا وتطّرد. وتراه يَعْرض له البيتُ من الشعر، وقد سقطت منه كلمة، صغُرت أو كبرت، فلا يَلْفِتُه اختلال الموسيقا ولا يستوقفه. وتراه يُحْمَل، في موقف، على أن يقرأ مقطوعة من الشعر، فلا تواتيه دراسة العروض على قراءة منسجمة سائغة مستشعرة لموسيقا المقطوعة.

وما يزال جُلّ الطلبة المتخصصين في العربية يفتقرون إلى المعرفة العروضية التي تسعفهم في مَيْز صحيح الوزن من مكسوره . وما يزال كثير مما يتصدّون لجمع الشعر القديم أو تحقيقه يخلّون برواية الشعر من هذه الجهة؛ إذ إن افتقارهم للعلم بالعروض يفضي بهم إلى إيراد الشعر غير مستقيم الوزن دون أن يتنبهوا لذلك.

ومن أسباب هذه الحال

والذي يبدو لي أنّ هذه الحال (حال الطالب مع العروض بعد المرحلة الأولى من دَرْسه) تعود، في معظم وجوهها، وفي كثير من أبعادها إلى طريقتنا في تعليم العروض، وإلى الطريقة التي جرى عليها مؤلّفو كتب العروض في وضع كتبه.

وبيان ذلك أنّنا نبدأ الطالب، أوّل عهده بدراسة العروض، بالتعرّف على المقاطع القصيرة والطويلة، ونجعل أوّل انشغاله بهذه الجزئيّات، ونجعله يدور في إطار الكلمة بهذا التوجيه الجزئيّ: أن يوزّعها إلى مقاطع، في نشاط آليّ رتيب لا بُعْد له ولا طَعْم ولا دلالة. ثم نأخذه بالتدرّب على تصوير الكلمات، فالجمل، فالأبيات كما ينطق بها أو يسمعها، حتى يألف هذا اللون من التصوير الذي نسميه (الكتابة العروضيّة).

ونعرّفه أثناء ذلك أنّنا نشير إلى الحرف المتحرك بهذا الرمز (ب)، ونشير إلى المتحرك الذي يليه ساكن بهذا الرمز (-)، وأننا نسمّي صوت الأوّل مقطعاً قصيراً

ونسمّي صوت الثاني مقطعاً طويلاً، ونعرّفه أنّه من هذه المقاطع، حين تلتقي وفق ترتيب معين وعدد معين، تتألّف (التفاعيل)، وأنه على هذه التفاعيل تقوم بحور الشعر، وهي (البحور)، القوالب، التي تمثّل الأطر الموسيقية للشعر العربيّ.

وأنت ترى بهذا أننا نبدأ بالجزء؛ بالمقطع الذي هو صوت وحسب. ثمّ نتدرّج إلى جزء أكبر هي التفعيلة، حتى نبلغ البحر، بعد عمليّات تركيبية طويلة جافّة شائكة.

وهذه الطريقة، كما هو بيّن، تجعل الدراسة العروضيّة عمليّة ذهنيّة آليّة جامدة، وتعزل موسيقاالشعر التي يصوّرها العروض عن مادتها الأصليّة، وعن جوهرها الذي به تحيا، ومن خلاله تتمثّل، وبوساطته تؤدي وظيفتها. هذه الطريقة تجعل (العروض) عمليّات بهلوانيّة، مادّتها المقاطع القصيرة والطويلة، وغايتها الوحدات التي تتألف من هذه المقاطع، فالقوالب (البحور) التي تتشكّل من هذه التفعيلات.

وهي طريقة تُلغي موسيقا الشعر إلغاء، وتقطع الطريق إليها، لأنّ الطالب الذي يسعى إلى دراسة موسيقا الشعر من هذا الوجه لا يبلغ الدرجة الأولى من الإلمام بهذه الموسيقا (تعيين البحر) إلا لاهثاً مكدوداً بتلك العمليات الآليّة الذهنيّة التي يُحمل عليها، ويُعوّد على أن يَأْخُذَ نَـفْـسَـهُ بها في كلّ موقف عروضيّ.

ومن العقد التي تتمخّض عن هذه الحال

الأذن الموسيقيّة:

ويكون بين الطلبة قلّة محدودة تَيَسَّر لها من السمع حاسّة أيقظ وأرهف من سائر زملائها، وتَيَسَّر لها من درس الشعر ومعاناته وذَوْقِـه ما لم يتيسّر لغيرها من لِداتها. ويكون في طاقة هذه القلّة المحدودة، عن قرب وفي يسر، أن تعرف البيت: من أيّ بحر هو؟ (1)، دون حاجة إلى التقطيع، ودون حاجة إلى هذا التذكّر الشاقّ في غمرة الاحتمالات المختلطة التائهة.

1) لست أريد بهذا أن أجعل دائرة محدودة بمعرفة بحور الشعر كما رسم قواعدنا الخليل، ولكني أريد إلى أن ذلك عماد من عمد المعرفة بالعروض، ولبنة أساسية في البناء العام لعلم العروض، ومظهر أصلي دال على الانتفاع التطبيقي به، وضرورة من ضرورات السير في درس العروض إلى آفاق رحيبة وأبعاد خصيبة.

ويدور بين الطلبة مصطلح دالّ على هذه القلّة المحدودة، وما تتصف به من هذه الحاسّة المدركة لموسيقا الشعر، ويقال فيها إنها ذات (أذن موسيقيّة). ولكنّ هذه (الأذن) لا تتحقق إلا في هذه القلّة المحدودة. وتصبح هذه (الأذن) عقدة الطالب العاديّ الذي يدرس العروض، على هذا النحو المتقدم، ويبذل في درسه جهداً جاهداً، ولكنه لا يجد إلى إتقانه وقطف ثماره سبيلاً قريبة مواتية إلا تلك السبيل القائمة على البدء بالتقطيع والتعويل على التذكّر الآليّ الشائك لصور البحور، وما أكثرها!

في سبيل العلاج

وهذه محاولة أُرِيدُ بها إلى تقديم اقتراح شامل يمثّل خطّة عامّة في تعليم العروض، تمكّن للطالب أن يُحقق هذه (الأذن الموسيقيّة) التي يراها غاية بعيدة المنال، وتصل العروضَ بالشعرِ: مادّتِه (التي منها استخلصت قواعده، وجُعل مقياساً لها ولموسيقاها)، وتجعل درس العروض درساً في ذوق الشعر، وفي تعمُّق حالاته الموسيقيّة، وأداة في ضبط الشعر، وآلة في مَيْز صحيحه من مكسوره.

وهذه الخطّة في جوهرها تبدأ بالأصل، وهو الشعر، وتبدأ بالكلّ وهو القصيدة الكاملة أو المقطوعة أو البيت الواحد، بالنصّ الشعريّ يؤدّي فكرة تامّة، ويستتمّ له في حساب العروض بناء موسيقيّ كامل.

والخطوة الأولى في هذه الخطّة: قراءات شعرية ونثرية متناظرة.

أن يبدأ المعلّم تلاميذه بقراءات واسعة، يعرضون أثناءها لنماذج متعددة من الشعر. ويحسُن أن يقرأ المعلّم أوّلاً، لكي تكون قراءته عاملاً مساعداً في تلمّس هذا الفارق الشكليّ الموسيقيّ بين صورة التعبير في النثر وصورة التعبير في الشعر.

وربّما استعان على تلك القراءات بعدد من التلاميذ المجيدين، بل ربما أعدّ هذه النصوص النثريّة والشعريّة، في صورة واضحةٍ مشكولةٍ فيها مواضِعُ اللَّبْس، وجعلها مادّة للقراءة والسماع. ومن السهل جدّاً أن يتبيّن الطلبة الفارق بين النثر والشعر من تلك الناحية(1).

ثم ينتقل المعّلم إلى الخطوة الأخرى:

---

1) ناحية الشكل الموسيقي الذي يمتاز به الشعر من النثر.

الإطار الموسيقيّ أو نظام التنغيم أو البحر:

وهي الخطوة الحاسمة التي تمثّل المدخل الحقيقيّ إلى العروض، عِلْماً يضبط موسيقا الشعر، من خلال مقاييس استخرجت باستقراء الشعر العربيّ، وغاية هذه الخطوة أن تكون مدخلاً إلى تمكين الطلاب من (الأدوات) التي تعينهم على دراسة العروض، من خلال (أطر موسيقيّة) أو (نظم تنغيم) (بحور) مما جاء عليه الشعر العربيّ.

الإطار الموسيقيّ أو نظام التنغيم أو البحر:

وهذه الخطوة تتمثّل في الهجوم، مباشرة، على دراسة العروض من خلال البدء ببحرين مستقلّين كاملين من بحوره هما: الهَزج والوافر.

ويختار المعلّم أن ينطلق من نصوص جاءت على هذين البحرين لسبب بسيط ولكنه بالغ الأهميّة، ذلك أنّ الشعر الذي جاء على هذين البحرين قريب المتناول من حيث سهولة توقيعه وتبيّن حدود النغمات فيه.

ويبدأ المعلّم بأن ينتقي مقطوعات ثلاثاً أو أربعاً جاءت على بحر (الهَزَج)، فيضعها بين أيدي تلاميذه، نماذج شعريّة وحسب(1) يقرأونها، حتى تستقيم لهم القراءة، ويعرضون لما يساعد على كمال فهمها وتذوّقها من بيان صورة في التعبير، أو وجه إعرابيّ لطيف، أو لفظ غريب .... إلخ.

ومِنْ بَعْدُ يطلب إليهم أن يقرأوها متلمسين لما فيها من تنغيم وإيقاع(2). وإذا أعياهم ذلك (؟؟؟) قرأها لهم منغومة موقّعة (وما أسهل ذلك وما أبينه في هذا البحر). ثمّ يطلب إلى كلّ من أحسّ ذلك أن يقرأ واحدة من المقطوعات موقّعة، على نحو ما مرّ. ثمّ يقرأ ويردد الطلاب هذه المقطوعات منغومة موقّعة. وهذه التجربة ستكشف للطلبة أنّ في الشعر العربيّ موسيقيّة خصبة لافتة، يمكن استنتاجها عن قرب، وفي يسر.

---

1) دون أن يشغلهم بأي مصطلح عروضي، فهو هنا لا يتناول (الهزج) وإنما يستعين بنصوص شعرية جاءت عليه تمثل نظامه التنغيمي.

2) هذا أمر في متناول أبناء اللغة ممن أولهم أدنى عهد بالشعر العربي، قضية لا يختلف فيها اثنان.

ومن الحسن هنا أن يضع بين أيديهم مقطوعتين أو ثلاثاً جاءت على (الهَزَج) غير التي تقدّمت، ويترك لهم أن يُعدّوا قراءاتها قراءة صحيحة معبّرة، وهو يعينهم على الأدوات المعينة على ذلك، من شرح لفظ غريب، أو بيان موقف إعرابيّ لطيف، أو ضبط كلمة مُلْبِسة. ويطلب إليهم، بعد ذلك، أن يحاولوا قراءتها مُـوَقَّعة.،. وسيجد أنّ (الصفّ) قد استحال طاقة ملتهبة متفتّحة، وتنافساً حياً متدفّقاً على القراءةِ الصحيحة المعبّرة، وتلمُّسِ وَجْـهِ القراءة الموسيقيّة الموقعة.

فإذا كان درس تالٍ، استحضر المعلم ثلاث مقطوعات أو أربعاً جاءت على البحر (الوافر) (وما أوفرها في الشعر العربيّ) ! فصنع بها ما صنع بمقطوعات (الهزج)، و(الوافر) كـ(الهَزَج) في قُرْبِ مُتناوَلِـه من حيث سهولة التوقيع، بل إنّ موسيقاه تعلن عن نفسها في غير عناء، وحدود التفعيلات فيه متبيّنة لا تكاد تلتبس، مثلها في ذلك مثل التفعيلات في (الهَزَج).

وليس يَصِحُّ في الأذْهانِ شيءٌ إذا احتاجَ النهارُ إلى دليلِ

والمعلّم، حتى هذه الخطوة، التي لا يستغرق بلوغها أكثر من ثلاثة دروس، لا يشير إلى المقطع، ولا يشير إلى التفعيلة، ولا يشير إلى البحر. ولكنّه يستطيع أن يستنتج من الطلبة أنّ للمقطوعات الأولى نظام تنغيم، وأنّ للمقطوعات الثانية نظام تنغيم مختلفاً، وأنّ لكلّ منهما في موسيقاه مجرى مغايراً. ويكفي هنا، أن يعرف الطلبة أنّ الشعر يجري على نُظُم تنغيم مختلفة.

وربّما كان حسناً من الحسن، في هذا المقام، أن يضع المعلم بين أيدي تلاميذه مقطوعات متنوّعة بعضها جاء على البحر (الوافر)، وبعضها جاء على (الهَزَج) -من غير أن يسمّيها لهم ومن غير أن يفرقها- ويسألهم: أيّ هذه المقطوعات جاء على (نظام التنغيم) الأوّل؟ وأيّها جاء على الثاني؟

وإلى هذا الحدّ سيدرك الطلبة أنّ هذا (دَرْس) في الشعر العربيّ عامّة، وفي موسيقا هذا الشعر وذَوْقها، والمَيْز بين نظمها التنغيميّة خاصّة، وهذا مدخل طبيعيّ سليم.

من الكلّ إلى الجزء .. من النصّ الشعريّ إلى عناصره .. من البحر إلى التفعيلة إلى المقطع .. الأدوات والمصطلحات في إطار كلّي شعريّ.

ثمّ يعود المعلّم إلى بحر (الهَزَج)، إلى مقطوعات ثلاث جاءت عليه فيعالجها على نحو ما عالج المقطوعات الأولى، ولكنه لا يكتفي بما كان في المعالجة الأولى، وإنّما يمضي خطوة أخرى إلى أمام، فهو يقرأ المقطوعة الأولى قراءة موقّعة، ويضع خطوطاً مائلة توضّح مواقع الوقف التي كانت تعرض أثناء القراءة وتَفْرِق الوحدات الصوتيّة (1) التي كانت تتمايز أثناء التوقيع(2).

وسيجد الطلبة أنّ هذه المقطوعة تتألّف من أبيات، وأنّ البيت يقوم على أربع وحدات صوتيّة متعينّة أثناء القراءة العامة التذوّقية.

ويقف المعلّم هنا إلى الوحدة الأولى في البيت، فيقرؤها هو ويقرؤها عدد من الطلبة، ويطلب إليهم أن يكتبوها، كما ينطقون بها ويسمعونها، كتابة وافية دقيقة مشكولة، ويكشف لهم عن مواطن الفرق بين الكتابة المعتادة وهذه الكتابة المطابقة للأصوات المنطوقة، وينّبههم إلى حروف تلفظ ولا تكتب، وإلى حروف تكتب ولا تلفظ، وإلى صورة النطق بالشّدة وكيف نمثّلها بالكتابة (ويختار من وحدات المقطوعة ما يساعد على ذلك)، ثم يظهر الطلبة على مجموعة المتحرّكات والسواكن التي تتألّف منها (الوحدة) عدداً وطريقة ترتيب.

ويعرّفهم على (وحدات) أربع كالتي يرونها، وأنّ كلّ (وحدة) تقوم على أجزاء صوتيّة صغيرة تتبيّن حين نكتب البيت كما نسمعه أو نلفظه (كتابة عروضيّة). وهنا يستطيع أن يسمي لهم (الوحدة الصوتيّة) اسمها الاصطلاحيّ عند العروضيين (التفعيلة).

وهنا يستطيع أن يشرح لهم طريقة تصنيف المتحرّكات والسواكن في وحدات أصغر هي (المقاطع القصيرة) التي يقوم كلّ منها على متحرّك، و(المقاطع الطويلة) التي يتألّف كلّ منها من متحرّك فساكن، ويشرح لهم طريقة التعبير عن الكتابة العروضيّة برموز تشير إلى هذه المقاطع ... إلخ.

ويطلب إليهم أن يتناولوا الوحدة الثانية (التفعيلة) من البيت:

- فيكتبوها كما ينطقون بها، ويصوّروا أصواتها بالحروف والحركات تصويراً دقيقاً كاملاً. (ويعينهم على ما يعرض من مواطن لطيفة قد تضلّ عنهم).

---

1) أو النغمات أو وحدات التنغيم.

2) يحسن أن يختار المعلم مقطوعة جاءت تفعيلاتها صحيحة.

- ويستوثقوا من أنها جاءت مطابقة في عددها، وفي طريقة ترتيبها لأصوات (التفعيلة) الأولى.

- ويحاولوا أن يصوّروا أصواتها بالرموز الدالّة عليها.

ويستطيع الآن أن يضع بين أيديهم المثال المجرّد الدالّ على هذه الوحدة (مَفاعيلُنْ)،ويريهم كيف يحلله العروضيّون إلى أجزائه الصوتيّة، ويطلب إليهم أن يصورّوه بالرموز الدالّة عليه. وهنا يكتشفون أنّ هذا (المثال) مطابق لكلّ من الوحدتين السابقتين اللتين تكونّان شطر بيت من المقطوعة التي عالجوها، ويذكر لهم أنّ (مَفاعيلُنْ) هو اسم تلك التفعيلة التي تمثّل مجموعة المتحرّكات والسواكن بهذا العدد ووفق هذا الترتيب. ويستنتج منهم أنّ في البيت الواحد من المقطوعة التي تناولوها أربع وحدات (تفعيلات) كلّ منها تعدل (مَفاعيلُنْ) في تركيبها الصوتيّ، ويقفهم على أنّ البناء الموسيقيّ الذي أحسّوه بالتوقيع، في المقطوعة، يقوم على هذه الوحدات التي تسمّى التفاعيل، تقوم على هذا النظام العدديّ والترتيبيّ للمتحرّكات والسواكن ... إلخ.

وعلى هذا النحو، ومن خلال مثل هذا المدخل الموسيقيّ الشعريّ الكلّيّ، يستدرج المعلّم طلبته إلى معرفة الأدوات التي تُعينهم في درس العروض... البحر (هذا النظام التنغيميّ الذي يَسَع مئات المقطوعات والقصائد في الشعر العربيّ)، والتفعيلة (هذه الوحدة الصوتيّة المتعيّنة المتبيّنة)، والفاصلة والوتد و السبب (إن شاء)، والمقطع القصير، والعجز، والعروض، والضرب... إلخ.

والقصد من هذا كلّه أن يكون مدخل الطلبة إلى العروض من خلال الشعر، وأن يكون ابتداؤهم بالكلّ ... ثم يتدرّجون إلى الأجزاء تدرّجاً طبيعيّاً. وهذا ملحظ هامّ لأنه يضع موسيقا الشعر في موضعها من البناء الفنيّ للقصيدة، ولا يعالجها حقيقةً خارجيّة جامدة.

وهكذا يكون تعرُّف الطالب إلى هذه (المصطلحات) وتمرُّسه بهذه (الأدوات) في إطار (شعريّ) وفي نشاط وظيفيّ، وهكذا يجد أنّه يعرض للشعر في وجه من أبرز وجوهه وهو الموسيقا، على نحو يزيده بصراً بحقيقة هذا الوجه...، وهكذا يجد تلك الاصطلاحات والأدوات تأخذ أبعادها الحقيقيّة، وتؤدي وظيفتها في تفسير موسيقا الشعر وتحليلها، وهكذا يجد دراسته (العروض) نفاذاً جديداً في دراسة الشعر، وهكذا ينفتح له مع العروض آفاق رحبة في ذَوْق موسيقا الشعر واستكناه أنغامه.

في تناول البحور

وحين يشرع المعلّم في تناول البحور فإنّه يستوحي هذا المنهج في أصوله العامّة، ولكن مع عناصر فرعيّة أخرى.

وقد يختار المعلّم أن يبدأ بالبحر (الطويل) فـ(الكامل) فـ(البسيط)، وَفْق خطّة في اختيار البحور الأكثـر دورانا يتـدرّج بها من الأشيع فالذي يليه شيوعاً في الشعر العربي(1)، وقد يختار أن يبدأ بالبحور التي تقوم على تفعيلة واحدة كـ(الهَزج) فـ(المتقارب) فـ (الرمل) ... مع ملاحظة الشائع الدائر منها على سعة في الشعر العربيّ يقدّمه على ما يليه سهولة في التوقيع وقابليّة في التنغيم، ثم ينتقل إلى البحور التي تقوم على تفعيلتين، وبذلك يتدرّج بالطلبة من البحور ذات الموسيقا القائمة على التفعيلة الواحدة إلى البحور القائمة على تفعيلتين تدرّجا ينقلهم من البسيط إلى المركّب، ومن القريب إلى البعيد، ومن السهل إلى الصعب.

ولعلّه يحسن أن يبدأ المعلّم، وخاصّة في أوّل عهد الطلبة بدراسة العروض في المرحلة الثانويّة، بالبحور القائمة على تفعيلة واحدة، بل لعلّه يحسن أن يبدأ بالبحور ذات الطبيعة الموسيقيّة الأبين، والأقرب تناولاً كـ(الهَزج) و (المتقارب).

كيف ندرس بحراً؟

المدخل واستخلاص الصور والقواعد:

وأيّا ما كان الأمر فحين يبلغ المعلّم هذه المرحلة في دراسة بحور الشعر، فإنّه يستطيع أن يتناول (البحر) من خلال هذا المنهج العامّ، وفق الخطّة التالية(2):

مدخل شعريّ:

يختار المعلّم مقطوعات، تمثّل كُلٌّ منها صورةً من الصور التي يجيء عليها البحر الذي يختار أن يتناوله. ويجهد أن تكون هذه المقطوعات قريبة في مضمونها من نفوس الطلبة، قريبة في مستواها من متناولهم، بحيث لا تحتاج إلى عناء في بيان المسائل التي تتصل بغايته الأصليّة العروضيّة من تناولها، فإن عرض فيها بعض هذه المسائل من وجه

1) يجد المعلم صورة من ترتيب البحور على هذا النحو في (موسيقى الشعر) للدكتور إبراهيم أنيس.
2) هذه الخطة تمثل مقترحات، وتدل على طريق، وليست قالباً ملزماً.

إعرابيّ خافٍ أو لفظ غريب أو لفتة تعبيريّة طريقة عَمِل مع طلبته على تبيُّنها يمهّد الطريق إلى فهْم أوّليّ عام للمقطوعات(1).

قراءة معبّرة:

يقرأ المعلّم هذه المقطوعات، وطلبته يسمعون، قراءة صحيحة معبّرة، وقصده من ذلك أن يدخلوا إلى جوّ البحر العام من خلال نماذج شعريّة جاءت عليه.

قراءة موقّعة:

يكون المعلّم قد أعدّ هذه المقطوعات بحيث حُلّل كلّ بيت فيها إلى تفعيلاته، ووُضِعت خطوطٌ مائلة تفصل كلّ تفعيلة عن تاليتها. ويقرأ المعلّم المقطوعات مرّة أخرى، والطلبة يسمعون، قراءة موقّعة ضابِطُها وقفة وهميّة طائرة عقب كلّ تفعيلة. وهذه القراءة تساعد على إحساس أوضح بمادّة البناء الموسيقيّ للمقطوعات، وهي تساعد، أيضاً على تلمّس الوحدة (التفعيلة) التي يقوم عليها هذا البناء.

البحر تحليل مقياسه:

يمكن للمعلّم، بعد ذلك أن يعلن على الطلبة أنّ هذه المقطوعات جاءت على البحر ... الذي مقياسه أو إطاره الموسيقيّ هو: ....، ويناقش معهم هذا المقياس، أو هذا الإطار الموسيقيّ في: الوحدات (الأجزاء والتفعيلات) التي يقوم عليها، وعددها، وطريقة ترتيبها، وطبيعة توزيعها. ثمّ ينتقل بهم إلى تحليل داخليّ للتفعيلة يكشف عن طبيعة بنائها.

قراءة أخرى موقّعة:

ثمّ يضع بين أيديهم المقطوعات التي كان اختارها، على النحو الذي أعدّها عليه من أجل القراءة الموقَّعة. ويطلب إليهم أن يحاولوا قراءتها بِهَدْي الخطوط الفارقة بين التفعيلات، لعلّهم يتلمّسون ما فيها من هذا التوقيع المطّرد المنغوم.

---

1) وقد يختار أن يشرح لهم، بايجاز خاطف، المناسبة التي ولدت فيها القصيدة، أو يضع بين أيديهم مفتا فهمها كلياً بالبيان عن الخيط الذي يشد أجزاءها ويصل ما بين أبياتها.

كتابة عروضيّة، وتعبير بالرموز:

ويطلب إليهم، بعد ذلك، أن يكتبوا هذه المقطوعات كتابة عروضيّة، تمثّل الصورة المنطوقة المسموعة منها، وأن يضعوا الرموز الدالّة على مقاطعها.

مقابلة واستخلاص:

ويعمل معهم على مقارنة هذه المقطوعات، واحدة واحدة، بالإطار الموسيقيّ الأصليّ للبحر ليتبيّنوا طبيعة كلّ صورة: كيف جاءت عروضها؟ وكيف جاء ضربها؟ ويقابل بين صورتها في كلّ مقطوعة وصورتها في الأصل، ويدرس معهم وجوه التغيير التي قد تكون عرضت لها. ويسائلهم: هل تجدون مثل هذا التغيير (من تسكين متحرّك أو حذف ساكن) يَضِيْر أصل البناء الموسيقيّ للتفعيلة؟ هل تجدونه يضير موسيقا البيت أو المقطوعة؟ أو يؤثّر عليها تأثيراً سلبيّاً؟ ويلفتهم إلى أنّ هذه الصورة يجيز العروضيّون أن يأتي عليها العروض أو الضرب.

وهنا يطلب إليهم أن يَرجِعوا النّظر في هذا التغيير الواقع في العروض والضرب: هل يجدونه لازماً للعروض والضرب على مدى المقطوعة؟ وربّما أحبّ أن يعيّن لهم مكان هذا التغيير من التفعيلة، وإلى مكان التفعيلة من البيت (أنّها عروض أو ضرب)، وأحبّ أن يعرفوا أنّ هذا التغيير يسمّى (علّة)، وأحبّ أيضاً أن يعرفوا أيّة علّة هو؟ فردّهم إلى كتاب يعتمدونه في دراسة العروض، يراجعون جدول العلل فيعرفون الاسم الاصطلاحيّ لهذا اللون من ألوان التغيير الذي يعرض للضرب أو العروض(1).

ثم ينتقل إلى تفعيلات الحشو (وهو ما عدا العروض والضرب من تفعيلات البيت) يدرسها على هذا النحو، يقابلها بالأصل ويشير إلى وجوه التغيير التي يجوز أن تعرض له، ويرصدها، مع الطلبة، في أبيات المقطوعة جميعاً ليروا أنّها غير لازمة. وربّما أحبّ أن يعرفوا أنّ التغيير هنا يسمّى (زحافا)، وربّما أحبّ أن يلفتهم إلى موقعه من التفعيلة، وربّما أحبّ أن يعرفوا اسمه الاصطلاحيّ: ما يكون؟ فردّهم إلى كتابهم الذي يعتمدونه

1) لعل هذا أليق بالطالب في عهده الثاني من دراسة العروض.

في دراسة العروض يراجعون جدول الزحاف، ويقفون على الاسم الاصطلاحيّ لهذا الضرب من ضروب التغيير الذي يعرض لتفعيلات الحشو ... وهكذا يتناول المقطوعات الأخرى، وهكذا يقفون على الصور التي يشيع أن يجيء عليها هذا البحر في الشعر العربيّ.

تثبيت وتعميق وتطبيق:

وإذا انتهى المعلّم من العرض على هذا النحو انتقل إلى خطوة، هي تثبيت عمليّ لذلك وتوكيد، وهي قياسُ درجةٍ من تمثُّل الطلبة لموسيقا هذا البحر.

وأوّل عناصر هذه الخطوة، نشاط يقوم به الطلبة، ويتمثّل هذا النشاط في أن يعيّن المعلّم لتلاميذه قصائدَ كلٌّ منها جاءت على واحدة من الصور التي يأتي عليها البحر، ويدلّهم على مواضعها من كتبهم (في الحياة المدرسيّة) أو على مصادرها الأصليّة، ويذكر لهم أنها جاءت على ذلك البحر، وأنّ كلا منها جاءت على واحدة من صوره. ويطلب إليهم أن يصنعوا بها ما صنعوا بالمقطوعات التي تنوولت في الدرس، وأن يُعْنوا، على وجه الخصوص، بتقسيم أبيات كلّ قصيدة إلى وحداتها الصوتيّة (التفعيلات) التي تتألّف منها، وأن يعانوا قراءة القصائد موقّعة وفق التفعيلات، وأن يردّوا كلّ قصيدة إلى الصورة التي جاءت عليها، وأن يستوثقوا عمليّاً من القواعد التي استخلصوها في الدرس.

وثاني عناصر هذه الخطوة يكون في الدرس التطبيقيّ التالي نشاط مشتركاً بين المعلّم وطلبته.

ويستطيع المعلّم في هذا الموقف أن يصطنع مثل هذه التدريبات(1) :

1- ميز الأنغام الكلّيّة في النصوص:

يستحضر عدداً من المقطوعات الشعريّة، بعضها جاء على البحر الذي كان درسه مع تلاميذه، وبعضها جاء على بحر مغاير واضح المغايرة، في موسيقاه، لذلك البحر. ويقرأ عليهم هذه المقطوعات، ويطلب إليهم أن يصغوا بإمعان، وأن يقدّروا عَقب كلّ مقطوعة:

1) يستهديها، وقد يضيفها إليها، وقد يختار منها ما يجده مناسباً، وقد يستبدل بها غيرها في اطار النهج العام.

هل جاءت على ذلك البحر الذي درسوا أم لم تجئ؟... فإن أعياهم ذلك دعاهم إلى الاحتكام إلى القراءة الموقّعة، فإن أعيتهم دعاهم إلى الاستئناس بقراءة الإطار الموسيقيّ للبحر (المقياس) موقّعاً، فإن أعيتهم دعاهم إلى الاستعانة بالتقطيع والمقابلة. وهكذا، يعمل على ترسيخ النغمة العامة للبحر في آذانهم إيجاباً وسلباً. وهكذا، يضع أدوات الدراسة العروضيّة في مكانها العمليّ الوظيفيّ.

2- اختيار الكلمة التي تستقيم بها الموسيقا:

يضع بين أيديهم مقطوعة جاءت على ذلك البحر، بعد أن يكون أَسقَطَ من كلّ بيت فيها كلمة أو اثنتين، ووَضَعَ الكلمة التي أسقطها مخلوطة بكلمتين أخريين، مراعياً أن تكون الكلمتان الأخريان يستقيم بهما معنى البيت دون موسيقاه، ويطلب إليهم أن يملأوا الفراغ بالكلمة المناسبة التي يستقيم بها المعنى وتطّرد الموسيقا، ويشّجعهم على أن يحتكموا إلى آذانهم في المقام الأوّل، ولا يحول بينهم وبين الاستعانة بالتقطيع إن لم يستعينوا، لأنّ التقطيع هنا يكون شائقاً وظيفيّاً.

3- فَرْق الصدر عن العَجُز:

يضع بين أيديهم مقطوعة جاءت بعض أبياتها مدوّرة (موصولاً صدرها بعجزها، إذ وقعت كلمة واحدة مشتركة بينهما)، ويطلب إليهم أن يفرقوا بين صور الأبيات المدوّرة وأعجازها. وربّما جعل لمثل هذا التدريب معنى وظيفياً بأن يلفت الطلبة إلى الشكل الذي يُخْرَج عليه الشعر عادة حيث يفصل صدر البيت عن عجزه في هيئة تمثّل صورة من التوزيع الموسيقيّ، وهو شكل يحتاج إليه الناس في كتابة الشعر، ويحتاج إليه الذين يحقّقون دواوين الشعر حين يخرجونها إلى الناس(1).

4- التدرّب على الضبط بِهَدْي استقامة الوزن:

قد يضع بين أيديهم أبياتاً فيها كلمات تحتمِل في ضبطها أكثر من وجه، ويستقيم المعنى بالوجوه جميعاً، ولكنّ الموسيقا لا تستقيم إلا على وجه معيّن، ويطلب إليهم أن يضبطوا هذه الكلمات ذلك الضبط الذي به تطّرد الموسيقا وتجري على وجهها الصحيح.

---

1) لعل هذا يكون أوضح حين يُتناول العروض على مستوى المرحلة الجامعية الأولى.

5- تلمّس النصوص التي جاءت على البحر:

وقد يستثيرهم إلى تخريج القصائد التي جاءت على هذا البحر من بين القصائد التي عرضت لهم في دراستهم، وقد يعدّ معهم عدداً من هذه القصائد، ويتيح لهم أن يقرأوا مقتطفات منها قراءة صحيحة معبّرة، وقراءة موقّعة لمن استطاع إلى ذلك السبيل في يُسرٍ ومواتاة.

وهكذا يكون جُلّ الهمّ، ومعظم النشاط، ممارسة للشعر، مِنْ عَلُ، ممارسةَ فَهْم وتذوّق. وهكذا يكون العروض، وأدواته، مادة مسعفة، يسخّرها التلميذ من أجل معرفة أعمق، واستبصار أنفذ. وهكذا يكون العروض تنمية لِذَوْق موسيقا الشعر، ويكون الطالب مشاركاً بفعاليّة في استخلاص القواعد، واقفاً ببصيرةٍ على أصول الأحكام العروضيّة والمصطلحات.

نموذج: كيف ندرس البحر الطويل؟

وهذا مثال تطبيقيّ، من تناول (البحر الطويل)، وَفْق هذا المنهج الكُلّيّ.

المدخل:

نماذج ثلاثة تمثّل الصور الثلاث(1) المشهورة السائغة التي يجيء عليها الطويل في الشعر العربيّ، يقرؤها المعلّم أوّلا قراءة صحيحة معبّرة، ثم يقرؤها موقّعة وفق حدود التفعيلات داخل الأبيات(2)... هي:

1- من قصيدة مالك بن الرّيب(3) التي مطلعها:

ألا ليْتَ شِعري هل أبيتنّ ليلة   بجنب الغضا أزجي القلاص النواجيا

---

1) الأولى: ذات الضرب المقبوض (مفاعلن). والثانية: ذات الضرب المحذوف (مفاعي)، والثالثة: ذات الضرب الصحيح (مفاعلين).

2) إن لم يكن المعلم مستوثقاً من أنه يمكن له قراءة الأبيات موقعة على هذا النحو الكتابي فإنه يحسن أن يعد الأبيات في صورة خاصة، وقد أبان عن حدود التفعيلات فيها بخطوط مائلة، هكذا:

ألا لي/تَ شعري هل/ أبيتن/ليلةُ   بجنب ال/غضا أزجي ال/قلاص الن/واجيا

3) يجدها المعلم كاملة في (ذيل الأمالي) للقالي، ص 136 وما بعدها.

ويجتزئ المعلّم بالأبيات من:

إن اللـه يرجعني من الغزو لا أرى وإن قـلّ مـالي تـاركاً مـا ورائيا

إلى:

ودرّ الهوى من حيث يدعو صحابتي ودرّ لجـاجاتـي ودرّ انـتـهائـيـا

2- من قصيدة المتنبيّ(1) التي مطلعها:

لياليَّ بعد الظاعنين شكول طوال، وليـل العاشـقين طـويل

ويختار المعلّم منها مقدّمتها الغزليّة، وهي تمتدّ من هذا البيت الأوّل إلى قوله:

ويوماً كأنّ الحسن فيه علامة بعثـت بـها والشمـس منك رسول

3- من قصيدة أبي تمّام(2)، التي مطلعها:

كذا فليجلّ الخطب وليفدح الأمر فليس لعين لم يفض ماؤها عذر

ويجتزئ بمجموعة الأبيات التي تبدأ بهذا البيت الأوّل، وتنتهي بالبيت:

فتى مات بين الضرب والطعن ميتة تقوم مقام النصر إذ فاته النصر

البحر ومقياسه:

إعلان البحر (الطويل) وقالبه (مقياسه):

فعولن مفاعيلن فعولن مفاعيلن فعولن مفاعيلن فعولن مفاعيـلن

وتحليل (المقياس):

ويتضمّن التحليل بيان:

1- أنّ البحر ثنائيّ يقوم على تفعيلتين هما: فعولن ومفاعيلن.

---

1) ديوان أبي الطيب المتنبي، نشرة عبد الوهاب عزّام، ص 347 وما بعدها.

2) ديوان أبي تمام بشرح الخطيب التبريزي، تحقيق محمد عبده عزام، 4-79 وما بعدها.

2- أنّ أولى التفعيلتين خماسيّة والأخرى سباعيّة.

3- أنّ بناء القالب (المقياس) يقوم على البدء بفعولن فمفاعيلن مكرّرتين على هذا النسق في كلّ شطر.

4- أنّ فعولن تقوم على متحرّك فمتحرّك فساكن فمتحرّك فساكن، وأنّ مفاعيلن تقوم على متحرّك فمتحرّك فساكن فمتحرّك فساكن فمتحرّك فساكن.

5- أنّ صورة البحر بالرموز الدالّة على المقاطع هي:

ب -- ب --- ب -- ب ---

ب -- ب --- ب -- ب ---

مقابلة المقطوعات بالمقياس، واستخلاص الصور التي يجيء عليها البحر:

يعالج المعلّم وطلبته النماذج الثلاثة السابقة(1) على هَدْي (مقياس) البحر الطويل، وذلك وفق الخطوات التالية:

أ- يبدأون بالنموذج الأول:

1- فيقرأونه قراءة مدقّقة بهدي الخطوط الفارقة بين التفعيلات(2).

2- ويكتبونه كتابة عروضيّة.

3- ويصوّرون المادة المكتوبة بالرموز الدّالّة على المقاطع.

4- ويقابلون صورة العروض(3) في الأبيات بصورتها في المقياس، فيرون أنّها مختلفة، وأنّ الاختلاف يتمثّل في حذف الخامس الساكن، وأنّ هذا التغيير الواقع في التفعيلة يلزمها(4).

---

1) يستطيع المعلم أن يكتب النماذج على اللوح، وإذا تيسر أن يوزعها على الطلبة مطبوعة فذلك خير.

2) يكون المعلم قد أعدهذه الأبيات على نحو ما أسلفنا.

3) آخر تفعيلة في الصدر.

4) إلا أن يكون البيت مصرعاً، فإن العروض تأتي وفق الضرب.

5- ويقابلون صورة الضرب(1) في الأبيات بصورتها في المقياس، فيرون أنها كالعروض: محذوف الخامس الساكن منها. ويُسألون: هل وجدوا هذا التغيير يضير بناء التفعيلة أو يؤثّر تأثيراً سلبياً على البناء الموسيقيّ للبيت؟(2)

6- ويمكن هنا أن يستخلصوا أنّ الصورة الأولى للبحر تكون عروضها محذوفة الخامس الساكن (مَفاعِلن)، وضَرْبُها كذلك. وأنّه في هذه الصورة يلزم العروضَ والضربَ هذا التغيير.

7- ويعرضون بعد ذلك للحشو، فيجدون أنّ (مَفاعِيلُن) لم يداخلها تغيير. ويجدون أنّ (فَعولُن) تأتي علي (فَعولُ) محذوفة الخامس الساكن، وأنّ هذا التغيير لم يلزم هذه التفعيلة وإنما عرض لها دون ضابط مطّرد. ويحاكمون هذا التغيير ليطمئنوا أنّه جائز سائغ.

ب- ثم يعالج النموذجين الآخرين على هذا النحو.

ج- ويستخلص طبيعة الصور الثلاث ممثّلة في:

1- مجيء الضرب في الأولى علي (مَفاعِلن) ب-ب-، وهي الصورة الأشيع.

2- مجيء الضرب في الثانية على (مَفاعي) ب--، وهي الصورة الثانية في درجة الشيوع.

3- مجيء الضرب في الثالثة على (مَفاعيلُن) ب---، وهي الثالثة في درجة الشيوع.

4- مجيئ العروض في الصور الثلاث على (مَفاعِلُن) ب-ب-، إلا في البيت المصرّع.

5- مجيئ (فَعولُن) في الحشو على (فَعولُ) ب-ب.

وإذا شاء المعلّم أن يوقف تلاميذه على الأسماء الاصطلاحيّة لهذه التغييرات التي تعرض في هذا البحر، حدّد لهم حقيقة التغيير، وطلب إليهم أن يلتمسوه في جداول الزحاف والعلل(3) من كتابهم الذي يعتمدون في درس العروض.

---

1) آخر تفعيلة في البيت.

2) تعميقاً لمنهج السماع الكلي والاحساس العام بموسيقا الشعر، ابتداء.

3) يستطيع المعلم، أولياً أن يلفتهم إلى أن وجوه التغيير الواقعة في العروض والضرب نلتمس لها أسماءها في جدول العلل، وأن وجوه التغيير الواقعة في الحشو نلتمس أسماءها في جدول الزحاف.

نشاط تكميليّ يعيّنه المعلّم لطلابه:

ويقوم هذا النشاط على ثلاثة نماذج شعريّة أخرى كلّ منها جاء على واحدة من صور البحر الطويل، يعيّنها المعلّم، ويعيّن الطلبة على بلوغها، ويطلب إليهم أن يتناولوها على نحو ما صنعوا جميعاً بالنماذج الثلاثة المتقدّمة:

1- فيعدّون قراءاتها صحيحة معبّرة، للإحساس الكلّيّ بموسيقا البحر.

2- ويقسّمونها، في هدي أنها من البحر الطويل، إلى التفعيلات التي يتألّف منها كلّ بيت، ويعانون قراءتها صحيحة موقّعة، للإحساس التفصيليّ الأوضح بموسيقا البحر.

3- ويستخلصون من خلالها الصور الثلاث التي يجيء عليها البحر، وما يعرض في كلّ منها من وجوه التغيير، لترسيخ القواعد العروضيّة المتعلّقة بهذا البحر.

وهذه نماذج ثلاثة مقترحة، لمثل هذا النشاط، في تناول البحر الطويل(1):

1- أبيات سعد بن ناشب(2):

سأغسل عنّي العار بالسيف جالبا	**عليّ قضاء اللـه ما كان جالبا**

2- أبيات من قصيدة جميل(3):

ألا ليت أيام الصفاء جديد	**ودهـــــــرا تولّى يا بثينَ يعود**

3- أبيات ابن الدمينة المشهورة من أبياته التي أوّله(4):

ألا هل من البين المفرّق من بدّ	**وهل لليال قد تسلّفن من ردّ**

1) لوحظ في اختيارها أن تكون مما عرض الطلبة في دراستهم، ليكون مدخلهم إليها قريباً سهلاً.

2) حماسة أبي تمام، نشرة محمد عبد المنعم خفاجي 32/1 وما بعدها.

3) ديوان جميل بتحقيق حسين نصار.

4) الأبيات جميعاً في ديوان ابن الدمنية، تحقق أحمد راتب النفاخ، 80 وما بعدها.

تطبيق قضايا البحر الطويل وتثبيتها:

ويتخذ التطبيق والتثبيت صوراً مختلفة، وهذه ألوان قد تكون نافعة في تلك السبيل:

1- مَيِّز نصوص البحر الطويل من نصوص غيره من البحور:

بأن يستحضر المعلّم مجموعة من النصوص بعضها جاء على البحر الطويل وبعضها جاء على بحر أو بحور مغايرة، ويستطيع في مثل موقفنا هذا أن يستعين بالنصوص التالية:

- أبيات النابغة:

أتاني أبيت اللعن أنّك لمتني ... وتلك التي أهتّم منها وأنصب

- أبيات ابن الروميّ:

ولي وطن آليت ألا أبيعه ... وألا أرى غيري له الدهر مالكا

- أبيات أبي فراس:

أقول وقد ناحت بقربي حمامة ... أيا جارتا، لو تشعــــرين بحالي

- أبيات الرصافيّ:

أما آن أن تنسى من القوم أضغان ... فيبنى عـلى أسّ المؤاخاة بنـــيان

- أبيات الحصريّ القيروانيّ:

يا ليل الصبّ متى غده ... أقيـــام الســـاعة مـــوعده

- أبيات أبي القاسم الشابيّ:

إذا الشعب يوماً أراد الحياة ... فلابدّ أن يستجيب القدر(1)

ويقرأ هذه النصوص، بعناية، والطلبة مصغون، ويسائلهم بعد كلّ نصّ: هل جاء على البحر الطويل أم لا؟ حكماً يبنونه على السماع الكليّ، واستحضار الجوّ الموسيقيّ العام للبحر كما تبيّن لهم بالممارسة السابقة، وتكون هذه فرصة لترسيخ النغمة الكليّة لهذا

---

1) لوحظ أيضاً في اختيار هذه النصوص أن تكون مما يعرض للطلبة حتى يكون مدخلهم قريباً سهلاً، فإذا لم يكن فإنه يسحسن أن يستحضر المعلم النص يقرؤه من مصدره الأصلي.

البحر، من خلال النماذج التي جاءت عليه، وزيادة تثبيتها في نفوسهم من خلال النغمتين الأخريين المغايرتين.

2- اختيار الكلمة التي تقتضيها سلامة الموسيقا:

بأن يضع المعلّم بين أيدي الطلبة مقطوعة من البحر الطويل، ويسقط من كلّ بيت منها كلمة أو اثنتين، ويضع كلمات ثلاثاً بينها الكلمة التي أسقطت، ويحرص أن تكون الكلمتان الأخريان مما يستقيم به معنى البيت دون موسيقاه، ويترك لهم، في تدريب شفويّ، أولاً، أن يختاروا الكلمة التي بها تستقيم موسيقا البيت ويجري بها على بحره. فإن أعياهم ذلك طلب إليهم أن يستعينوا بالتجريب القائم على التقطيع لتقدير الكلمة المطلوبة.

وفي هذا الموقف يستطيع المعلّم أن يضع بين أيديهم هذه الأبيات لعليّ بن الجَهْم(1):

1- عيون --- بين الرصافة والجسر	جلبن الهوى من حيث أدري ولا أدري
2- أعدن لي الشوق القديم، ولم أكن	---ولكـــــــن زدن جمرا على جمر
3- سلمن وأسلمن القلوب كأنمـــــــا	تشـــك بأطـــــراف --- الســــــمر
4- خليليّ ما أحلى --- وأمــــــرّه	وأعـــــرفنـــي با لحلو منـــــه وبالمرّ
5- كفى بالهوى شغلاً وبالشيب زاجرا	لو أنّ الهوى مما --- بالزجـــــــر
6- بما بيننا من --- هل علمتــــما	أرقّ من الشكوى، وأقسى من الهجر

1- الظباء، الغواني، المها

2- تسلّيت، سلوت، تعزّيت

3- الرماح، الطوال، المثقّفة

4- الهوى، الحبّ، الوداد

1) ويحرص أن لا تكون مرّت بهم لئلا يعتمدوا على مجرد الحفظ في تقدير الكلمات التي أسقطت.

5- يكفّ، ينهنه، يردع

6- ميثاق، عهد، حرمة

3- الضبط بِهَدْيِ الوزن:

بأن يضع بين أيدي الطلبة أبياتاً جاءت على البحر الطويل، وفي مواضع من الأبيات ترد كلماتٌ لها وجهان أو أكثر من وجوه الضبط، والإحساسُ الصحيح بموسيقا البحر يعيّن واحداً منها به تستقيم الموسيقا. وفي هذا تدريب على الانتفاع اللغويّ الوظيفيّ بالعروض، حيث يكون العروض أداة في الضبط وتصحيح القراءة وتبليغ المعنى.

ومن الأمثلة على ذلك في البحر الطويل بيت الأُحيمر السعديّ:

عوى الذئب فاستأنست للذئب إذ عوى　　　وصَوَّتَ إنسان فكدت أطير

حيث يطلب إليهم ضبط كلمة (صوت) في هدي ما تقتضي سلامة الموسيقا.

وبيت عبد الله بن معاوية بن جعفر بن أبي طالب في الفضيل بن السائب:

رأيت فضيلاً كان شيئاً ملفّقا　　　فكشفه التمحيص حتى بدا ليا.

الذي يصلح لقياسِ الحاسّة الموسيقيّة في موطن لطيف، حيث يستقيم المعنى بقوله (كشفه) مجردًا، ولكنّ الوزن لا يستقيم إلا أن يُقرأ (كشّفه) مضعّفا ... إلخ.

4- ردّ البيت إلى صورته:

بأن يضع بين أيديهم ثلاثة أبيات كلّ منها جاء على صورة من صور البحر الثلاث، ويطلب إليهم أن يعيّنوا الصورة التي جاء عليها كلّ بيت. ومثال ذلك هذه الأبيات:

- وكنت إذا قوم غزوني غزوتهم　　　فهل أنا في ذا يا ال همدان ظالم

- وكنت إذا ما جئت جئت بعـــلّة　　　فـــأفنيت علاّتي، فكـــيف أقول

- خليليّ فيما عشتما هل رأيتما　　　قتـــيلاً بكى من حبّ قاتـــله قبلي

5- نصوص البحر الطويل، فرز وإحصاء:

ويستطيع المعلّم، إن شاء، أن يكلّف الطلبة أن يلتمسوا القصائد التي جاءت على هذا

البحر فيما كان عرض لهم من نصوص شعريّة، كأن يقول لهم، في هذا المقام: يعرض في كتاب النصوص التي تدرسونها هذا العام كذا قصيدة جاءت على البحر الطويل، عيّنوها.

وهكذا يعيش الطلبة مع البحر الطويل في إطار الشعر سماعاً وقراءة، وفي ظلال الشعر يقفون على قواعد البحر العروضيّة ويخرجونها، ومن خلال الشعر يطبّقونها، ويثبتونها ويستيقنون بقيمتها الوظيفيّة. وهكذا يتناول المعلّم سائر البحور. ومن خلال هذا المنطلق يتناول قضايا القافية.

من بحور الشعر القديم(1) إلى الشعر الحديث:

وإذا انتهى المعلّم من تناول البحور المشهورة الذائعة، وقضايا القافية الأساسيّة، واطمأنّ إلى أنّ الإحساس الكلّيّ بالبحور قد أصبح من المهارات المستحكمة لدى طلبته، واستيقن أن كثيرا منهم أصبحوا قادرين على قراءة الشعر مُوَقّعاً وَفْق هذه الوحدات من الأنغام الجزئيّة (التفعيلات).

إذا بلغ المعلّم هذه الخطوة فإنّه يحسن أن ينتقل بتلاميذه إلى الشعر الحديث الذي أصبح يمثّل وجهاً من وجوه الحياة الثقافيّة التي يعيشها التلاميذ. وهذه النقلة ذات غاية أوّلية عامّة، أن يصل الطلبة إلى مفهوم عام صحيح حول هذا الشعر من حيث موسيقاه، فيدركوا أنّ فيه موسيقا من جنس هذه الموسيقا التي أَلِفوها في الشعر العموديّ، لأنّها مبنيّة على وحدات التنغيم (التفعيلات) التي بني عليها الشعر العموديّ.

وهو يستطيع أن يحقق هذه الغاية عن طريق شعريّ كلّيّ أيضاً، وذلك بأن يختار لهم نصوصاً من الشعر الحديث متنوعّة، يقرؤها لهم، وهم يسمعون، وحسب. ويترك لهم أن يجدوا إجابة عن سؤال عامّ: هل في هذا الشعر موسيقا؟

ثمّ يعود إليهم بقصيدة أو اثنتين من الشعر الحديث تقومان على (مُفاعَلَتُن) (2)، فيقرؤها لهم، وهم يسمعون، ومع جوّها العامّ يعيشون، ثمّ يسألهم: ألا نستطيع أن نوقّع هذه القصيدة كما كنّا نوقّع الشعر العموديّ؟ وسوف يجدون أنّ توقيع هذه القصيدة

1) العمودي.

2) من القصائد التي تقوم على (مفاعلتن) - على سبيل المثال - **عاشق من فلسطين** لمحمود درويش، **ولن أبكي** لفدوى طوقان، **وإليك هناك حيث تموت** لسميح القاسم، **وبأسناني** لتوفيق زياد.

قريب، وأنّ حدود التفعيلات في بنائها الموسيقيّ العام متميّزة بيّنة. وقد ينتقل بهم إلى قصيدة أخرى تقوم على (مفاعلتن)، ويطلب إليهم توقيعها ابتداء.

ثمّ يضع بين أيديهم مقطوعة أو اثنتين جاءتا على (فعولن) (1)، ويقرؤها لهم، ويسمعون، وفي جوّها الموسيقيّ العامّ يعيشون، ويسائلهم: هل أحسّوا بالموسيقا في هاتين المقطوعتين؟ هل يستطيعون قراءتها موقّعة كما في الشعر العموديّ؟ وقد يطلب إليهم تبيّن وحدة التنغيم التي تُبنى عليها هاتان المقطوعتان ليكتشفوا أنّها (فعولن)، وأنّ صور التغيير التي تقع فيها هي تلك الصور التي أجازها العروضيّون في (فعولن).

وقد يلفتهم إلى الخلاف الظاهريّ بين هذا الشعر والشعر العموديّ، وراء ذلك، فهذا الشعر لا يلتزم عدداً من التفعيلات في البيت، ولا يلتزم تلك القافية الرتيبة الموحّدة. ويستطيع أن يلتفت بهم، عامّة، إلى الفرق بين جوّ القصيدة القديمة (وهي تقوم على التفعيلة نفسها) والجوّ العامّ في قصيدة الشعر الحديث.

ويستطيعون، في هذه المرحلة الأوّليّة، أن يتبيّنوا وحدة البناء الموسيقيّ العامّ للقصيدة، بأن يوزّعوا القصيدة في (تفعيلاتها) ليكتشفوا أنّ التفعيلة كثيراً ما تكون مشتركة بين بيت وما يليه. وهكذا فالتفعيلة وحدة موسيقا البيت، والبيت وحدة لا تنفكّ من القصيدة، والقصيدة جوّ كلّيّ متكامل.

وإذا شاء أن يعمّق في نفوسهم طبيعة الجوّين المتمايزين اللذين يتولّدان من التفعيلة في الإطار القديم والشكل الحديث، فإنّه يستطيع أن يحقّق ذلك بممارسة الشعر، معهم، وحده، فيقرأ لهم نصّا أو اثنين جاءا على (الرمل) من الشعر العموديّ، ويقرأ لهم نصّاً أو اثنين بنيا على (فاعلاتن) (2) من الشعر الحديث. بل يحسن أن يقرأ لهم قصيدة

---

1) من القصائد والمقطوعات التي جاءت على (فعولن) من الشعر الحديث: أغنية حب على الصليب، من ديوان آخر الليل لمحمود درويش، ديوان الوطن المحتل 213.

واعتذار والمستحيل في الديوان نفسه، وإلى أمي وعنوان جديد، لمحمود درويش من ديوانه عاشق فلسطين، ورماد لسميح القاسم من ديوانه أغاني الدروب.

2) من القصائد التي تقوم على (فاعلاتن) في الشعر الحديث:

يوميات جرح فلسطيني، ومغني الدم، لمحمود درويش، وخطاب من سوق البطالة، وليد ظلت تقاوم، لسميح القاسم.

أو اثنتين مما جاء على بحر الرجز في الشعر العموديّ، ثمّ يقرأ لهم قصيدة أو اثنتين قامتا على (مُسْتَفْعِلُن) (1) في الشعر الحديث.

وقد يثيرهم إلى التفكير في الأبعاد النغميّة والطاقة الموسيقيّة التي تَغْنَى بها التفعيلة في الشكل الجديد. وهكذا، يضع المعلّم الطلبة وضعا سليما طبيعيًا على عتبة الدرس الأوعب الأعمق، والقول المفصّل في قضيّة الشعر الحديث، فيما بعد، في حياتهم الجامعيّة. ولا يضير المعلّم أن يخرجوا إلى الحياة بهذه الحاسّة العامّة الأوّلية، وهذا المفهوم الكلّيّ العامّ حول موسيقا الشعر الحديث.

---

1) من القصائد التي تقوم على (مستفعلن) في الشعر الحديث: جندي يحلم بالزنابق البيضاء، لمحمود درويش، وعراة تحت الشمس لامين شنار.

243

أمّا بعد،

فليس من قصد هذا الفصل استيعاب القول في العروض والقافية، كيف نعلّمهما، وإنّما هو اجتزاء بالمثال يكون دليلاً على الأمثلة، وهو إلماح إلى منهج عامّ ظننته منطلقاً صالحاً، في دراسة العروض والقافية جميعاً. ولعلّ هذا الفصل يكون دعوة إلى أن نعلّم العروض، ونؤلّف فيه، على نحو ما نعتقد أنّه نشأ يوم نشأ علماً، فقد قام العروض في خيال الخليل، وفي أقطار نفسه، وفي أبعاد عقله، بملاحظة الشعر العربيّ، واستكناه (الأطر) الموسيقيّة المتنوعّة التي يجري فيها، بدأ بالشعر، وانطلق من الكلّ، وخرّج من الشعر بحور أنغامه، وفصّل من الكلّ جزئيات قواعده، ليكون العروض مقاييس وأدوات مسعفة في ذوق الشعر والنفاذ إلى أبعاده الموسيقيّة.

وغاية ما أمّلت، من هذا الفصل ، أن أضع بين أيدي المعلّمين منهجاً في تدريس العروض يجربّونه، لعلّه يكون مسعفاً على تحقيق الغاية الوظيفيّة التي ننشدها من تعليمه، ولعلّه يساعد، من بعد، أن تدفع المدارس إلى الجامعة طلبة أصبحت حاسّتهم لموسيقا الشعر مهارة مستحكمة وملكة راسخة، طلبة يستطيعون أن ينفذوا من خلال هذا المدخل العامّ في درس العروض إلى آفاق رحيبة ومسارب دقيقة في إدراك أبعاد أوسع في درس موسيقا الشعر، وإدراك مكانها من قضاياه، والاستبصار في عروض الخليل وتقويمه في ضوء الدراسات الموسيقيّة والصوتيّة الحديثة.

ملحقات مقترحة:

الملحق الأوّل: ثبت بعدد من المصادر والمراجع التي تتناول علمي العروض والقافية، وهي تَمثل مكتبة مساعدة

في درس العروض، قواعده وقضاياه التاريخيّة والمعاصرة.

1- العقد الفريد، ابن عبد ربّه.

2- الكافي في العروض والقوافي، الخطيب التبريزيّ.

3- شرح تحفة الخليل في العروض والقافية، عبد الحميد الراضي.

4- أهدى سبيل إلى عِلْمَيْ الخليل، محمود مصطفى.

5- فن الشعر: عروض الشعر العربيّ وقوافيه، محمد عبد المنعم خفاجيّ.

6- ميزان الذهب، أحمد الهاشميّ.

7- فن التقطيع الشعريّ والقافية، صفاء خلوصيّ.

8- العروض الواضح، ممدوح حقّي.

9- موسيقى الشعر، إبراهيم أنيس.

10- ميزان الشعر، بدير متولي حميد.

11- الإيقاع في الشعر العربيّ، مصطفى جمال الدين.

12- العروض والقافية، عبد الرحمن السيّد.

13- المرشد إلى فهم أشعار العرب وصناعتها، عبد الله الطيّب.

14- قضايا الشعر المعاصر، نازك الملائكة.

15- شعرنا الحديث، إلى أين، غالي شكري.

الملحق الثاني: ثبت بعدد من المجموعات الشعريّة والدواوين التي تعين المعلّم على وجدان النصوص التي

يقتضيها درس العروض والقافية وقضاياها.

1- المعلّقات.

2- المفضّليات.

3- الأصمعيّات.

4- حماسة أبي تمّام.

5- جمهرة أشعار العرب.

6- ديوان امرئ القيس.

7- ديوان طرفة بن العبد.

8- ديوان زهير بن أبي سلمى.

9- ديوان النابغة الذبيانيّ.

10- ديوان قيس بن الخطيم.

11- ديوان بشر بن أبي خازم.

12- ديوان كعب بن زهير.

13- ديوان شعر ذي الرّمة.

14- ديوان جرير.

15- ديوان الفرزدق.

16- ديوان أبي نواس.

17- ديوان مسلم بن الوليد.

18- ديوان أبي العتاهية.

19- ديوان أبي تمّام.

20- ديوان البحتريّ.

21- ديوان المتنبيّ.

22- ديوان مهيار الديلميّ.

23- خريدة القصر للعماد.

24- ديوان البهاء زهير.

25- ديوان الباروديّ.

26- ديوان حافظ إبراهيم.

27- الشوقيّات.

28- ديوان إبراهيم ناجي.

29- الملاح التائه، علي محمود طه.

30- الجداول/تبر وتراب، لأبي ماضي.

31- مختارات أبي ريشة.

32- وجدتها، فدوى طوقان.

33- ديوان إبراهيم طوقان.

34- أنشودة المطر، السيّاب.

35- أباريق مهشّمة، البيّاتي.

36- ديوان الوطن المحتلّ، جمعه وقدّم له يوسف الخطيب.

الملحق الثالث: مقترح يساعد تنفيذه على تقريب موسيقا الشعر من نفوس المتعلّمين، ويجعل آذانهم على إلف بأنغامه ، مهارة تستحكم لديهم بوجه من وجوه الممارسة السماعيّة للشعر، وهو دعوة إلى الدوائر ذات العلاقة (وعلى رأسها وزارات التربية) أن تسعى في إعداد تسجيلات لمختارات من الشعر، تقيمها أصلاً على قراءات الشعراء المحدثين المتقنين في إلقاء أشعارهم، من مثل: عمر أبي ريشة، وفدوى طوقان، والفيتوريّ ... إلخ، وقد توفّيها بانتداب المجيدين للإلقاء من غير الشعراء حتى تستجمع لديها مكتبة شعريّة مسجّلة تستغرق نصوصاً متنوعّة من الشعر العربيّ في فنونه المختلفة وعصوره، تمثّل البحور الأساسيّة والقضايا الرئيسيّة في درسه.

الملحق الرابع: اقتراح آخر ينطلق من هذه العلاقة الوثيقة بين الشعر والموسيقا، وأنّه لذلك يكون ضروريّاً ونافعاً، أن تستعين الدوائر ذات العلاقة (وعلى رأسها وزارات التربية) بالذين وصلوا بين درس الشعر ومعاناته ودرس الموسيقا وممارستها في إخراج وسائل عمليّة معينة على تناول العروض من خلال هذا المنطلق المشترك.

الفصل السابع

في إعداد معلمي اللغة العربية

غاية الفصل: مشروع ائتلاف المادّة والطريقة

المقترح: اتخاذ المنهاج ودروس الكتب المقرّرة منطلقاً

مسألة المادة

- أمثلة من الصف الأوّل

مسّوغات هذه الطريقة

نموذج: نصّ من الشريف الرضيّ

- النصّ والشاعر

- في التحضير وتحديد الأهداف

- من هو الشريف الرضيّ؟

- ترجمة الشريف في الأعلام للزركلي

- النصّ في الديوان

- جوّ النصّ

- مقارنة بين النصّ في الكتاب والنصّ في الديوان

- تحقيق معجمي: عود إلى أساس البلاغة

- الحجازيات

- حجازيات الشريف لدى زكي مبارك

- تحليل النصّ

الألفاظ الجديدة

أسماء الأماكن

غاية الفصل: مشروع ائتلاف المادّة والطريقة

جاء هذا المنهج المقترح في إعداد معلّمي اللغة العربية سدّاً لحاجة كنت أجدها لدى الطلبة الذين يُعَدّون لتعليم اللغة العربية؛ وذلك أنّهم كانوا يدرسون موادّ في المناهج والأساليب من جهة، ويدرسون موادّ في اللغة العربية قضاياها وقواعدها ونصوصها من جهة أخرى، ثم يواجهون مواقف التعليم الصفية؛ دروساً يتعيّن عليهم أن يقدّموها مستثمرين ما درسوا من أساليب وموادّ، فيجدون أنّهم في حيرة وتيه؛ لا يتيسر لهم أن يستثمروا ما درسوا في ائتلاف تلقائي يمكّنهم من إعداد الدروس وتقديمها على النحو المرجوّ.

فحين سئلت أن أُعِدّ للمعلّمين الذين يُـــؤَهَّـــلون للتعليم في أثناء الخدمة تعييناًفي تناول بعض النصوص استيقظ لديّ مِثْلُ الذي كانوا يجدونه من المعاناة والحيرة، وذهبت مذهباً آخر في خطّة إعدادهم، بل تراءى لي أن أقترح منهجاً بديلاً يقوم على مثل ما جاء لدى ابن خلدون من تكوين "الملكة" بالممارسة، ولكنّ الملكة هنا، ملكة التعليم، تستضيء بنماذج "الممارسة" في هدى منهج ائتلافيّ ينتظم المعطى العلمي المستفاد بالموادّ المُعَلّمة، والمعطى التعليمي المستفاد بالطريقة المقترحة.

< المقترح: اتّخاذ المنهاج ودروس الكتب المقرّرة منطلقاً

وإذن أقترح ألاّ نبدأ المعلّم المتدرّب بالموادّ اللغوية والموادّ الأدبيّة وموادّ الأساليب، بل نرجئ ذلك كلّه ونبدأ بالمنهاج المقرر بل بدروس الكتب المقرّرة، نتخيّر بضعة دروس من كُلّ كتاب، ونتخذ كُلّ درس مشروعاً ونموذجاً.

ولعلّ متسائلا يتساءل: أيعود الطالب المتخرّج في المدرسة الثانوية إلى كتاب الصف الأول الابتدائي؟

وأجيب: إنّما يعود إلى "المادّة" إلى "الكتاب" الذي نُعِدّه ليصبح ملمّاً به، عارفاً بخطّته وغاياته، محيطاً بالطريقة التي يعلّمه بها.

وتكون خطة إعداد معلّمي العربية على طريقة الممارسة المباشرة، موضوعُها دروس من الكتب المقرّرة على تنوُّعِها وتدرّجها.

ويكون كُلّ درس من هذه الدروس مثالاً عمليّا محسوساً، نتناوله بالتحليل لنحضّر مذكّرة كاملة لتدريسه، نحدّد فيها الأهداف العامّة والخاصّة، والوسائل التي تعين على تحقيقها، والخطوات التي نسير فيها إلى تحقيقها، والطريقة التي نتثّبت بها من تحقيق الأهداف.

وبذلك نترجم "الأساليب" النظرية ترجمةً عمليةً يعيشها الدارس، ويتبينها بالأمثلة التي لا تخطئها عين، ولا يَضِلّ عنها فَهْم.

مسألة المادة:

ولعلّ معترضاً يعترض: وكيف نتيح للدارس أن يزداد معرفةً بموضوعه؟

والجواب عن ذلك -عندي- إن إعداد هذه الدروس، ووضع خطة لتدريسها (تنفيذ مذكرة التحضير) في قاعة الصف، سيقتضي أول ما يقتضي، تحليلاً دقيقاً مفصلاً شاملاً لهذه الدروس، وهو يقوم مقام الدراسة النظرية للموضوع.

ولعلّ المعترض يعود إلى السؤال: كيف يقوم درس في كتاب الصف الأول أو درس في كتاب الصف الخامس أو الصف الثاني الإعدادي مقام لاميّة العرب أو همزية حسان أو خطبة هانئ يوم ذي قار؟

وجوابي عن ذلك أن "المادة" اللغوية التي تتضمنها الدروس المقررة التي سنجعلها **منطلق المنهاج ومحوره**، تهيئ لنا أن نعالج من المسائل الفنية (اللغوية والأدبية ..) ما تهيئ لنا أن نعالجه النصوص السالفة الذكر (اللامية والهمزية والخطبة .. إلخ).

ذلك أن مادة الكتب المقررة، أولاً، في شطر كبير منها نصوص وموضوعات مماثلة ... وكل نص (شعري أو نثري) منها، ثانياً، يحتوي على عناصر البناء اللغوي جميعاً كما يحتوي عليها نص كاللامية، مثلاً، وقضايا في الدراسة اللغوية والأدبية كالتي تثيرها اللامية أيضاً.

أمثلة من الصف الأول

حتى في أوّل الصف الأول الابتدائي، حيث تبدأ الدروس كلمات، أو جملاً صغرى سنجد أننا نواجه في الدروس التي نختارها للتحضير مسائل في الثقافة اللغوية على درجة عالية من الدقة والأهمية.

فمن الدرس الأول في كتاب الجديد الأوّل تطالعنا كلمة "راس"، وفي سياق الإعداد المفصّل لمذكرة تحضير الدرس وهو - عندنا- يقوم على التحليل الموضوعي للمادة اللغوية في الدرس، في سياق ذلك سيكون تساؤل: لم قال: "راس" ونحن في الفصيح المشهور نقول: "رأس" ؟ وفي تحليل ذلك، وبيانه، سنجد أن (راس) صحيحة، وأنها جارية على لهجة أهل الحجاز في تسهيل الهمزة، وأن النبر، وهو تحقيق الهمزة، كان لهجة تميم .

وفي الدروس الأولى من الجديد الأول، أيضاً، حيث نعرض لكلمات: راعي، عاري، ساري ... إلخ فنجد الياء مثبتة في آخر الأسماء المنقوصة، وهي -هنا- ليست منصوبةً وليست مضافةً ولا معرّفة بأل .. هل نتسرع إلى القول إن هذا الاستعمال الذي نبدأ به الطفل بإثبات الياء، هو الذي يعودّه فيما بعد، أن يثبت الياء حين يكون الوجه حذفها وإقامة تنوين التعويض مقامها؟ إذ يقول الطالب في المدرسة الثانوية بل الجامعة (مثلاً):

ذهب: فعل ماضي .. (بإثبات الياء) !!!

في هذا الموضع أيضاً نحن نتساءل: هل يجوز أن نقول هذه الكلمات بالياء؟ وسوف نجد بالعَوْد إلى بحث الوقف، في واحد من كتب الصرف، أن الوقف (والاستعمال هنا شبيه بالوقف محمول عليه) إذنقرأ كل كلمة مستقلة ويوقف عند الانتهاء من قراءتها)... بالياء على الاسم المنقوص جائز، وعليه قراءة ابن كثير (ما لهم من دونه من والي).

وباختصار، أنا أزعم أن تحليل الدروس التي نجعلها محوراً ومنطلقاً، والتحليل خطوة حقيقية أساسية في عملية التحضير، هذا التحليل الذي يقتضيه التحضير سيجعلنا نعرض لمسائل في: أصوات اللغة، وأبنيتها، ومعاني ألفاظها، ونحوها، وأساليب تعبيرها، وأعلام تراثها، وقضايا تاريخ أدبها، تَعْدِل، إن لم تكن تفوق، المسائلَ التي ندرسها من ذلك في الإطار الخارجي البعيد من دراسة المادة.

مسّوغات هذه الطريقة:

أما فضل الدراسة بهذه الطريقة فهو أن نعرف ما نعرف، ونحصّل ما نحصّل، في إطار وظيفي مقنع، ذلك أنه يجيء في سياق تحليلنا للدروس التي نحضرها. . .

وباختصار، أيضاً، أنا أرى أننا حين نبدأ بالدارس فنقول له: ما دمت تُعِدّ نفسك، فيما تعد نفسك له، أن تعلم اللغة العربية في المرحلة الإلزامية فإننا سنعمل معاً في إعداد دروس في اللغة العربيّة لتكون نماذج تنتفع بها وأمثلة تقيس عليها. . .

وحين نفعل ذلك سيجد الدارس، فيما أظنّ، أنه يدرس شيئاً مقنعاً بالنسبة إليه، وسوف يجد أن القيمة العملية الوظيفية للدراسة على هذا الوجه واضحة وضوحاً كافياً، وسوف يجد أيضاً أن تصوّره للمادة ولطريقة التدريس يكون أوضح إذ يكون

التصور مبنياً على ممارسة أمثلة عملية محسوسة وسوف يجد، كذلك، أن استفادته، عند التطبيق، في قاعة الدرس، أكبر وأعظم.

أنا، إذن، أدعو إلى "محور" مقنع تدور حوله الدراسة، وهذا المحور هو المناهج المقررة، تكون دروسٌ مختارةٌ منها هي مادةَ التحليل الذي به تتحقق المعرفة التي تنشد للدارس، وهي أمثلة التحضير الذي به يكتسب الدارس الأسلوب ويتمثله ويتمرس به.

أمّا بعد،

فهذا نموذج أتقدّم به تطبيقا على ما أسلفت وتوضيحاً للمنهج المقترح.

نموذج: نصّ من الشريف الرضيّ

والنموذج الذي أتقدّم به هو درس من أحد كتب اللغة العربيّة المدرسيّة، هو "نصّ" للشريف الرضيّ جعل المؤلفّون عنوانه "أشواق".

وإنما كنت اخترت هذا النصّ لأنّه كان في منهاج اللغة العربية المقرّر للمعلّمين المتدرّبين "نصّ للشريف الرضيّ"، فرأيت أن أجعل الأمر قريباً من قريب، وأن يبدو بوضوح أنّ المادّة التي ندرسها هنا حتى في مادّتها وسماتها التي تطالعنا للوهلة الأولى، مماثلة للمادّة التي ندرسها وفق الخطة التقليدية المعمول بها. ولكننا ندرسها هنا لغرض وظيفيّ يعتقد الدارس بجدواه ويشارك فيه بفعالية.

النص والشعر:

" أشواق" — " الشريف الرضي "

أيها الرائح المغدُّ تحمل   حاجة للمتيم المُشتاقِ

أقر عني السلام أهل المُصلى   فبلاغى السلام بعض التلاقي

وإذا ما سُئلت عني فقل نضوُ   هو ما أظُنهُ اليوم باقي

ضاع قلبي فأنشده لي بين جمع   (1) منىً عند بعض تلك الحِدائق(7)

وأبك عني فطالما كُنتُ من قبلُ   أعيرُ الدموعَ للعُشاقِ

الشريف الرضي: شاعر عظيم من شعراء بغداد، توفي عام 406 هـ

في التحضير وتحديد الأهداف

هذا هو النص الذي سوف أدرّسه،

فماذا أنا فاعل قبل أن أدخل إلى قاعة الدرس؟ هل أقول: هذا نص عربي، وأنا عربي، والنص بلغتي، ثم أنني متخرج في المرحلة الثانوية، درست هذا النص وأكبر منه. وإذن فلا حاجة بي إلى تحضيره؟!

وأشهد أن هذا تساؤل في غاية الخطورة من وجوه كثيرة. وأهم هذه الوجوه أنّا، عادة، لا نبالي بالتحضير في مثل هذه الحال، ونترك الأمر "للتساهيل" أو "على البركة" إلى قاعة الدرس ... فلا نكاد نعرف ماذا ندرس وماذا نريد أن ندرس، وما الذي نسعى أن نحققه بالتحديد من هذا الدرس، وكيف نعمل على تحقيقه، وما أدواتنا في ذلك وما درونا؟ وما دور الطالب؟ ... حتى أصبح درس اللغة العربية وهو درس اللغة القومية (ودوره في صياغة الفكر وتزويده بأدوات النمو ووصل التلميذ بماضيه وتمكينه من التعامل مع حاضره ... بالمكان المعلوم) .. حتى أصبح درس اللغة العربية ومادة اللغة العربية درساً عائماً غائماً يتناوله كل أحد بغاية التهاون واللامبالاة إلى غير حدّ ...

وإذن، لابدّ أن أنظر في هذا النص الذي أنا بصدد تدريسه (يكون هذا في سياق التحضير، في البيت، أو في غرفة المدرسين، أو في مكتبة المدرسة، قبل أن أذهب إلى قاعدة الصف، ويكون هذا كله جهد المعلم وحده)...

أنظر في النص لأحدّد: ما الذي أدرّسه في هذا النص؟ وهذا النص، طبعاً، يحتوى على عناصر البناء اللغوي جميعاً، وتعرض فيه جزئيات مختلفة من هذه العناصر، فيه بعض قضايا الأصوات، وبعض مسائل الأبنية (الصرف)، وبعض اللفتات النحوية، وبعض الألفاظ الجديدة، وبعض الصور ... وهو، مع ذلك كله، عمل فني أدبي لواحد من شعرائنا الأوائل في تراثنا الأصيل المتصل، وهو بذلك صورة من تعبير إنسان ممتاز عن بعض تجربته في عيش الحياة ...

من هو الشريف الرضي؟

وأنظر فأجد أن النص للشريف الرضيّ، ويكون من الطبيعي أن أعود إلى استذكار شيء عن الشريف ... صاحب النص، والمعرفة بصاحب النص ذات نفع كبير في فهمه وتذوقه.

وأجد في نهاية النص تعريف المؤلفين بالشريف الرضي على هذا النحو:

شاعر عظيم من شعراء بغداد، توفي عام 406 هـ (فقط)!

وأرى أن هذا تعريف لا غناء فيه.

وهو يقول: شاعر عظيم، وهذه صفة تحتاج إلى إثبات، ولا يكون إثباتها إلا بقراءة ديوان الشريف الرضي وتحليله مع الطالب، أما بغير ذلك فسوف نترك في نفس الطالب انطباعاً سلبياً، عن إطلاق الألفاظ على مسمّياتها في العربية. وهي الظاهرة المَرَضية التي نعاني منها، أعني ما نجد من وضع اللفظ في غير موضعه أو من إطلاق الحكم بلا مقدمات واضحة مقنعة أو من التجاوز باللفظ عن حدود دلالته.

فكيف أتعرفّ على الشريف الرضيّ؟

هناك مرجع شامل عملي يستطيع المعلم أن يعتمده في التراجم جميعاً، سواء أكانوا شعراء أم كتاباً أم فلاسفة أم مؤرخين أم نحاة ... وهو مرجع تستطيع المَدْرَسَة أن توفّره دون أن تتكلف عناء استجماع كتب التراجم المختلفة.. ذلك هو كتاب الأعلام للزركلي.

يعود إليه المعلم، وها أنذا أضع ترجمة "الشريف الرضي" في الأعلام بين يدي المعلم لتكون نموذجاً للمادة التي يتصفحها في هذه السبيل.

الشَّرِيف الرَّضِي
(٣٥٩ - ٤٠٦ هـ = ٩٧٠ - ١٠١٥ م)

محمد بن الحسين بن موسى ، أبو الحسن ، الرضي العلوي الحسيني الموسوي : أشعر الطالبيين ، على كثرة المجيدين فيهم . مولده ووفاته في بغداد . انتهت إليه نقابة الأشراف في حياة والده . وخلع عليه بالسواد ، وجدد له التقليد سنة ٤٠٣ هـ . له « ديوان شعر - ط » في مجلدين ، وكتب ، منها « الحَسَن من شعر الحسين - خ » السادس والثامن منه ، وهو مختارات من شعر ابن الحجاج ، مرتبة على الحروف في ثمانية أجزاء ، و « المجازات النبوية - ط » و « مجاز القرآن - ط » باسم « تلخيص البيان عن مجاز القرآن » و « مختار شعر الصابي » و « مجموعة ما دار بينه وبين أبي إسحاق الصابيء من الرسائل » طبعت باسم « رسائل الصابي والشريف الرضي » و « حقائق التأويل في متشابه التنزيل - ط » و « خصائص أمير المؤمنين علي بن أبي طالب - ط » و « رسائل » نشر بعضها . وشعره من الطبقة الأولى رصفاً وبياناً وإبداعاً . ولزكي مبارك « عبقرية الشريف الرضي - ط » ولمحمد رضا آل كاشف الغطاء « الشريف الرضي - ط » ومثله لعبد المسيح محفوظ . ولحنا نمر [1] .

النَّصِيبي
(٠٠٠ - ٤٠٨ هـ = ٠٠٠ - ١٠١٧ م)

محمد بن الحسين بن عبدالله ، أبو عبدالله العلوي النصيبي : قاضي دمشق وخطيبها ، ونقيب الأشراف فيها . كان أديباً بليغاً . له « ديوان شعر » [2] .

---

(1) وفيات الأعيان ٢ : ٢ وتاريخ بغداد ٢ : ٢٤٦ وفيه : « كان ملقب بذي الحسبين » . والمنتظم ٧ : ٢٧٩ ويتيمة الدهر ٢ : ٢٩٧ - ٣١٥ ونزهة الجليس ١ : ٣٥٩ والذريعة ٧ : ١٩ .

(2) الوافي بالوفيات ٣ : ٧ .

محمد بن الحسين الكرخي = محمد ابن الحسن الكرخي ٤١٠

السُّلَمي
(٣٢٥ - ٤١٢ هـ = ٩٣٦ - ١٠٢١ م)

محمد بن الحسين بن محمد بن موسى الأزدي السلمي النيسابوري ، أبو عبد الرحمن : من علماء المتصوفة . قال الذهبي : « شيخ الصوفية وصاحب تاريخهم وطبقاتهم وتفسيرهم » . قيل : كان يضع الأحاديث للصوفية . بلغت تصانيفه مئة أو أكثر . منها « حقائق التفسير - خ » مختصر ، على طريقة أهل التصوف ، في المكتبة المحمودية بالمدينة (٥٢ تفسير) كما في مجلة المجمع (٤٩ : ٧٣) و « طبقات الصوفية - ط » و « مقدمة في التصوف - خ » رسالة ، و « مناهج العارفين - خ » و « رسالة في غلطات الصوفية - خ » و « رسالة الملامتية - ط » و « آداب الفقر وشرائطه - خ » و « بيان زلل الفقراء ومناقب آدابهم - خ » و « الفتوة - خ » و « آداب الصحبة - ط » و « السؤالات - خ » و « سلوك العارفين - خ » و « عيوب النفس ومداواتها - ط » و « الفرق بين الشريعة والحقيقة - خ » و « آداب الصوفية - خ » و « كتاب الأربعين في الحديث - ط » و « درجات المعاملات - خ » . مولده ووفاته في نيسابور [1] .

---

(1) طبقات الصوفية : مقدمة كتبها نور الدين شريبة ١٦ - ٤٩ والرسالة المستطرفة ٤١ ومفتاح السعادة ١ : ٤٥١ وميزان الاعتدال ٣ : ٤٦ وتاريخ بغداد ٢ : ٢٤٨ واللباب ١ : ٥٥٤ والتبيان - خ . وفيه : « وهو حافظ زاهد لكن ليس بعمدة ، وله في حقائق التفسير تحريف كثير » وفيه أيضاً : « هو الأزدي من قبل أبيه ، السلمي من قبل جده لأمه وبه اشتهر » . وفي الفتوحات الوهبية لابن مرعي : « طعن فيه ابن الجوزي كما هو دأبه في شأن الأئمة » و Brock. 1:218 (200), S. 1:361

ابن عبد الوارث
(٠٠٠ - ٤٢١ هـ = ٠٠٠ - ١٠٣٠ م)

محمد بن الحسين بن محمد ، ابن عبد الوارث ، أبو الحسين : أديب من أهل نيسابور . له شعر جيد . وهو ابن أخت أبي علي الفارسي . تنقل في البلاد ، واستوزره الأمير اسماعيل بن سبكتكين صاحب غزنة . ثم رحل إلى مكة . واستقر في جرجان ، فقرأ عليه أهلها - ومنهم عبد القاهر الجرجاني - وليس له أستاذ سواه - وتوفي فيها . كانت بينه وبين الصاحب ابن عباد مكاتبات مدونة . وله تصانيف ، منها كتاب في « الشعر » [1] .

عميد الدَّوْلة
(٣٨٣ - ٤٣٩ هـ = ٩٩٣ - ١٠٤٨ م)

محمد بن الحسين بن علي بن عبد الرحيم ، أبو سعد ، عميد الدولة : وزير جلال الدولة البويهي ، وزر له ست سنين . ولاقى من « المصادرات » ومن « الترك » شدائد ، فخرج من بغداد مستتراً ، فأقام بجزيرة ابن عمر حتى مات . وكان فاضلاً عارفاً بأمور الوزارة . وهو وزير ابن وزير ، وأخو ثلاثة وزراء ، هو أفضلهم . وكان يلقب بشرف الدين . ويقال له عميد الدولة وعميد الملك . له كتاب في « أخبار الشعراء » قال الصفدي : أبان فيه عن فضل جسيم ومحل كريم . وله شعر جيد [2] .

أَبُو يَعْلى
(٣٨٠ - ٤٥٨ هـ = ٩٩٠ - ١٠٦٦ م)

محمد بن الحسين بن محمد بن خلف ابن الفراء ، أبو يعلى : عالم عصره في الأصول والفروع وأنواع الفنون . من أهل بغداد . ارتفعت مكانته عند

---

(1) مفتاح السعادة ١ : ١٤٢ وخبية الوعاة ٣٨ وإرشاد الأريب ٧ : ٣ والوافي بالوفيات ٣ : ٩ .

(2) الوافي بالوفيات ٣ : ٨ .

ويلاحظ المعلم أنّ هناك مصادر أُخرى في آخر ترجمته في الأعلام إذا شاء أن يستزيد.

النص في الديوان:

ونتنقل أو ينتقل المعلم الآن إلى النص. ولعله يقول في نفسه: أين يكون هذا النص في أَوْفَى صُوَرِهِ. نحن عادة نجد شعر الشاعر في ديوانه. وقد لاحظ المعلم في ترجمة الشريف في (الأعلام) أن ديوانه موجود مطبوع، وإذن يحسن أن يعود إليه للاستئناس والمقارنة والتثبت..

وها أنا أضع بين يديه النص في ديوان الشريف الرضي (طبعة بيروت 1309هـ) ليراه وليكون ذلك نموذجا لعمل المعلم في هذه السبيل.

{وقال في الحنين والاشتياق وهي من الحجازيات}

أيهــا الــرائح المغدُّ تحمــل — حاجـــة للمتـــيم المُشـــتاقِ
أقـر عنـي السـلام أهـل المُصـلى — فبلاغـــى الســلام بعــض التلاقـــي
وإذا مــا سُـئلت عنـي فقـل نضـوُ — هــو مــا أظُنــهُ اليــوم بــاقي
ضــاع قلبــي فأنشــده لي بــين جمــع — منــىً عنـــد بعـــض تلـــك الحِـــدائق
وأبـك عنـي فطالمـا كُنـتُ مـن قبـلُ — أعـــيرُ الـــدموعَ للعُشـــاقِ

جوّ النصّ:

ويبدو لنا بعض فوائد العودة إلى الديوان اذ نجد فيه اشارة الى موضوع هذه القصيدة. وإلى المجموعة التي تنتمي اليها.. فهي " في الحنين والاشتياق " " وهي من الحجازيات" ...

مقارنة:

ونجد أيضا أن عدد الأبيات في الكتاب المقرر هو عدد الأبيات في الديوان، ويمكننا أن نلاحظ بالمقارنة الأولى أن هناك اختلافاً في رواية بعض الألفاظ:

ففي الكتاب المقرر :

للمتيم

فبلاغ السلام بعض التلاقي

بل نجد شيئا آخر لافتاً وهو أن:

في الكتاب	**و في الديوان**
المغدّ	المغذّ

فأيهما الصواب؟

وصحيح أن السياق هنا يدلنا ان الصحيح هو " المغذّ " لأنها من أغذّ بمعنى أسرع ونحن ما نزال نستعمل هذه الأيام: " ولكن أُغِذُّ إليه الخطى "، والقافلة تُغِذّ في طريق التقدم.

تحقيق معجمي:

ولكن لا بد من التثبت. وذلك بالعود إلى المعجم. أيّ معجم؟ إنني أفضّل أساس البلاغة للزمخشري، لأنه يشرح اللفظ في سياقه ولا يكاد يشرح اللفظة بمرادفها. وإذن فهو حين يشرح اللفظة يحرص على أن يُبْقِي عليها في السياق الذي به يتحدد معناها وتتبين طريقة استعمالها...

ويعود المعلم إلى أساس البلاغة على عجل فينظر في مادتي غذذ (غذّ- ومنها أغَذّ واسم الفاعل مُغِذّ) وغدد (غدّ-ومنها غدّ- واسم الفاعل مغدّ).

و ها أنا ذا أضع بين يدي الدارس صورة من هاتين المادتين في أساس البلاغة:

وواضح ان المعلم يجد أن المغذّ (بالذال المعجمة) هو الصحيح.

* غ ث ث — حديثكم غثّ، وسلاحكم رثّ، وإنّهم لقومٌ غَثّةٌ. وأغثّ فلان في كلامه إذا تكلّم بما لا خير فيه. وفلان لا يَغثّ عليه شيء أي لا يمتنع. وسمعت صبيّاً من هُذيل يقول: غثّت علينا مكّة فلا بدّ لنا من الخروج. ويقال للسخيّ الحريص: ما يَغثّ عليه أحد أي ما يدع أحداً إلا سأله. وغثّ بعيري ثم غثّثته أي أزلت غثاثته ببعض السِّمن وهو من باب قرّع وجلّد. وتقول: لبسته على غثيثه، وبعض حسنه، أي على فساد عقل، من قولهم: جمعت الجراحةُ غثيثتها وهي المِدّة، وقد أغثّت. ويقال: أنا أتغثّث ما أنا عليه وأستمتنه حتى أستمرّ يعني العمل الدون حتى آخذ الكبير.

* غ ث ر — فلان من الغوغاء والغُثّاء والغثراء، ويقال لهم: الغَثَر والغثرة. وفي حديث عثمان رضي الله تعالى عنه: إن هؤلاء النفر رعاع غَثَرة. وأكلتهم الغثراء وهي الضبع أي هلكوا، سمّيت لغُثرة في لونها وهي كُدرة في غبرة.

* غ ث ى — فلان ما له غُثاء، وعمله هباء، وسعيه جُفاء.

* غ د د — «أغدّةً كغدّة البعير». وتقول: في كلامه غُدد، لها حجم وعُقد، وقد أغدّ البعير فهو مُغِدّ، ويستعار فيقال: أغدّ الرجلُ فهو مُغِدّ إذا انتفخ من الغضب كأنه بعير به غُدّة. وتقول: مالي أراك مُغِدّاً مستغيظاً.

* غ د ر — يا غُدَرُ ويا غُدَرُ ويا غَدارِ. وتقول: استغزرت الذِّهاب، واستغدرت اللِّهاب، أي صارت غُزُراً وغُدُراً. والذِّهبة: مطرة شديدة سريعة الذهاب. واللِّهب: مهواةُ ما بين الجبلين.

ومن المجاز: سنة غدّارة إذا كثر مطرها وقلّ نباتها. وفلان ثابت الغَدَر إذا ثبت في القتال والخصام، وأصل الغَدَر: اللخاقيق كأنه يَغدِر بسالكه الواحدة: غَدَرة.

* غ د ف — أغدفت دون قناعها وأغدفت سترها إذا أرسلته. وأُغدِف بالصيد إذا أُلقيت عليه الشبكة فأُحيط به. وفي الحديث «إنّ قلب المؤمن أشدّ اضطراباً من الذنب يصيبه من العصفور حين يُغدَف به». وأغدف بالمرأة: دخل بها. أنشد الجاحظ:

يبيتُ أبوكَ بها مُغْدِفاً

كما ساوَرَ الهِرّةَ الثعلبُ

ومن المجاز: أغدف الليلُ إذا أرخى سُدوله وأظلم، ومنه: الغُداف: للغراب الأسود وللشَّعَر، يقال: شعر غُداف، كأنه غُداف. وأغدف البحرُ: اعتكرت أمواجُه. وتقول: أتيته حين أسدف الليلُ وأغدف، وأرخى قناعه وأغدف.

* غ د ق — تقول: لمعت بُروقٌ صوادق، فهمعت سحاب غوادق. قال الطِّرِمّاح:

فلا حملت بصريّةٌ بعد موته

جنيناً ولا أمّلن سيبَ الغوادق

وماء غَدِقٌ وغَدَقٌ: كثير، وقد غدِق غَدَقاً. ومكان غَدِق ومُغدِق: كثير الماء مخصب. وعيش غَدِق ومُغدِق وغَيدَق وغَيداق: واسع. وهم في غَدَق من العيش. وعام وغيث غَيدق. وتقول: وَدَقت السماءُ فأدرّت الغَدَق. وأقرّت الحَدَق. وفلان ملآن كالعين الغديقة، في حرّ الوديقة.

* غ د ن — أتذكر إذ شَعرك غُدانِيّ، وشبابك غُدانيّ، وهو الناعم. قال رؤبةُ:

* بعد غُدانيّ الشباب الأبلهِ *

* غ د و — أتردّد إليه بالغَدَوات والعشيّات، وآتيه بالغدايا والعشايا. وهو ابن غَداتين أي ابن يومين. قال ابن مُقبل:

ابن غداتين موشيٌّ أكارعُه

لمّا تُشَذِّبه الأرساغُ والزَّمَعُ

* وقد أغتدي والطير في وكناتها *

وأركب إليه غُدَيّة. وغاديته مع صُبح الديك، وغادونا بالقتال. واغدُ عنّي بمعنى اذهب. ونشأتْ غاديةٌ وادقة، وسقتك الغوادي الموادق. وهذا الطعام لا يُغدّيني، ولا يُعشّيني، وهو عندنا غَدِيّان وعَشِيّان، وهي غَديانة وعشيانة. وتقول: فلان يُغاديه ويُراوحه، ثم يُعاديه ويُكاوحه.

ومن المجاز: قول أَرْبَدَ لعامر: هل لك أن نتغدّى به قبل أن يتعشّى بنا؟: يريد أن نُهلكه قبل أن يُهلكنا.

* غ ذ ذ — دعاني جفته مُغِذّاً. وبت أغِذّ، والسماء تُرِذّ. قال:

أغذّ بها الإدلاجَ كلُّ شَمَرْدَلٍ

من القوم ضرب اللحم عاري الأشاجع

ورأيتُ مهزوماً يُغِذّ، وجرحُه يَغِذّ، أي يسيل، يقال: به غاذّ أي جرح لا يَرقأ. وفي الحديث في ذكر المدينة «لتدعنّها أربعين عاماً حتى يدخل الكلبُ أو الذئب فيُغذّي على سواري المسجد» يقال: غذّى ببوله إذا رمى به دفعةً دفعةً. وعن أبي البيداء: سمعتُ شيخاً بالبادية يقول: لا تُقبل شهادة العبد ولا شهادة المِذْيوط ولا شهادة المُغذّي. وتيسٌ غَذَوان.

ومن المجاز: غُذّي فلان بلبان الكرم. والنار تُغذّى بالحطب. وفلان خيره يتغذّى كلّ يوم أي ينمي ويزيد. قال:

* عن وجه وهّاب تَغذّى شِيَمُهْ *

* غ ر ب — كففتُ من غَرْبه أي من حدّته. قال ذو الرُّمّة:

فكفّ من غربه والغُضْفُ تتبعه

خلف السبيب من الإجهاد تنتحبُ

واقطع عنّي غَرْب لسانه. وإنّي أخاف عليك غَرْب الشباب. وكأنّ غَرْبيها في غَرْبَيْ دالج:

الحجازيات:

وربّما فكّر المعلم أنه يحسن به أن يعرف شيئا عن < الحجازيات>، وربما قاده التفكير إلى أنه - لا بد - واجد شيئا عنها في واحد من الكتب التي ذكرها الزركلي في الأعلام أنها أُلِّفَتْ عنه.. وأولها كتاب الدكتور زكي مبارك (عبقرية الشريف الرضي).. وها أنذا أضع بين يدي المعلم نُتفة من هذا الكتاب عن الحجازيات لتكون نموذجا أو جزءاً من نموذج.

حجازيات الشريف

أيها السادة

سمعتم فيما سلف أن الشريف الرضي تفتحت عبقريته بفضل طريق الحج، وموسم الحج، ورأيتم أقباساً من جذوات وَجْدِهِ المشبوب.

ونريد اليوم أن نتكلم بالتفصيل عن قصائده الحجازيات.

ولي مع تلك الحجازيات تاريخ، فقد ألقيت عنها محاضرة في نادى الموظفين بالقاهرة منذ سنين، ثم كتبت بعد ذلك فصولا مطولة في جريدة البلاغ، وقد حاولت إحضار تلك الفصول من القاهرة، ولكني لم أستطع. فأنا اكتبها للمرة الثالثة، وذلك عناء أتقبله في سبيل الشاعر البكاء الذي خلد مواسم العيون والقلوب.

أيها السادة

إن أسلافنا لم يخطئوا حين جعلوا حجازيات الشريف من فرائد الشعر العربي، فهي قصائد تفردت بغرائب من الأحاسيس، والشريف في هذه القصائد من فحول الابتكار والابتداع، فهو لا يكرر ما سبق إليه الشعراء، وانما تتفجر عبقريته عن معان طريفة تَشُوق الأذواق والعقول.

والشريف في الحجازيات كأبي نواس في الخمريات، فان أبا نواس ألح إلحاحا شديداً في وصف الصهباء، وكانت لجاجته في وصفها خليقة بأن تقذف به في مهاوي الإسفاف، ولكنه مع ذلك تماسك وظل دائما من المبدعين.

وكذلك الشريف، فهو لم يكتف في وصف موسم الحج بقصيدة أو قصيدتين أو ثلاث قصائد أو سبع قصائد، وإنما قال وأعاد، ثم قال وأعاد([1])....

1) عبقرية الشريف الرضي لزكي مبارك الجزء الثاني ص 113.

تحليل النصّ

وحين ينتقل المعلم إلى النظر الداخلي في النص يجد:

الألفاظ الجديدة:

(1) أن هناك ألفاظاً جديدة تحتاج إلى شرح، وهي: المغذّ، المتيّم، أقْرِ، نِضْو، الحِداق.

أسماء الأماكن

(2) أن هناك أسماء أمكنة تحتاج إلى بيان وهي:

المُصَلَّى، الخيف، جَمْع، مِنى (ضبطها بكسر الميم لأن خطأً شائعاً يقع فيها إذ تضم الميم).

صيغ صرفية ومسائل نحوية

(3) أنّ هناك صيغاً تحتاج إلى تحليل وعناية خاصة:

تحمّلْ (بمعنى احمل)

انشُد (التي قد تقرأ بكسر الشين)

الرائح (التي أصبحت في لغة التسهيل عند العامة ، الرايح)

(4) أن هناك مسائل نحوية محددة تعرض في هذا النص:

أفعال الأمر: تَحَمّلْ، أَقْرِ، اشهد، فَقُلْ، انشد، ابكِ

صيغة النداء بأيها: أيها الرائح.

أسلوب الشرط بإذا...

استعمال (عَنْ) بمعنى البدل: أَقْرِ عني، ابْكِ عنّي...

تحقيق دلالات الألفاظ

ولا بد للمعلم أن يعود إلى " المعجم "يتعرف فيه دلالات الألفاظ الجديدة في النص، وها أنذا أضع بين يديه مجموعة المواد التي تعرض فيها هذه الألفاظ من معجمين هما: أساس البلاغة للزمخشري والمعجم الوسيط الذي وضعته لجنة من مجمع اللغة العربية بالقاهرة. وهما يتبعان نهجا واحدا في سوق مفردات اللغة حسب الجذر المجرد لها والترتيب الهجائي لحروف الجذر ابتداء من الأول فالثاني فالثالث...

(نَصَّى) الشيءَ من الشيء: نَصَاه.

(انْتَصَى) السَّيْفَ: أخرجه من غِمْده. و— الثوبَ: أنصاه.

(تَنَصَّى) الدابّةَ: أنصاها.

(النُّصَاوَة) نُصَاوَة الشيء: ما سقط منه عند انتزاعه بشدّة.

(النِّضْو) المهزول من الحيوان. ويقال: فلان نِضْو سَفَر: مُجْهَدٌ من السَّفَر. وثوبٌ نِضْوٌ: خَلَقٌ. وسهم نِضْوٌ: فاسدٌ من كثرة ما رُمِيَ به. و— حديدة اللجام بلا سَيْر. (ج) أنْضاء.

(النَّضِيُّ) من الحيوان: النِّضْو. ونَضِيُّ السهم: ما بين رِيشه ونَصْله. (ج) أَنْضِيَة.

* (نَطَب) فلانًا ـُ نَطْبًا: ضربه على أذنه بإصبعه. و— الديكُ الشيءَ: نقره.

(المِنْطَب): المِصْفاة.

(المِنْطَبَة): المِنْطَب.

(النَّواطِب): خروق المِصْفاة. الواحدة: ناطِبَة.

* (نَطَحَه) الثورُ ونحوُه ـَ نَطْحًا: ضربه بقرنه. ويقال: نَطَح فلانًا عن كذا: دفعه وأزاله. و: هذا أمرٌ لا يَنْتَطِح فيه عَنْزان: لا يختلف فيه اثنان.

(ناطَحَه) مُناطَحَةً ونِطاحًا: نَطَح كلٌّ منهما الآخر. و— غالبه في المناطحة. ويقال: ناطح فلانٌ فلانًا: نازله وقاومه.

(تَناطَح) الكبشان: نطح كلٌّ منهما الآخر. ويقال: تناطحت الأمواج والسيول: تلاطمت.

(الناطحة) ناطحة السحاب: البناء العالي الذاهب في السماء (محدثة)، وهو الطربال، أو الصَّرْح. (ج) نواطح.

(النَّطِيح): المنطوح. و— ما مات نَطْحًا. (ج) نَطْحَى، ونَطائح.

(النَّطِيحَة): الشاة المنطوحة تموتُ فلا يَحِلّ أكلها. (ج) نَطْحَى، ونطائح.

* (نَطَرَ) الكرْمَ ونحوَه ـُ نَطْرًا ونِطارةً: حفظه.

(الناطِر): حافظ الكرْم ونحوه. (ج) نُطّار، ونَطَرَة.

(الناطور): الناطر. (ج) نواطير.

(النَّطّار): كِساءٌ أسودُ يُنصَب على عودٍ بين الزرع يُخيَّل به للطير والبهائم فتظنّه إنسانًا.

* (نَطِس) ـَ نَطَسًا: أدقّ النظر في الأمور واستقصاها. فهو نَطِسٌ، ونَطُس، ونَطِيس.

(تَنَطَّس) في الشيء: أدقّ فيه النظر. يقال: فلان يتنطّس في مَلْبَسه ومأكله: يتأنّق فيه. وهو يتنطّس في كلامه. و— فلانٌ من كذا: تقزّز منه. ويقال: تنطّسَ من مؤاكلة فلان. و— الأخبارَ: استقصاها. ويقال: تنطّسَ عن الأخبار.

(النّاطِس): الجاسوس.

(النِّطاسِيّ): الطبيب الحاذق.

(النَّطِس): النِّطاسِيّ. و— المتقزّز.

(النُّطُس): الأطبّاء الحُذّاق. و— المتقزّزون.

(النِّطْبِس): المدقّق في نظر الأمور. و— الحاذق المدقّق في علم الطبّ. وهي نِطْبِسَة.

(النُّطَسَة): الكثير التنطّس.

* (نَطَّ) ـِ نَطًّا ونَطِيطًا: وثب. و— في الأرض: ذهب فيها. و— في منطقه: هَذَر. فهو نَطّاط. و— الشيءَ نَطًّا: مدّه، أو شدّه.

(الأنَطّ): يقال: سفرٌ أنَطّ: بعيد. وهي نَطّاء.

يقال: عُقْبة نَطّاء: بعيدة. (ج) نُطٌّ، ونُطُط على غير قياس.

(النَّطّاط): الهذّار الكثير الكلام والهَذَر. و— ضربٌ من الجراد والجنادب ينطّ في الحقول يأكل الزرع (مو).

(النَّطِيط) يقال: مكان نَطِيط: بعيد. وهي نَطِيطة. يقال: أرض نَطِيطة.

* (نَطَعَ) اللقمةَ ـَ نَطْعًا: أكل منها ثم ردّها إلى الجِوان. فهو ناطِع.

(نُطِعَ) لونُه نَطْعًا: تغيّر.

(تَنَطَّعَ) فلانٌ: جعل الطعام في نِطْعِه. و— في الشيء: غالى وتكلّف فيه. يقال: تنطّع في كلامه: تفصّح فيه وتعمّق. وتنطّع في شهواته: تأنّق فيها وتشبّع منها. ويقال: تنطّع في عمله: تحذّق فيه.

(النّاطِعَة): اللقمة يؤكل نصفها فتردّ إلى الجِوان.

(النِّطْع)، و(النِّطَع): بِساطٌ من الجلد، كثيرًا ما كان يقتل فوقه المحكوم عليه بالقتل. يقال: على بالسيف والنِّطْع. وكسا بيت الله بالأنطاع. (ج) أنطاعٌ، ونُطوع، وأنْطُعٌ. و— ظَهْرُ الغار الأعلى، وهو موضع اللسان من الحَنَك. ويقال: هذا من الحروف النِّطْعِيّة: التي تخرج من هذا الموضع، وهي (الطاء، والدال، والتاء). (ج) نُطوعٌ.

(النُّطُع): المتشدّقون في كلامهم.

* (نَطَفَ) ـِ نَطْفًا، ونُطُوفًا، ونِطافًا، ونَطَفانًا: قطر. يقال: نَطَفَت القِرْبة، ونَطَف السحابُ، وجبهه حتى نطف عَرَقُه، وجاء سيفُه ينطف دمًا. ويقال: فلان يَنْطِف بسوء: يُنْدَى به. و— الماءَ: صبّه. و— الجُرْحَ والخُراجَ نَطْفًا: شقّه. ويقال: نطفه بعيب: قذفه به ولطّخه.

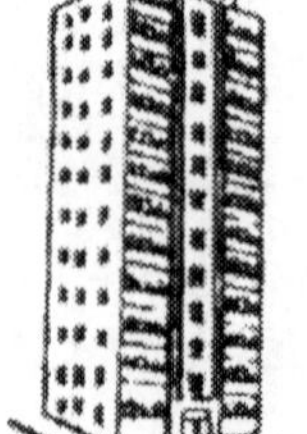

(اسْتَحَدَّ) الرجلُ: أحَدَّ سكينه. و— احتلق آلة حادة.

(حَدَادَكَ) أن تفعل كذا: قصاراك ومنتهى أمرك.

(الحِداد): ثياب المأتم.

(الحِدادة): صناعة الحدّاد وحرفته.

(الحَدُّ): الحاجز بين الشيئين. و— من كل شيء: طرفه الرقيق الحاد. و— منتهاه. يقال: بلغ القرآنُ حَدَّ الإعجاز. ويجب أن يوضع حدٌّ لهذه الفتنة. و— حِدَّته. و— من الخمر والشراب: سَوْرَته.

وحَدُّ الرجلِ: بأسه ونفاذه في نجدته. (ج) حُدُودٌ. وحُدُودُ الله تعالى: ما حَدَّه بأوامره ونواهيه. و— في اصطلاح الشرع: عقوبة مقدَّرة وجبت على الجاني. و— في اصطلاح المناطقة: القول الدالُّ على ماهية الشيء.

(الحَدَدُ): يقال: أمرٌ حَدَدٌ: مُمْتَنِعٌ باطلٌ. ويقال: دون ما سألتَ عنه حَدَدٌ: أي مَنْعٌ. ولا حَدَدَ عنه: لا منعَ ولا دفع، ومالي من هذا الأمر حَدَدٌ: بُدٌّ. وحَدَدًا أن يكون كذا: مَعاذَ الله.

(الحَدَّاد): مُعالِجُ الحديدِ. و— البوّاب. و— السجّان. وقال الشاعر:

يقول لي الحدّاد وهو يقودني

إلى السجن لا تجزعْ فما بكَ من باسِ

(الحِدّة): القوّة. يقال: أخذَته حِدّةُ الغضب. وهو معروف بحدة التفكير: أي عمقه.

(الحَدِيدُ): معدِنٌ، واحدته حديدة. (ج) حدائدُ. ويقال: فلان حديدُ فلانٍ: إذا كانت داره إلى جانب داره أو أرضه إلى جنب أرضه. وداري حديدةُ دارِكَ: مُحادَّتُها.

(المَحْدُودُ): القليل الحظّ. ويقال: تفكيره محدود: سطحيّ، ضيق الأفق.

* (حَدَرَ) الشيءُ ـُ حَدْرًا: امتلأ وغلظ. ويقال: حَدَرَ الرجلُ: إذا سَمِنَ في غلظ واجتماع خلق. و— جلدُه: ورم وغلظ. و— العينُ: ورِمَت وجحظت. و— الشيءَ حُدُورًا: أنزله من علو إلى أسفل. يقال: حَدَرَ الحجرَ: دحرجه. وحَدَرَت العينُ الدمعَ وبالدمع: أسالته. وحَدَرَ اللثامَ عن فمه: أزاله. وحَدَرَ الدواءُ البطنَ: أمشاه وأنزل ما فيه. وحَدَرَ السفينةَ: دفعها من أعلى المجرى إلى أسفله. وحَدَرَ السفينةَ في الماء: أنزلها. وحَدَرَ الثوبَ: قَصَّ مقدارَ طوله بفتل أطراف هدبه وتكفيفه. وحَدَرَ الكلامَ: أسرع فيه. و— الضربُ جلدَه: ورّمه.

(حَدِرَت) العينُ ـَ حَدَرًا: حَوِلَتْ. ويقال: حَدِرَ الرجلُ. فهو أحْدَرُ وهي حَدْراء. (ج) حُدْرٌ.

(أحْدَرَ) جلدُه: حَدَرَ. و— الشيءَ: حَدَرَه.

(حَدَّرَ) جلدُه: حَدَرَ. و— الشيءَ: حَدَرَه. و— القراءةَ والأذانَ والإقامةَ وفيها: حَدَرَ.

(انْحَدَرَ): انحطَّ من علو إلى سُفْل. و— جلده: حَدَرَ.

(تحادر): تساقط ونزل.

(تحدَّر): حَدَرَ. و— الشيءُ: أقبل.

(الأُحْدُور): المكان الذي ينحدر منه الشيء.

(الحادِر): الحسن الخَلْق، المتلئ البدن. يقال غلامٌ حادرٌ. و— الغليظ. يقال: رمحٌ حادرٌ. و— المجتمع. يقال: حَيٌّ حادرٌ. و— الكثير. يقال: عدد حادر. و— المرتفع. يقال: جبلٌ حادرٌ.

(الحادِرة): مؤنث الحادر. ويقال: غلامٌ حادرةٌ: حادرٌ.

(الحادور): الأُحدور. و— القُرط في الأذن. و— الدواءُ يُمشي البطن. (ج) حوادير.

(الحَدْر): القشر الغليظ من الأرض. ويقال: رجلٌ حَدْرٌ: مُشْتَمِلٌ.

(الحَدَرُ): ما انحدر من الأرض.

(الحَدْراء): الأُحْدُور.

(الحَدْرة): قرحة تخرج بجفن العين أو باطنه فترم وتغلظ.

(الحَدُور): الموضع المنحدر. و— الأحدور. و— مقدار الماء المنصبّ في انحداره.

(المُنْحَدَرُ): الأُحدور.

* (حَدْرَجَ) الشيءَ: دحرجه. و— مَلَّسَه. و— الحبلَ ونحوه: فتله وأحكمه.

(الحُدْرُج): الصغير. ويقال: ما بالدار من حُدْرُجٍ: من أحد. (ج) حَدارِجُ.

(المُحَدْرَج): الأملس.

(الحُدْرُوج): الحُدْرُج.

(المُحَدْرَج): السَّوط. قال الفرزدق:

أخاف زيادًا أن يكون عطاؤه

أداهمَ سُودًا أو مُحَدْرَجةً سُمْرا

* (حَدَسَ) في الأرض ـِ حَدْسًا: ذهب على غير هداية. و— في السَّير: أسرعَ ومضى على غير استقامة. و— في الأمر ونحوه: ظَنَّ وخَمَّنَ. و— الشيءَ: حزره، (أي قدَّره). و— على فلان ظنَّه: لم يحقّق أمله فيه. و— الكلامَ على عواهنه: ألقاه دون تحقّق من صحته. و— الشيءَ برجله: داسه ووطئه. و— فلانًا بسهم ونحوه: رماه به. و— الناقةَ وبها: أناخها. و— أناخها وضربها بسكّين في منحرها. و— الشاةَ: أضجعها للذبح. و— ذبحها. و— الرجلَ: صرعه. ويقال: حدس به الأرضَ: ضربها به. فهو حادس، والمفعول محدوس، وحَدِيسٌ.

(تحدَّسَ) الأخبارَ وعنها: تجسّسها.

(الحَدْس) في اصطلاح المناطقة: سرعة انتقال الذهن من المقدمات إلى النتائج. و— الفراسة. يقال: قاله بالحدس.

(الحَدُوس): المتأمر.

* (حَدَقَ) المريضُ ونحوه ـِ حُدُوقًا: فتح عينيه وطَرَفَ بهما. و— به: أحاط. و— فلانًا حَدْقًا:

أصاب حدقته . و– الشيءَ بعينه حَدْقًا : نظر إليه . ويقال : حدَق إليه .

(أحدقت) الأرضُ : صارت حديقةً . و– به : حدَق . ويقال : أحدقت به الشدائد .

(حدّق) به : حدَق . و– إليه : شدّد النظر .

(احدَوْدق) به : حدَق .

(الحدَقة) : السواد المستدير وسط العين . (ج) حَدَقٌ ، وحِداقٌ . (جج) أحداق . ويقال : هو من رُماة الحَدَق : حاذقٌ ماهر في النضال . وتكلمتُ على حَدَقِ القوم : تكلمتُ وهم ينظرون .

(الحديقة) : كل أرض ذات شجرٍ مثمرٍ ونخلٍ أحاط به حاجز .

* (حَدِلَ) ـَ حَدَلًا : مال . ويقال : حَدِلَ عليه : مال بظلم أو عداوة . و– مشى في مَيْلٍ إلى أحد جانبيه . و– مال عنقه خِلقةً أو من وجع . فهو أحدَل ، وهي حَدْلاء .

(حادلَه) : راوغه .

(تحادل) الرامي : انحنى على قوسه . و– في مشيته : تمايل .

(الأحدَل) : الأعسر . و– ذو الخُصْية الواحدة .

(الحَدْل) : يقال : هو رجلٌ حَدْلٌ ، وحُكْمٌ حَدْلٌ : غير عادل .

(الحِدْلُ) : وجع في العنق .

* (الحدْلقة) : إدارة النظر .

* (حَدَمَه) ـِ حَدْمًا : أحماه بالنار أو بحرّ الشمس إحماءً شديدًا . و– الفمَ : جعله شديدَ الحرة حتى اسودّ .

(حَدِمَتِ) النارُ ـَ حَدَمًا ، وحَدَمةً : اتّقدت والتهبت .

(أحدمتِ) النارُ والحرارةُ : حَدِمَت . و– فلانًا : أغاظه وأغضبه . يقال : ما أدرى ما أحدمه .

* (حدا) الإبلَ وبها ـُ حُداء : ساقها وحثّها على السير بالحداء . و– فلانًا على كذا : بعثه عليه . و– الشيءَ حَدْوًا : تبعه . يقال : حدا الليلُ النهارَ ، ولا أفعل ذلك ما حدا الليلُ النهارَ : أبدًا . و– تعمّده وتحرّاه .

(احتذى) الشيءَ : حداه .

(تحدّى) الشيءَ : حداه . و– فلانًا : طلب مباراته في أمر .

(الأُحْدُوّة ، والأُحْدِيّة) : الأغنية يُحْدَى بها . (ج) أحادِيّ .

(الحادي) : الذي يسوق الإبلَ بالحُداء . (ج) حُداة . وحادي النجم : الدَّبَرانُ (مقلوب الواحد) .

(الحُداء) : الغناء للإبل .

(الحَدَى) : يقال : لا أفعله حَدَى الدهر : أبدًا .

(الحَدْواء) : ريح الشمال ؛ لأنها تحدو السحاب .

(الحُدَيّا) : المنازعة والمباراة . ويقال : هو حُدَيّا الناس : واحدهم أو يتحداهم . وأنا حُدَيّاك : مُبارِيك . وهذا حُدَيّا هذا : نِدّه ونظيره . وأنا حُدَيّاك بهذا الأمر : مباريك الوحيد فابرز لي وحدك .

* (حَذّه) ـُ حَذًّا : قطعه في سرعة .

(حَذّ) الشيءُ ـَ حَذَذًا : انقطع آخره . و– خفّ . يقال : حَذَّ ذَنَبُ الدابة . و– اشتدّت سرعته . ويقال : حَذَّ في سيره ، وحَذَّ في كلامه ، وحَذَّ في عمله .

(الأحَذّ) : الأملس الذي ليس له ما يُمسك منه . ويقال : سيفٌ أحذُّ : سريع القطع . وأمرٌ أحذُّ : منكر شديد ، أو سريعُ النفاذ والنُّجح . وقلبٌ أحذُّ : ذكيٌّ سريع الإدراك . وفلانٌ أحذُّ : منقطع عن الخير أو فقيرٌ رقيق الحال . (ج) حُذّ .

(الحَذّاء) : رحِمٌ حَذّاء : مقطوعة لم توصل . وعزيمةٌ حَذّاء : ماضية . وقصيدة حَذّاء : سيّارة لجودتها . وحاجةٌ حَذّاء : سريعة النفاذ والنُّجح . وولّت الدنيا حَذّاءَ مُدْبِرةً : مسرعة ، لم يتعلّق أهلها منها بشيء . (ج) حُذّ .

(الحَذَذُ) عند العروضيين : سقوط وتد من البحر الكامل ، فيصير مُتَفاعِلُن فَعِلُن .

(الحُذّة) : القطعة . يقال : أعطاه حُذّةً من اللحم .

* (حَذِرَ) ـَ حَذَرًا : تيقّظ واستعدّ . و– الشيءَ ومنه : خافه واحترز منه . فهو حاذِرٌ ، وحَذِرٌ . والشيءُ محذورٌ ومحذورٌ منه .

(حاذره) مُحاذرةً وحِذارًا : حَذِر كلٌّ منهما الآخر .

(حَذّره) الشيءَ ومنه : خوّفه . قال تعالى : ﴿ ويحذّركم اللهُ نفسَه ﴾ .

(الحاذورة) : رجلٌ حاذورةٌ : شديد الحذر .

(حَذارِ) : اسم فعل أمرٍ بمعنى : احذَرْ . وتقول : حَذارِكَ زيدًا وحَذارَيْك : ليكن منك حَذَرٌ بعد حَذَر .

(الحَذَر) : تقول : « حَذَرَك زيدًا » : احذَره . و« إنه لابنُ حَذَرٍ وأحذار » : ابن حزمٍ وتحرّز . و– ثِقَلٌ في العين من أذًى يصيبها . (ج) أحذار .

(الحُذُر) : رجل حَذُرٌ : حاذورة .

(الحِذْرِيَة) : حِذْرِيَةُ الديك : ريشُ عنقه . (ج) حَذارَى ، وحَذارٍ .

(الحِذْر) : الحَذَر . يقال : أنا حِذْرُك منه : مُحذِّرك .

(المحذور) : ما يُتّقى ويُحترز منه . قال تعالى : ﴿ إنّ عذابَ ربك كان محذورًا ﴾ .

(المَحْذورة) : الفَزَع بعينه . و– الداهية . و– الصيحة . و– الخيل المُغيرة .

* (حَذَفَ) الشيءَ ـِ حَذْفًا : قطعه من طرفه . يقال : حذف الحجّامُ الشَّعرَ . و– أسقطه . و– بالعصا ونحوها : رماه وضربه بها . ويقال : حذفه بجائزة : أعطاه إيّاها صلةً له .

(حَذّف) الشيءَ : سوّاه . يقال : حذّف الحجّامُ الشَّعرَ : سوّاه وطرّره . وحذّف الخطيبُ الكلامَ : هذّبه وصقّله .

يا دعلج قد كنت زماناً محرماً

ما كنت تعطين الفقير درهما

وتمرفين الشبع والمتوما

وتمنعين السنبل المحزما

كان خالد القسري قد سنحها فزرع في أرضها.

ويقال للصدقة أم تومة، علم لها، ولذلك لم تصرف

كابن دأية .

ومن المجاز : قول ذي الرمة :

وحتى أتى يوم يكاد من اللظى

به التوم في أفحوصه يتصيح

يتشقق، أراد البيض فسماه توماً على الاستعارة .

* ت و ه — توّه بمعنى تيّه ، وفي شتائمهم : يامتوّه، ويامروّع ، وما بال ذلك المتوّه يفعل كذا؟

* ت و و — فتل الحبل والخيط توّاً واحداً أي طاقاً واحداً لا قوى له . وكان توّاً، فصار زوّاً ، أي زوجاً معه آخر . وفي الحديث : «الطواف توّ والاستجمار توّ» .

* ت و ى — توى ماله توى : ذهب لا يرجى ، ومال تاوٍ، وأتوى ماله ، وفي مثل «أتوى من دين» .

* ت ى ح — وقع فلان في مهلكة فأتيح له من أنقذه ، وتاح له من خلصه وأتاح الله لعبده كذا : قدّره ، وفرس تيّاح ومتيح وتيحان : يعترض في مشيه ويميل على قطريه ، ورجل تيحان : عريض ، وقلب متيح ، قال الراعي :

أفي أثر الأظعان عينك تلمح

نعم لات هنّا إن قلبك متيح

* ت ى ر — بحر متلاطم التيار وهو الموج . قال عديّ :

عف المكاسب ما تكدى حسافته

كالبحر يقذف بالتيار تيّارا

وحسافته : علالته .

ومن المجاز : فرس تيّار : يموج في عدوه كما قيل بحر ، قال عديّ :

وأنا أستقبل أتلاب منيفا

رهل الصدر مقرفا تيّارا

وقطع عرقاً تيّاراً : سريع الجرية . ورجل تيّار تيّاه : يطمح طموح الموج من تيهه .

* ت ى س — عنز تيساء إذا كان قرناها طويلين كقرني التيس .

ومن المجاز : تتايس الماء : تناطحت أمواجه ، وتايس قرنه : مارسه ، وبينهم متايسة وتياس ، وتيّس البعير وخيّسه : ذلّله . «وتيّسي جعاره» أي كوني كالتيس في حمقه يا ضبع ، مثل في الأحمق . «وعنز استتيست» مثل في ذليل عزّ ، ويقال للكذّاب : هو من تيوساء بني حمّان .

* ت ى ع — فلان يتتايع في الأمور : يرمي بنفسه فيها من غير تثبت ، وتتايع الناس في الشرّ : تهافتوا فيه ، وما لكم تتايعتم وتتايعتم؟

* ت ى م — هو تيم الله أي عبد الله ، وتيّمه : عبّده .

ومن المجاز : تامت فلانة قلبه وتيّمته ، وهو متيّم وقرأت شعر المتيّمين . قال لقيط بن زرارة :

تامت فؤادك لو تحزنك ما صنعت

إحدى نساء بني ذهل بن شيبانا

وعن ابن الأعرابي : تيّمت قلبه : علقته ، من التيمة وهي التميمة . وقيل ضلّلته ، من التيماء وهي المفازة المضلّة .

* ت ى ن — أرض متانة : كثيرة التين .

* ت ى ه — تاه في أمره : تحيّر ، وتيّهته ، وأرض متيهة : يتاه فيها ، ووقعوا في تيه وتيهاء . وتاه علينا فلان : تكبّر ، وهو يتيه على قومه ، وكان في الفضل تيه عظيم ، وقيل له : تِهْ ما شئت فلا يصلح التيه لغيرك ، ورجل تيّهان وتيّهان : جسور يركب رأسه في الأمور ، وجمل تيّهان وناقة تيّهانة . قال الحميريّ :

« تقدمها تيّهانة جسور »

تعرّف مواقع الأماكن في معجم البلدان

ولا بدّ له أيضاً ان يعود إلى واحد من معاجم البلدان كمعجم البلدان لياقوت يتعرف فيه مواضع<المواقع> المذكورة في النص لتصبح أكثر تحددا ووضوحا. وها أنذا أضع بين يدي المعلم مجموعة المواضع التي يجد فيها تعريفا بهذه المواقع وما يتعلق بها وذلك من معجم البلدان لياقوت:

وسوف يلاحظ المعلم ان " الخيف" قد وردت في الكتاب المقرر بكسر الخاء (الخيف) وانها وردت في معجم البلدان بفتحها(الخيف)..

وسوف يلاحظ ان ذلك المكان (مِنَى) يضبط بكسر الميم، وأن الناس قد جَرَوْا فيه على خطأ مشترك شائع إذ يضمّون الميم منه (منى).

وسوف يلاحظ كذلك ان كلمة (أقْرِ) وهي فعل الامر المبني على حذف الياء على أن الأَصل (أَقْري).. هي في أصل الأصل (أقْرِئ)، وأن الهمزة سُهِّلَتْ هنا فأصبحت ياء ثم عوملت معاملة الياء ذات الأصالة في بناء الفعل فَحُذِفَتْ..

المُصَلّى: بالضم، وتشديد اللام، موضع الصلاة: وهو موضع بعينه في عقيق المدينة؛ قال إبراهيم بن موسى بن صدّيق:

ليت شعري هل العقيق فسَلْعٌ
فقصور الجمّاء فالعَرْصَتان
فإلى مسجد الرسول فما حا
زَ المصلّى فجانبيْ بُطحان
فبنو مازنٍ كعهدي أم ليـ
سوا كعهدي في سالف الأزمان

وقال شاعر:

ضَرِبتْ إلى الخُور كالرَّبْرب
تداعين في البلد المخصب
عَمَرْنَ المصلّى ودور البلاط
وتلك المساكن من يثرب

مَصْنَعَةُ بني بَدّاء: من حصون مشارف ذمار لبني عمران بن منصور البدّائي. ومَصْنَعَةُ أيضاً: حصن من حصون بني حُبَيش. ومصنعة بني قيس: من نواحي ذمار. ومصنعة: من نواحي سنحان من ذمار أيضاً.

المَصْنَعَتَين: من حصون اليمن ثم من حصون الظاهرين.

مِصْياب: حصن حصين مشهور للإسماعيلية بالساحل الشامي قرب طرابلس، وبعضهم يقول مصياف.

المُصَيَّخ: بضم الميم، وفتح الصاد المهملة، وياء مشددة، وخاء معجمة، يقال له مصيخ بني البَرْشاء: وهو بين حَوْران والقَلْت وكانت به وقعة هائلة لخالد على بني تغلب، فقال التغلبي:

يا ليلة ما ليلة المصيّخ
وليلة العيش بها المديّخ
أرقص عنها عُكَّنَ المُشَيَّخ

وقد شدّد الياء ضرورة القعقاع بن عمرو فقال:

سائلْ بنا يوم المصيّخ تغلباً،
وهل عالمٌ شيئاً وآخر جاهل
طرَقْناهمُ فيه طروقاً فأصبحوا
أحاديث في أفناء تلك القبائل
وفيهم إياد والنمور وكلهم
أصاخ لما قد غرّهم للزلازل

ومُصَيَّخ بَهْراء: هو ماء آخر بالشام ورَدَه خالد بن الوليد بعد سُوَى في مسيره إلى الشام وهو بالقُصْواني فوجد أهله غارّين وقد سافهم بَغيُّهم فقال خالد: احملوا عليهم، فقام كبيرهم فقال:

ألا يا اصبحاني قبل جيش أبي بكر،
لعلّ منايانا قريب وما نَدْري

فضُربت عنقُه واختلط دمه بخمره وغنم أهلها وبعث بالأخماس إلى أبي بكر، رضي الله عنه، ثم سار إلى اليرموك، وقال القعقاع يذكر مصيّخ بَهْراء:

قطعنا أباليس البلاد بخيلنا
نريد سُوَى من آبدات قُراقر
فلمّا صَبَحْنا بالمصيّخ أهلَهُ
وطار إباري كالطيور النوافر
أفاقت به بَهْراء ثم تجاسرت
بنا العيس نحو الأعجميّ القُراقر

مَصِيرَةُ: بالفتح ثم الكسر، كأنه فعيلة من المصر وهو الحدّ بين الشيئين: جزيرة عظيمة في بحر عُمان فيها عدة قرى.

المَصِّيصَةُ: بالفتح ثم الكسر، والتشديد، وياء ساكنة، وصاد أخرى، كذا ضبطه الأزهري وغيره من اللغويين بتشديد الصاد الأولى هذا لفظه. وتفرّد

خارجة بن حذافة، وكان أهلها ممن أعان على عمرو ابن العاص فسباهم ثم أمر عمر بردهم إلى بلادهم على الجزية أسوة بالقبط؛ وإليها ينسب البقر الخيسية، وإن كانت عربية فهي مصدر خاست الجيفة خيساً إذا أروحت، ومنه قيل: خاس البيعُ والطعام كأنه كَسَدَ حتى فَسَدَ.

خَيْسارُ: بفتح الخاء، وسكون الياء، وسين مهملة، وآخره راء: من مدن الثغور التي بين غزنة وهراة، أخبرني بعض أهل الثغور.

خَيْسَقٌ: بفتح أوله، وسكون ثانيه، وسين مهملة، وآخره قاف: اسم لابة أي حَرَّة معروفة، وبئر خيسق: بعيدة القعر؛ وفي كتاب العين: ناقة خسوق سيئة الخلق تخسق الأرض بمناسمها إذا مشت انقلب منسمها فخدّ في الأرض.

خَيْشٌ: هو الجبل المسمى خيشاً، وقد ذكر؛ سماه عمر بن أبي ربيعة خيشاً في قوله:

تركوا خيشاً على أيمانهم،
ويسوماً عن يسار المُنْجِد

وهو من جبال السراة؛ وقال نصر: خيش جبل بنخلة قرب مكة يذكر مع يسوم.

خَيْشانُ: بفتح أوله، وسكون ثانيه، وشين معجمة، وآخره نون؛ قال الحازمي: موضع أظنه في سمرقند؛ وقد نسب إليه أبو الحسن الخيشاني السمرقندي، روى جامع الترمذي عن أبي بكر أحمد بن إسماعيل بن عامر السمرقندي.

خَيْصَلُ: بالفتح ثم السكون، وفتح الصاد المهملة، ولام: موضع في جبال هُذَيْل عند ماء قَيْلهم؛ عن نصر.

خَيْفُ: بفتح أوله، وسكون ثانيه، وآخره فاء؛ والخيف: ما انحدر من غِلَظِ الجبل وارتفع عن مسيل الماء، ومنه سمي مسجد الخيف من مِنًى؛ وقال ابن جِنّي: أصل الخيف الاختلاف، وذلك أنه ما انحدر من الجبل فليس شرفاً ولا حضيضاً فهو مخالف لهما، ومنه: الناس أخياف أي مختلفون؛ قال:

الناس أخيافٌ وشتّى في الشِّيَمْ،
وكلهم يجمعهم بيت الأدم

وقال نصيب، وقيل المجنون:

ولم أرَ ليلى، بعد موقف ساعة،
بخيف مِنًى ترمي جمار المحصَّب

ويبدي الحصى منها، إذا قذفت به،
من البُرْد أطراف البنان المخضَّب

وأصبحتُ من ليلى، الغداةَ، كناظر
من الصبح في أعقاب نجم مغرِّب

ألا إنما غادرتِ، يا أم مالك،
صدًى أينما تذهب به الريحُ يذهب

وقال القاضي عياض: خيف بني كنانة هو المحصَّب، كذا فسر في حديث عبد الرزاق، وهو بطحاء مكة، وقيل: مبتدأ الأبطح، وهو الخيفة فيه لأن أصله ما انحدر من الجبل وارتفع عن المسيل؛ وقال الزهري: الخيف الوادي، وقال الحازمي: خيف بني كنانة بمنى نزله رسول الله، صلى الله عليه وسلم؛ والخيف: ما كان مجنباً عن طريق الماء يميناً وشمالاً متسعاً. وخيف سَلّام: بلد بقرب عُسْفان على طريق المدينة فيه منبر وناس كثير من خزاعة، ومياهها في باديتها قليلة من جشم وخزاعة. وخيف الخَمِيرَاء: في أرض الحجاز؛ قال ابن هَرْمَة:

من أرض مصر .

جَمْزٌ : آخره زاي : ماء عند حَبَوْتَن بين اليمامة واليمن ، وهو ناحية من نواحي اليمن ؛ قال ابن مُقبل :

ظَلَّتْ على الشَّوْذَرِ الأعلى ، وأمكنها
أطواءُ جَمْزٍ على الإرْواء والعطن

جَمْعٌ : ضدّ التفرق : هو المزدلفة ، وهو قُزَح ، وهو المشعر ، سمي جمعاً لاجتماع الناس به ؛ قال ابن هَرْمَة :

سلا القلبُ ، إلاّ من تذكّر ليلةٍ
بجمع وأخرى أسعفت بالمحصّب

ومجلس أبكار ، كأنّ عيونها
عيون المها أنفين قدّام رَبْرَب

وقال آخر :

تمنّى أن يرى ليلى ، بجمعٍ ،
ليسكن قلبه مما يعاني

فلما أن رآها خوّلته
بماداً ، فتّ في عضد الأماني

إذا سمح الزمان بها وضنّت
عليّ ، فأيّ ذنب للزمان ؟

وجمعٌ أيضاً : قلعة بوادي موسى ، عليه السلام ، من جبال الشراة قرب الشَّوْبك .

جَمَلٌ : بالتحريك ، بلفظ الجمل وهو البعير : بئرُ جمل في حديث أبي جُهَيم بالمدينة . ولَحْيُ جمل ؛ بفتح اللام وسكون الحاء المهملة : بين المدينة ومكة ، وهو إلى المدينة أقربُ ، وهناك احتجم رسول الله ، صلى الله عليه وسلم ، في حجة الوداع . ولَحْيُ جمل أيضاً : موضع بين المدينة وفَيْد على طريق الجادّة ، بينه وبين فيد عشرة فراسخ . ولَحْيُ جمل أيضاً . موضع بين نجران وتثليث على الجادّة من حضرموت إلى مكة . ولَحْيا جمل ، بالتثنية : جبلان باليمامة في ديار قُشَيْر . وعينُ جمل : ماء قرب الكوفة ، سمي بجمل مات فيه أو نسب إلى رجل اسمه جمل والله أعلم . وجملٌ : موضع في رمل عالج ؛ قال الشَّمّاخ :

كأنها لما استقلّ النَّسْران ،
وضمّها من جمل طِمِرّان

جَمٌّ : بالفتح ، والتشديد : مدينة بفارس ، سميت باسم الملك جَمْشيد بن طَهْمُورَث ، والفرس يزعمون أن طهمورث هو آدم أبو البشر .

الجُمَنُ : بضمتين ، يجوز أن يكون جمع جُمّان ، وهو خرزٌ من فضة يتخذ شبه اللؤلؤ ، وقد ترهب لبيد لؤلؤ الصدف البحريّ فقال :

وتضيء في وجه الظلام منيرةً ،
كجمانة البحريّ سُلّ نظامها

والجُمُنُ : جبل في سوق اليمامة ؛ قال ابن مقبل :

فقلت للقوم قد زالت حمائلهم
فَرْجَ الحزيز إلى القَرْعاء فالجُمُن

الجَمُومان : بالفتح ، تثنية جَمُوم ، وهو الفرس الذي كلما ذهب منه إحضار جاء إحضار ؛ قال ابن السكيت في شرح قول النابغة :

كتمتُكَ ليلاً بالجَمومين ساهراً ،
وهمّين همّاً مستكناً وظاهرا

الجَمُومُ : ماء بين قباء ومرّان من البصرة على طريق مكة .

الجَمُومُ : واحد الذي قبله ، وقيل هو أرض لبني سُلَيم ، وبها كانت إحدى غزوات النبي ، صلى الله

وأصبحَ سعد حيث أمسَتْ كأنه
برابغة المَمروخ زقٌّ مُقَيَّرُ

فما نَوَّمَتْ حتى ارتمى بثقالها
من الليل قصوى لابَةٍ والمُكَسَّرُ

مَمْسَى: بالفتح ثم السكون، والسين مهملة، مقصور: قرية بالمغرب.

مَمْطِيرُ: مدينة بطبرستان، قال محمد بن أحمد الهمذاني: مدينة طبرستان آمُل وهي أكبر مُدُنها ثم ممطير وبينهما ستة فراسخ من السهل وبها مسجد ومنبر، وبين ممطير وآمُل رساتيق وقرى وعمارات كثيرة.

المُمَنَّعُ: بفتح النون وتشديدها: موضع في شعر الحطيئة.

المِمْهَى: بكسر الميم الأولى، وسكون الثانية، وفتح الهاء، والمَهْيُ: ترقيق الشَّفْرة، والمَها: بقر الوحش، والمَهْيُ: إرخاء الحبل ونحوه، فيصحّ أن يكون مِفْعَلاً من هذا كله: وهو ماء لبني عبس، قال الأصمعي: من مياه بني عميلة بن طريف ابن سعد الممهى وهي في جوف جبل يقال له سُوَاج، وهو الذي يقول فيه الراجز:

يا ليتها قد جاوزَتْ سُوَاجا،
وانفرج الوادي بها انفراجا.

وسُوَاج: من أَخْيِلَة الحِمى.

باب الميم والنون وما يليهما

مِنًى: بالكسر، والتنوين، في دَرَج الوادي الذي ينزله الحاجّ ويرمي فيه الجمار من الحرم، سمّي بذلك لما يُمْنَى به من الدماء أي يُراق، قال الله تعالى: من مَنيّ يُمْنَى، وقيل: لأن آدم، عليه السلام، تَمَنّى فيها الجنّة، قيل: مِنًى من مهبط العقبة إلى مُحَسِّر وموقف المزدلفة من مُحَسِّر إلى أنصاب الحرم وموقف عرفة في الحِلّ لا في الحرم، وهو مذكر مصروف، وقد امتنى القومُ إذا أتوا منى عن يونس، وقال ابن الأعرابي: أمْنَى القوم ومَنَى الله الشيء قدّره وبه سمي منًى، وقال ابن شُمَيْل: سمي منى لأن الكبش مُنِيَ به أي ذبح، وقال ابن عُيَيْنة: أخذ من المنايا: وهي بليدة على فرسخ من مكة، طولها ميلان، تعمُر أيام الموسم وتخلو بقية السنة إلا ممن يحفظها، وقلّ أن يكون في الإسلام بلد مذكور إلا ولأهله بمنى مضرب، وعلى رأس منًى من نحو مكة عقبة تُرْمَى عليها الجمرة يوم النحر، ومنًى شعبان بينهما أزقّة والمسجد في الشارع الأيمن ومسجد الكبش بقرب العقبة وبها مصانع وآبار وخانات وحوانيت وهي بين جبلين مطلّين عليها، وكان أبو الحسن الكرخي يحتج بجواز الجمعة بها لأنها ومكة كمصر واحد، فلما حج أبو بكر الجصّاص ورأى بُعْدَ ما بينهما استضعف هذه العلة وقال: هذه مصر من أمصار المسلمين تعمّر وقتاً وتخلو وقتاً وخلوها لا يخرجها عن حد الأمصار، وعلى هذه العلة يعتمد القاضي أبو الحسن القزويني، قال البشّاري: وسألني يوماً كم يسكنها وسط السنة من الناس؟ قلت: عشرون إلى ثلاثين رجلاً قلّما تجد فيه مضرباً إلا وفيه امرأة تحفظه، فقال: صدق أبو بكر وأصاب فيما علّل، قال: فلما لقيت الفقيه أبا حامد البغوي بنيسابور حكيتُ له ذلك فقال: العلة ما نص به الشيخ أبو الحسن، ألا ترى إلى قول الله عز وجل: ثم مَحِلُّها إلى البيت العتيق، وقال تعالى: هدياً بالغ الكعبة، وإنما يقع النحر بمنًى، وقد ذكر منًى الشعراء فقال بعضهم:

ولما قضينا من منًى كلّ حاجة،
ومسّح بالأركان من هو ماسح

أخذنا بأطراف الأحاديث بيننا ،
وسالتْ بأعناق المطيّ الأباطحُ

وقال العرجي :

تَلَبَّثْ حولاً كلّه كاملاً
لا نلتقي إلا على منْهَجِ
الحج إن حَجَّتْ ، وماذا مِنًى
وأهلُه إن هي لم تحجُجِ ؟

وقال الأصمعي وهو يذكر الجبال التي حول حمى ضريّة فقال : ومِنًى جبل ، وأنشد :

أَتبعتُهم مُقْلَةً إنسانُها غَرِقٌ
كالفَصّ في رقرقٍ بالدمع مغمورُ
حتى تواروا بشَعْفٍ والجمالُ بهم
عن هضب غَوْلٍ وعن جنبيْ مِنًى زورُ

مَنَابِضُ : موضع بنواحي الحيرة ، قال المسيب بن عَلَس ، وقيل المتلمس :

ألكَ السديرُ وبارقٌ
ومنابضٌ ولكَ الخورنقْ
والقصرُ من سنداد ذي
الشرفات والنخلُ المنبّقْ
والثعلبيّة كلها ،
والبدْوُ من عانٍ ومطلقْ

مَنَاذِرُ : بالفتح ، والذال معجمة مكسورة ، وإن كان عربياً فهو جمع منذر ، وهو من أنذرته بالأمر أي أعلمته به ، وقد روي بالضم فيكون من المُفاعلة كأن كلّ واحد ينذر الآخر ، والأصح أنه أعجميّ ، قال الأزهري : مَناذر ، بالفتح ، اسم قرية واسم رَجل ، وهو محمد بن مناذر الشاعر ، وذكر الثَّوْري في اسم الرجل الفتح والضم وفي اسم البلد الفتح لا غير ، وهما بلدتان بنواحي خوزستان : مناذر الكبرى ومناذر الصغرى ، أول من كوّرَه وحفر نهره أردشير بن بَهْمَن الأكبر بن اسفنديار بن كشتاسب ، ومما يؤكد الفتح ما ذكره المُبَرّد أن محمد بن مُناذر الشاعر كان إذا قيل ابن مَناذر ، بفتح الميم ، يغضب ويقول : أمَناذر الكبرى أم مناذر الصغرى ؟ وهي كورتان من كور الأهواز ، إنما هو مُناذر على وزن مُفاعل من ناذَرَ يناذر فهو مُناذر مثل ضارب فهو مُضارب ، والمَناذر ذكر في الفتوح وأخبار الخوارج ، قال أهل السير : ووجّه عُتبة بن غزوان حين مصّر البصرة في سنة ١٨ سُلْمى بن القَيْن وحرملة بن مُرَيطة كانا من المهاجرين مع النبي ، صلى الله عليه وسلم ، وهما من بلعَدَويّة من بني حنظلة ونزلا على حدود مَيْسان ودستميسان حتى فتحا مناذر ونَهر تيرى في قصة طويلة ، وقال الحُصين بن نيار الحنظلي :

ألا هل أتاها أن أهل مناذر
شفوا غللاً لو كان للناس زاجرُ ؟
أصابوا لنا فوق الدُّلُوث بفَيْلَقٍ
له زَجَلٌ ترتدّ منه البصائرُ
قتلناهمُ ما بين نخل مخطّط
وشاطي دُجيلٍ حيث تخفى السرائرُ
وكانت لهم فيما هناك مُقامةٌ
إلى صيحةٍ سوّت عليها الحوافرُ

مَنَارَةُ الإسكَنْدَرِيّة : بالفتح ، وأصله من الإنارة وهي الإشعال حتى يضيء ، ومنه سميت منارة السراج ، والمنار : الحد بين الأرضين ، وقد استوفيت خبرها في الإسكندرية .

منارة الحوافر : وهي منارة عالية في رستاق همذان في ناحية يقال لها وَنْجَر في قرية يقال لها أسفَنجين ، قرأت خبرها في كتاب أحمد بن محمد بن إسحاق الهمذاني قال : كان

العزّى بن ذراع الجرمي أبياتاً ذكرناها في الأُقَيْصر، ومنها عقيق البصرة : وهو واد مما يلي سَفَوَان، قال يموتُ بن المزرّع أنشدنا محمد بن حميد قال أنشدتني صبية من هُذَيل بعقيق البصرة ترثي خالها فقالت :

أسائلُ عن خالي مذ اليوم راكباً ،
إلى الله أشكو ما تبوحُ الركائبُ

فلو كان قِرناً يا خليلي غلبته ،
ولكنه لم يُلْفَ للموتِ غالبُ

قال يموت : رأيت هذه الجارية تغنيها بالعقيق عقيق البصرة ، ومنها عقيق آخر يدفع سيله في غَوْرَي تِهامة ، وإياه عنَى فيما أحسبُ أبو وجزْة السعدي بقوله :

يا صاحبيّ انظُرا هل تؤنسان لنا
بين العقيق وأوطاس بأحداج

وهو الذي ذكره الشافعي ، رضي الله عنه ، فقال : لو أهلّوا من العقيق كان أحبّ إليّ ؛ ومنها عقيق القَنان تجري فيه سيول قلل نجد وجباله ، ومنها عقيق تمرة : قرب تبالة وبيشة ، وقد مرّ وصفه في زبية ، وقيل : عقيق تمرة هو عقيق اليمامة ، وقد ذكر ، وذكر عرّام : ما حوالي تبالة زبيّة ، بتقديم الباء ، ثم قال : وعقيق تمرة لعُقَيل ومياهُها بُثورٌ ، والبثر يشبه الأحساء ، تجري تحت الحصى مقدار ذراع وذراعين ودون ذلك وربما أثارته الدوابّ بحوافرها ؛ وقال السكري في قول جرير :

إذا ما جعلتُ السيّ بيني وبينها
وحرّة ليلى والعقيق اليمانيا

العقيق : واد لبني كلاب نسبه إلى اليمن لأن أرض هوازن في نجد مما يلي اليمن وأرض غطفان في نجد مما يلي الشام ؛ وإياه أيضاً عنى الفرزدق بقوله :

ألم ترَ أني يوم جوّ سُويقة
بكَيْتُ فنادتني هنيدة ما ليا

فقلتُ لها : إنّ البكاء لَراحةٌ ،
به يشتفي من ظنّ أنْ لا تلاقيا

قفي ودّعينا يا هُنَيْد فانني
أرى الركبَ قد ساموا العقيق اليمانيا

وقال أعرابيّ :

ألا أيها الركبُ المخبّون عرّجوا
بأهل العقيق والمنازل من علَمْ

فقالوا: نعم! تلك الطلول كعهدها
تلوحُ، وما معنى سؤالك عن علَم؟

فقلتُ : بلى ! إنّ الفؤاد يهيجُه
تذكّرُ أوطان الأحبّة والخدم

وقال أعرابيّ :

أيا سَرْوَتَي وادي العقيق سُقيتما
حياً غَضّةَ الأنفاس طيّبةَ الوِرْد

ترَوّيتما مُخّ الثرى وتغلغلت
عرُوقكما تحتَ الذي في ثرًى جعد

ولا تَهْنِئَنْ ظلاً كما إن تباعدَتْ،
وفي الدارِ من يرجو ظلالكما بعدي

وقال سعيد بن سليمان المساحقي يتشوّق عقيق المدينة وهو في بغداد ويذكر غلاماً له اسمه زاهر وأنه ابتُلي بمحادثته بعد أحبّته فقال :

أرى زاهراً لما رآني مسهّداً ،
وأن ليس لي من اهل بغداد زائرُ

أقام يعاطيني الحديث ، وإننا
لمختلفان يومَ تُبلى السرائرُ

يحدّثني مما يجمّع عقله
أحاديثَ منها مستقيم وحائرُ

وما كنتُ أخشى أن أراني راضياً
يعلّلني بعد الأحبّة زاهرُ
وبعد المصلّى والعقيق وأهله ،
وبعد البلاط حيث يحلو التزاوُرُ
إذا أعشبتْ قُربانُهُ وتزيّنت
عِراضٌ بها نبتٌ أنيقٌ وزاهرُ
وغنّى بها الذّبّانُ تغزو نباتها
كما واقعت أيدي القِيان المزاهرُ

وقد أكثر الشعراء من ذكر العقيق وذكروه مطلقاً ، ويصعُبُ تمييز كل ما قيل في العقيق فنذكر مما قيل فيه مطلقاً ؛ قال أعرابيّ :

أيا نخلتيْ بطن العقيق أمانِعي
جنى النّخلِ والتينِ انتظاري جنا كما؟
لقد خِفتُ أن لا تنفعاني بطائل ،
وأن تمنعاني مجتنى ما سواكما
لو انّ أمير المؤمنين على الغنى
يحدّث عن ظلّيكما لاصطفاكما

وزوّجت أعرابيّة ممن يسكن عقيق المدينة وحملت إلى نجد فقالت :

إذا الريحُ من نحو العقيق تنسّمَتْ
تجدّد لي شوقٌ يضاعفُ من وجدي
إذا رحلوا بي نحو نجد وأهله
فحسبي من الدنيا رجوعي إلى نجدي

عُقَيْلٌ : من قرى حوران من ناحية اللّوى من أعمال دمشق ؛ إليها ينسب الفقيه أبو عبد الله محمد بن يوسف العقيلي الحوراني ، كان من أصحاب أبي حنيفة ، صحب بُرْهان الدين أبا الحسن علي بن الحسن البلخي بدمشق ، أخذ عنه وتقدّم في الفقه وصار مدرّساً بجامع قلعة دمشق ، وتوفي في سنة ٥٦٤ ، وله شعر ، منه :

ما أليقَ الإحسان بالأحسنِ
عقلاً إلى الكافرِ والمؤمنِ
وأقبح الظلمَ بذي ثروة
حُكّم في الأرواح مستأمنِ
يا من تولى عاتباً معرضاً ،
يعدل في هجري ولا ينْثني

باب العين والكاف وما يليهما

عَكّا : عَكَكْتُهُ أعُكّه عكّاً إذا حبسته عن حاجته ، وامرأة عكّاء : وهو اسم موضع غير عكة التي على ساحل بحر الشام .

عُكّادُ : جبل باليمن قرب زبيد، ذكرته في عُكْوتين .

عُكّاشٌ : بضم أوله ، وتشديد ثانيه ، وآخره شين معجمة ؛ العكاشة : العنكبوت ، وبها سمّي الرجل ، والعُكّاش : نبتٌ يلتوي على الشجر ، وشجرٌ عَكِشٌ : كثير الأغصان متشنّجها ، وعكش الرجل على القوم إذا حمل عليهم ، قالوا : وعُكّاش جبل يناوح طَمِيّة ، ومن خرافاتهم أن عكاش زوج طميّة ، وقال أبو زياد: عكاش ماء عليه نخل وقصور لبني نمير من وراء حُظيّان بالشُّرَيف ؛ قال الراعي النميري :

ظَعَنّْتُ ووَدّعْتُ الخليطَ اليمانيا
سُهَيْلاً وآذنْاه أن لا تلاقيا
وكنّا بعُكّاش كجارَيْ كفاءة
كريمين حُمّا بعد قُربٍ تنائيا

وهو حصن وسوق لهم فيه مزارع بُرٍّ وشعير ، قال عُمارة :

ولو ألحقْناهم وفينا بُلولةٌ
وفيهنّ ، واليوم العَبوريّ شامسُ
لما آب عُكّاشاً مع القوم معبَدٌ
وأمسى ،وقد تَسْفي عليه الروامسُ

نظرة تحليلية في النصّ

فاذا استقام للمعلم التعرف الى صاحب النصّ، وسياقه، ومجموعة المسائل الجزئية في بنائه، عاد الى النظر فيه من جديد، فماذا يجد؟

يجد أن الشاعر يمر بلحظة عارمة من الحنين إلى ذكريات> صبابة< كانت له في >الحجاز< من خلال مواسم الحج... ويفيض به الشوق، حتى يصبح تبليغه للأحبّة> حاجة< ملحّة.. ويلاحظ المعلم ان الشاعر يختار> رائحا< إلى الحجاز يحمّله تلك الحاجة. وليس عبثا أن يصف الشاعر ذلك الرائح بانه مُغِذٌّ مسرع، فالحاجة تلح عليه والشوق يفيض به كما يقول.. فيؤثِر ان يكون الرائح على مثل تلك الحال.. شأنه في ذلك شأن كل ذي رسالة هامة يريد أن يبلغها باقصى ما يستطيع . إنّه، بذلك ، يشير إلى فكرة البريد المستعجل قبل ان يوجد البريد المستعجل.

ولكنه يحترس خلال ذلك، فالحاجة التي يحمّلها للرائح ليست شيئا هينّا، وإنّما هي عبء ثقيل يحتاج الرائح ان يتناوله بعناية وان يتكلف له الجهد والحيلة (قال: تحمّل ولم يقل: احمل).

وهوا انما يحمّل الرائح سلاما يبلّغه لأهل (المُصَلّى) ، والشاعر مرتبط بمكان محدد، أما هواه فليس يحدده.

وهنا يلتفت الشريف التفاتة تدلّ على صدق الوجد.. على نحو ما نجد اليوم من صدق المودّة بين الام وابنها والاخ وأخيه.. وهم يعبرون عن دور المراسلة في التعبير عن عواطفهم و > حاجاتهم< بصورة أخرى مختلفة.. المضمون واحد.. أما التعبير فيختلف.. هم يقولون: المراسلة ثلثا المشاهدة. والشريف يرى أن > بلاغ السلام بعض التلاقي<.

أما في > الخيف< فالرائح يحمل أمانة :أن الشريف مشتاق أيّ مشتاق> ان قلبي يفيض بالاشواق <. امتلأ القلب شوقا فلم يعد فيه لشوق متسع ففاض بالشوق أو فاض به الشوق كما يقول الناس هذه الأيام.

والشريف هناك معروف واحتمال السؤال عنه والاطمئنان عليه قائم (وإذا سُئلت عنّي).. ولكنه يبالغ في الرغبة في أن يستثير الأحبة. فيشكو الهزال إلى حد الموت لعلّه يظفر منهم بزفرة أو أنّة شوق.

أما بين جمع (المزدلفة) ومِنى، فقد كان للشريف حالة صبابة من الدرجة القصوى.. فهناك ضاع قلبه وظل ضائعا.. وهو يطلب إلى الرائح أن يلتمسه في ليل العيون السود (الحداق).

والشريف في كل ما تقدم يؤكد لنا أنه محب مدنف، وتعلّقه بأماكن محددة مع ما يعتريه من حالات شوق متميزة لكل منها، يؤيدّ ذلك.. ولكنه يظل يتمسّك بسر الحب لا يبوح به إلى حَدِّ ذِكْرِ الأسماء، فهو متيّم ولا ندرى مَنْ تَيَّمَه. وقد يسأل عنه بالخيف ولكن لا نعرف من يسأل. وذلك ، من الشريف، إيحاء مثير، وهو علامة على الفن الشعري الأصيل الذي لا يقول لك كل شيء ويوحي لك بشيء كثير..

والحبّ،خفقان القلب الضائع... تجربة مشتركة بين بني الانسان جميعا، وهي كالبر والتقوى يتعاونون عليه ويتعاورون عليه.

وأبك عني فطالما كُنتُ من قبلُ أعيرُ الدموعَ للعُشاقِ

ونعود إلى التساؤل:

هل يتعفف الشريف عن البوح ويتكتم على الاحبة؟

وهل هذا سرّ الاكتفاء بذكر المواضع؟ أم أن مردّ الأمر إلى طبيعة التجربة في ذاتها، فقد كان الشريف يغدو الى الحجاز في مواسم الحجّ، وهناك كان يتاح له اللقاء العابر بفنون الجمال من كل قطر. وهو جمال لا تتيح له اللحظة القصيرة أن يتحدد أو يتبين أو ينتسب، ويكون تَعَينُّه أو تَعَرُّفه في نفس الشريف من خلال > المكان< الذي عرض فيه اللقاء.

هذا بعض ما يخطر للمعلم وهو ينظر في النص من الداخل.

صورة أخرى من تحليل النص لزكي مبارك

وربما أحب المعلم أن يجد صورة أخرى من تحليل النص، وربما قَدَّرَ أَنْ يَجِدَها عند زكي مبارك في (عبقرية الشريف الرضي) فإلى مثل هذا التحليل المفصل المستقصى أشار زكي مبارك في الصفحة التي كنا ألحقناها بهذا التعيين عند ذكر الحجازيات.. وهو كذلك .. وها أنذا اضع بين يدي الدارس صورة من نظر >زكي مبارك< في هذه الابيات لعلّه ينتفع بها.

يسأل زكي مبارك وقد وقف إلى هذه الأبيات في كتابه عبقرية الشريف الرضيّ:

وما رأيكم في هذه الأبيات

أيهــــا الــــرائح المغـدُّ تحمـــل   حاجـــــــة للمتـــــيم المُشـــــتاقِ
أقـــر عنـــي الســـلام أهــل المُصـــلى   فبلاغـــــى الســـــلام بعـــض التلاقـــي
وإذا مـــا سُـــئلت عنـــي فقـــل نضـوُ   هـــــو مـــــا أظُنــــهُ اليـــوم بـــاقي
ضـــاع قلبـــي فأنشـــده لي بـــين جمـــع   منـــــىً عنـــد بعـــض تلـــك الحِـــدائق
وأبــك عنـــي فطالمـــا كُنـــتُ مـــن قبـــلُ   أعـــــيرُ الـــــدموعَ للعُشـــــاقِ

ما رأيكم في احساس من يحكم بأن > بلاغ السلام بعض التلاقي< ما رأيكم في من يشعر بالأنس حين يمر بخاطر من يهواه؟ والشاعر واثق بأن هناك قلوباً تسأل عنه حين يغيب، وما أسعد من يشعر بأن في الدنيا قلوباً تسأل عنه حين يغيب ! وشاعرنا لا تفارقه السيطرة العلوية فهو يحب أن يبكيه الأحباب فيوصي الرسول بأن يحدثهم أنه اصبح في حكم الفانين عساه يظفر منهم بزفرة أو شهقة أو أنين.

وما هذا البيت :

ضـــاع قلبـــي فأنشـــده لي بـــين جمـــع   منـــىً عنـــد بعـــض تلـــك الحِـــدائق

أتعرفون كيف تضيع القلوب، وكيف ينشدها الناشدون؟؟ أتحسون المعنى الملفوف في هذه الكلمة> عند بعض تلك الحداق< أتفهمون من هذا أن الرجل كان له في الحجاز هوى خاص؟

وهذا البيت:

وأبــك عنـــي فطالمـــا كُنـــتُ مـــن قبـــلُ   أعـــــيرُ الـــــدموعَ للعُشـــــاقِ

أنت كنت تعير الدموع للعشاق؟

ليت العباس بن الأحنف كان رآك قبل أن يقول:

نزف البكاء دموع عينك فاستعـــر عيناً لغيرك دمعها مـــدرار

من ذا يعـــيرك عيـــنه تبـــكي بها أرأيـــت عيناً للدموع تعار

لقد بكى العشاق عنك، وبكوا ثم بكوا، فان لم تصدق فأنصت من عالم الغيب لترى كيف يسمع أهل العراق أبياتك هذه مرات في كل يوم من حنجرة أم كلثوم.

ويكون كل ما تقدم قراءة ومراجعة وتصفحا يقوم به المعلم خارج الصف.

أهداف محددة

ولعل المعلم يستخلص من ذلك هذه الأهداف المحددة من تدريس النص:

(1) تعريفاً وجيزاً بالشريف يضعه في مكانه مع الشعراء العباسيين.

(2)اشارة إلى " الحجازيات ".

(3) ألفاظا جديدة يتعرف التلاميذ معانيها ووجوه استعمالها:

المغذّ، المتيّم، نضو- الخ ما مَرَّ منها

(4)أماكن ذكرها الشريف يتعرفون عليها (المصلى ، الخيف، جمع، منى) وهي متصلة بمناسك الحج من جهة وأدوات في فهم التراث من جهة أخرى.

(5)استعمال (عن) بمعنى البدل (ابك عني.. أقر عني..)

(6)تذّوق صور: قلبي يفيض، أعير الدموع..

(7) إحياء تعابير مركزة دالة ، فبلاغ السلام بعض التلاقي.

(8)استدراك ذلك الخطأ الشائع في ضبط منى بضم الميم.

(9)الاحساس العملي بفن وضع الالفاظ في مواضعها (وصف الرائح بأنّه مغذ، بناء

الفعل للمجهول في سئلت) استعمال لفظة عامة غير محددة في " بعض تلك الحِداق ".

في طريقة التدريس في غرفة الصف

التعريف بالشريف:

فإذا غدا المعلم إلى غرفة الصف في يوم تالٍ، فانه يستطيع أن يبدأ بمساءلتهم عمّن يعرفون من الشعراء، والشعراء العباسيين حتى يستدرجهم إلى الشريف الرضيّ. ويتتبع معهم هذا اللقب(الشريف) وأين يرتد به في النسب، وربما لفتهم الى التعريف به في كتابهم فاستنتجوا أنه " عراقي ".

المناسبة وجو النص:

وهنا قد يسألهم ان ينظروا في النص ليقرروا: هل يدور النص على موضوع >عراقي<.

وسوف يتاح للطلبة هنا أن يقرأوا النص قراءة وظيفية اذ ينظرون فيه وهم يبحثون عن حقيقة شائقة.

موضوع النص:

وسوف يجدون ان الشاعر يذكر > أماكن< ليست في العراق، وإنما هي في الحجاز، وقد يجدون الشاعر يعبر عن شوق إلى تلك الاماكن على نحو يشير الى > علاقة وجدانية< بينه وبينها...

ضوء على النص:

وهنا قد يتدخل المعلم بشيء وجيز من السرد، فيحدثهم أن الشريف كان يرأس بعثة الحج العراقية في العادة، وهكذا كانت تتكرر زيارته للحجاز في مواسم الحج، فاصبح له بتلك الاماكن " إلْفٌ ومودّة " وكانت زياراته تتيح له أن يشهد في تلك المواسم الحافلة صنوف الجمال من كل حدب..

رؤية الشاعر ورؤية الناس:

ولعل التلاميذ هنا يلاحظون أن هذا أمر غير طبيعي، فالناس يغدون إلى الحج تعبداً ، فكيف كان الشريف يجعل من موسم الحج موسم صبابة وهوى؟

وقد يعلّق المعلم هنا بأن الشريف شاعر ، والشاعر يرى الحياة الانسانية من حيث لا يراها الناس ، وهو يستجيب للطبيعة الانسانية التي تعشق الجمال استجابة طليقة واسعة.

قراءة وتحقيق:

وهنا قد يستثيرهم إلى قراءة النص.

ويقرأون..

وقد يقف معهم الى تصحيح بعض الاخطاء المحتملة في القراءة:

المُغِذّ إذ سيقرأونها: المغد كما في الكتاب، ويناقش الفرق بين المعنيين، ويلاحظون شيئا من حساسية الكلمة العربية التي يتغير معناها لأدنى تغيّر في شكلها..

ومنى التي يترجح أن يقرأوها من الصورة اللفظية المألوفة: منى...

فاذا اطمأن انهم أقاموا قراءة النص عاد بهم الى تحليله تفصيلا.

تحليل النص وتحقيق الاهداف في سياق ذلك:

وقد يبدأ بسؤالهم عن الطرق التي يستعملها الناس اليوم في المراسلة.

كيف يراسل صديق في العراق صديقه الحجازي؟

أيّة وسيلة يستعمل الشاعر هنا؟

من اختار الشاعر لتبليغ " رسالته " ؟

كيف تستدل أن الشاعر كان متلهفا الى أن تصل رسالته بسرعة...؟

تقريب النص من الحياة:

بماذا وصف الرائح؟

الرائح المغذ في الأبيات بالنسبة للشريف هو ك:

البريد السطحي

البريد الجوي

البريد المستعجل ، هذه الايام.

استعمال اللفظة لقصد محدد:

هل رأيتم أهمية هذه الصفة " المغذ " ..

هل كان الشاعر مشتاقا وحسب؟ هل كان مشتاقا ذلك الشوق الذي يجده الأخ الى أخيه والأم إلى ابنها...؟

ما الذي يدلّ على ان شوقه هو شوق المحب المعذب بالحب.

ما اللفظة التي تفيد ذلك؟

تقريب صور التعبير من أفهام التلاميذ:

أوّل ما في رسالة الشريف.. سلام .. إلى مَنْ بَعَثَ به؟

يقول الناس هذه الأيام: المراسلة ثلثا المشاهدة..

كيف عبر الشريف عن هذا المعنى قبل ألف عام؟

ما الموضع الثاني الذي بعث اليه الشريف برسالة...؟

اذا كانت رسالته إلى أهل المصلى رسالة> سلام<

فرسالته إلى أهل الخيف رسالة: (شوق)

يظهر أن عهده بالخيف كان أطول وان علاقاته كانت اوثق.

براعة استعمال صيغة المبني للمجهول:

وانها (العلاقة) لم تكن من طرف واحد... ما الذي يدل على ذلك؟

هل صرّح الشاعر بمن سيسأل عنه؟ ما الصيغة التي عبّر بها عن السؤال وأخفى السائل (سئلت).

وما الأمانة التي حملّها الشريف للرسول هنا؟

دور الصورة في التعبير

قلبي يفيض . ما الذي يفيض عادة؟ نهر دجلة؟ متى يفيض النهر؟

بم يفيض؟ متى يفيض القلب؟ بم يفيض قلب الشريف؟

ايهما أدل على شدة الشوق ان تقول:

أنا مشتاق جدا

أم قلبي يفيض بالأشواق

الاشواق تتزايد حتى يفيض بها القلب

والجسم يهزل ويتناقص حتى يكاد يتلاشى

ما السبب في كلتا الحالين؟ -لفظة واحدة

اللمحة الدالة

أما بين المزدلفة ومنى فقد ضاع قلب الشريف. ما الذي ضيعه؟ هذه أوّل مرة يصرّح فيها بمظاهر الجمال التي كان يشهدها. أيٍّ مظهر ذَكَرَ هنا؟

ما الحداق... نقول: رقبة ونجمعها على رقاب. هل تستطيعون ان تعرفوا الواحدة من الحداق، اذن؟

لماذا اختار الشاعر أن يذكر > الحداق< ولم يذكر > الأذرع البيضاء < كما فعل الشاعر اليوناني هوميروس في ملحمته المشهورة الالياذة؟

أسلوب في التعمية:

نحن نلاحظ أن الشاعر مرتبط بأماكن. علام يدل حنينه الى تلك الاماكن؟ لم يذكر الشاعر شخوصا محددة. استعمل الشاعر عبارات عامة مبهمة في حديثه عن أحبابه. قال إنه مُتَيَّم ولَمْ يَقُلْ مَنْ تَيَّمَه. وذكر أهل المصلى هكذا بهذا التعميم. وقال إنّه معروف حتى لسوف يسأل عنه. ولم يصرح عمن سيسأل عنه.

وأشار إلى الحداق الجميلة التي ضاع لها قلبه ولم يحدد بل أطلق إطلاقا مضللا. **بعض تلك الحداق.**

استعمال عن بمعنى بدل:

هل تعار الدموع؟ متى تستعير دمع غيرك؟

الدموع تعبير.. فعمّ يعبر الشاعر بالدمع هنا؟ كيف يبكي الرائح عنه؟

كأن الشاعر يجعل الحب عملا من أعمال البرّ يتعاون عليه الناس.

كما نقول اليوم: ادفع عني

جاوب عني

اي بدلا مني

أناب الشريف الرائح عنه في :

1)

2)

وذلك في تعبيرين   : أقر عني السلام أهل المصلّى

: ابكِ عنّي

وعلى هذا النحو نعرّف بالأمكنة ونسرّب الألفاظ الجديدة والصيغ الصرفية والتراكيب النحوية والصور البيانية.

ويقرأ الطلاب، فحينا نسألهم أن يقرأوا صيغ الشرط قراءة معبرة.. وحينا نسألهم أن يقرأوا أكثر الأبيات مبالغة ، وحينا نسألهم أن يقرأوا أحب الأبيات إليهم.. الخ.

صفوة

ولعله قد تبين الآن، أن المواد التي تتضمنها المناهج المدرسية المقررة ، تصلح منطلقا لنشاط لغوي أدبي، يهيء للدارس التمكن من كثير من مسائل البنية اللغوية: في الصرف والنحو والدلالات والاساليب، كما يهيء له الاطلاع على ملاحظ كثيرة في دراسة التراث الادبي: قضاياه وشخوصه وملابساته. وتجعل الدارس يعالج ذلك كله في مراجعه الأساسية بصورة وظيفية شائقة.

ولعلّه أصبح واضحا أن هذا النهج في اتخاذ الدروس التعليمية مادة للتحليل اللغوي والأدبي من جهة ومادة للتحضير العملي والتعليم الفعلي تتجاوز الصيغة المتعارفة المتداولة لدروس التربية العملية.

ولعلّ نماذج من هذا القبيل تتناول دروسا متنوّعة من كلّ كتاب، على التدرّج والتسلسل، تشكّل لدى المعلّم كفاية معرفية ومنهجية في تحصيل العلم بموضوعه وتبني لديه مهارة وملكة في طريقة تعليمه.

إن هذا المنهج القائم على الممارسة المباشرة يضاهي تكوين الملكة لدى ابن خلدون ويشبه تعلّم الصنائع ومهاراتها العملية.

وقد يبدو للناظر فيه أنّه لا يترسّم إطارا هيكليا للمعرفة اللغوية أو منهجا موصوفا للتحليل الأدبي أو طريقة موضوعة لتعليم العربية. وفي هذا بعض الحقّ، ولكنّ بعض الحقّ أيضا أن اتّخاذ الدروس المقرّرة محورا سيفضي بالضرورة إلى استيعاب المعطيات المعرفية والمنهجية والأسلوبية يستدخلها المتدرّب من خلال الوقائع التفصيلية الواردة في تحليل الدروس وتحضيرها وتقديمها. وهو نهج يشبه من بعض الوجوه اتخاذ >النصّ< محورا لتعليم اللغة (كما في كتاب الكامل للمبّرد) أو لتعليم الإعراب (كما في فاتحة الإعراب في إعراب الفاتحة) للإسفراييني.

فإذا فرغ المعلّم المتدرّب من إنجاز هذه النماذج عاد إلى موضوعات الخطّة التقليدية. وعند ذلك سيتناول قواعد النحو والصرف والكتابة ونصوص الشعر والنثر، وسيتعّرف مصادر الدراسة الأدبية واللغوية وكتب التراجم والبلدان،بوعي جديد لقيمتها العلمية بعد أن تمرّس بها وأدرك بالتجربة المباشرة قيمتها العملية.

(*) أُصل فكرة هذا الفصل وجُل متنه تعيين دراسي أعددته لمعهد التأهيل التربوي (وزارة التربية والتعليم) في عمان: 1973، بعنوان: نص الرضي (في وظيفته)

خاتمة

لعلّ في الإعادة إفادة

وسوف أمتثل لعادة المعلّمين ومنحاهم في التلخيص؛ لعلّ في هذه العادة بالإعادة إفادة، وخلاصة ما جئت به في هذه الفصول:

-أن معرفة المعلّم باللغة معرفة علمية في بنيتها ووظائفها ضرورية في تأويل بنية المنهاج، وخطّة تأليف الكتاب، وتحديد أهداف الدروس، وتوجيه المحتوى، ورسم طريقة التعليم والتقييم والتقويم.

-أن تعليم اللغة العربية بطريقة الوحدة ينطلق من تصوّر اللغة نظاما ومهارات، وأنّ كل قاعدة في النظام أو عنصر في المهارات ينبغي أن يتناول في سياق لغوي وظيفي كامل يأتلف فيه الشكل والمضمون ،وتأتلف فيه عناصر اللغة على أن تكون القاعدة المحددة المقصودة ،أو ذلك العنصر من عناصر المهارة المنشودة هو > المحور<.

-أن تقييم الكفاية والأداء اللغويين يتمثّل في بناء اختبار تشخيصي شامل ينطلق ابتداء من تصوّر اللغة في بعديها الموضوعي والوظيفي فيستغرق قواعد النظام وعناصر المهارات ، وينضاف إلى ذلك مطلب منهجي يمتحن قدرة المتعلّم على أن يعرف كيف يعرف ومطلب إبداعي يمثّل مراعاة الفروق الفردية بين المتعلّمين.

-أن تقويم الكفاية والأداء اللغويين يقوم على تدريب متكامل يتمثّل في قراءة النصّ العربيّ،مثلا، قراءة تحقيق؛ باستبطان بنيته الداخلية (في ضوء النظام اللغوي) ، وتحقيق شروط أدائه في المواقف الوظيفية (في ضوء المهارات ذات العلاقة)، واستثمار الأدوات المنهجية اللازمة لفهمه وتفسيره (في ضوء سياقه، مؤلفه وعصره) وبِهَدْي المراجع المناسبة لشرح غريبه وإشاراته.

-أن تيسير النحو يتمثل ، أولا، في القصد إلى القواعد الوظيفية ذات التواتر الأعلى في الاستعمال، وتنظيمها في أطر كلية (النظم، الإعراب، البنية)، ثم يقوم التأليف فيه على ائتلاف الطريقة الاستقرائية (من المثال إلى القاعدة) فالطريقة القياسية (من القاعدة إلى المثال) فطريقة النصّ عند التطبيق(من المثال المحدود إلى النصّ الطبيعيّ الكامل)، ويقوم التأليف أيضا على ربط القواعد بالأمثلة الحية والنصوص المشرقة.

ثم يقوم التعلّم على إشراك الطالب في استقراء الأمثلة واستخراج القواعد والقياس عليها وتطبيقها ليتحقق بمفهوماتها وجدواها في تصحيح أدائه وتفسير وقائع اللغة في دورتها مع الحياة من حوله.

-أن تعليم العروض يحسن أن يقوم على البدء بالكلّ، بالنصوص الشعرية تمتاز بإيقاعها الخاصّ المختلف، وبالنماذج الشعرية المتباينة تعلن عن لحون متنوّعة، وبالتوزيع المتدرّج للتفاعيل التي تتألف منها أبيات القصيدة.. إلى الكتابة العروضية، والمقاطع ، وسائر ما يتعلّق بنظام العروض من المصطلحات.

-أن تأهيل معلّمي اللغة العربية تأهيلا علميا عمليا ،وجَسْر الفجوة بين ما يتلقّون من (الأساليب) و (الموادّ) ،يتحقّق على المستويين بالتدريب العملي المباشر القائم على نماذج كافية من الوحدات التعليمية والدروس، يتخذ فيها التدريب هيئة ورشة العمل، ويعمل فيها المعلّمون ومعلّمو المعلّمين على تحليل تلك الوحدات والدروس تحليلا لغويا أدبيا متكاملا، ويرسمون في ضوء ذلك التحليل خطة التحضير بتحديد الأهداف وطريقة التنفيذ بخطواتها جميعا؛ لتكون تلك النماذج المشخّصة تعليما للمعلّم يتحقّق له به علم اللغة ونقد الأدب في سياق وظيفيّ، سياق إعداده لمهنته، وتكون تلك النماذج المشخصّة كذلك دليلا تلقائيا للمعلّم يكوّن لديه ما يشبه الملكة في إعداد الوحدات والدروس وتعليمها.

فإذا ابتدر الناظر في هذا الكتاب فنظر في الخاتمة ووجد فيها إجمالا فلعلّ الإجمال يغريه بالتماس التفصيل في تضاعيف الفصول، وإذا وجد فيها رؤى ومناهج مجرّدة فلعلّ ذلك يغريه بالسير على خطى الكتاب والتماس النماذج المشخّصة.

---

1) يقتضي التحقيق أن أقرر أنه جرى تعديل العنوانات والتصرفُ في متون أصول هذه الفصول وفقاً لمطالب نشرها على صعيد مشترك جامع. ولكن مضمون الاطروحة التي تضمنها أضل كل فصل ومعظم النص ماثلان في هذه الفصول. أما ما قد يكون عرض في أثناء هذه الفصول من تكرار جزئي محدود فإنه بعض ما اقتضاه سياق كل فصل، وعسى أن يكون ذلك تعزيزاً للتراسل بين الفصول لا ضرباً من الفضول.

صدر حديثا

عن دار الشروق

- تدريس مهارات التفكير مه الاف الأمثلة التطبيقية/ الدكتور جودت سعادة

- طرق تدريس التربية الاسلامية/ الدكتورة هدي علي جواد الشمري,

- اللغة العربية مناهجها وطرائق تدريسها/ الدكتور طه الدليمي، الدكتورة سعاد الوائلي.

- نظريات التعلم/ الدكتور عماد الزغول.

- تقنيات الاتصال بين زمنين/ الدكتور اياد البكري.

- ادارة عمليات النظافة ودور النقابة في الصحة العامة/الدكتور أيمن مزاهرة.

- البيئة والمجتمع/ الدكتور أيمن مزاهرة والدكتور علي الشوابكة.

- المعجم الشامل في مصطلحات التغذية وعلوم الأغذية انجليزي – عربي/ الدكتور حامد التكروري وزملائه,

- رحلة الحاج الروسي دانيال الراهب/ الدكتور سعيد البيشاوي

- كفايات التدريس " المفهوم " التدريب " الأداء/ د. سهيلة الفتلاوي

- تقرير التنمية الانسانية العربية للعام 2002/ برنامج الامم المتحدة.

- المدخل الى التدريس / د. سهيلة الفتلاوي.